KB030417

잠실
교육연구소
총서5

# 교양교육의 개혁과 전망

손승남 저

Reform and Prospects of Liberal Education

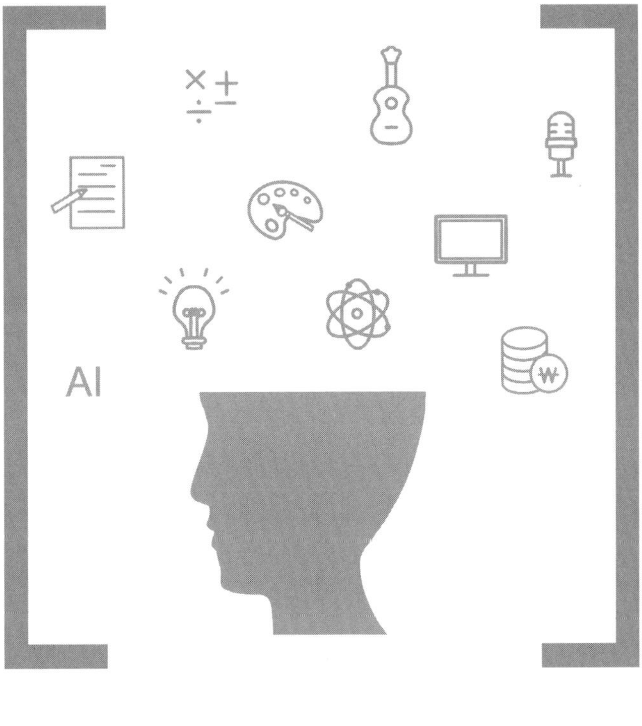

# 머리말

교양교육에 본격적으로 몸을 담은 지 벌써 10여 년이 지났다. 2011년『인문교양교육의 원형과 변용』이라는 책을 출간한 이후 한국교양교육학회로부터 연락을 받은 것이 결정적 계기였다. 이때부터 학회 이사로 활동하면서 교양교육에 대한 이론적 관심은 대학 교양교육의 개선이라는 현실적 과제와 만났다. 이 무렵 한국교양기초교육원의 교양교육 컨설턴트교육을 받고, 대학 현장에서 교양교육에 대한 컨설팅을 수행하면서 많은 것을 직접 보고 느낄 수 있었다. 이러한 경험을 통해 전공교육에 비해 턱없이 부족한 교양교육의 실상을 몸소 깨닫게 되었고, 열악한 상황에서도 고군분투하는 교양교육의 전사(戰士)들이 있다는 사실도 알 수 있었다.

이 책은 교양교육에 대한 이론적 관심과 실천적 경험을 돌아보면서 다가올 미래를 전망해 보고, 나름의 준비를 꾀하고자 마련되었다. 교양교육 컨설팅은 무엇보다도 교양교육에 대한 전문 역량을 전제로 가능하고, 이를 위해서는 치밀한 이론적 무장이 필요하다. 여기서 어떤 문제를 다룰 것인가 하는 것은 교육현장에서 교양교육에 종사하는 사람들이나 교양교육을 함께 고민하는 동학(同學)들로부터 나오는 경우가 많다. 이 책에서 다루고 있는 대부분의 내용은 지난 시간 동안 이들과 함께 동고동락하며 토론하고 숙의했던 것이다.

최근 들어 대학은 지성의 전당보다 청년의 일자리를 우선시하는 직업 준비기관으로 그 성격이 변모하고 있다. 취업률을 앞세운 세태에서 전공교육에 비해 교양교육의 위상은 더욱 약화되고 있다. 그 어떤 이유와 논리로도 전공교육에 골몰하는 대학인은 물론 사회인을 설득하기란 녹록지 않다. 기후위기와 인공지능과 같은 도전은 이중고를 안겨다 준다. 보이지 않는 미래와의 전장(戰場)에서 청년들이 무사히 생존하여 자기 존재를 드러낼 수 있을까에 대한 근본적인 의구심이 들기도 한다. 여전히 기승을 떨치고 있는 코로나19(COVID-19)의 위협, 지구촌에서 자행되는 전쟁의 공포와 불안, 그로 인한 석유대란과 식량파동 등도 현대가 직면한 위기사회의 단면을 적나라하게 보여 주고 있다.

이럴 때일수록 인간성의 함양과 고양에 전력을 기울여 왔던 교양교육의 의미와 가치를 되새겨 봐야 하지 않을까 싶다. 실제로 포스트휴먼 시대에서 인간성의 의미가 규정되지 않는 한, 우리는 미래를 낙관할 수 없을 것이다. 또한 외부 세계가 가져다주는 어떤 공포와 불안 속에서도 우리가 자신의 내면을 깊숙이 들여다보지 않고서는 세계에 대처할 역량이나 대응능력을 제대로 키울 수는 없을 것이다. 변화된 시대에서 교양교육의 목적, 내용, 방법을 탐색하고, 이를 담아낼 그릇으로서 교양교육의 기관이나 조직을 잘 꾸려나가는 일도 결코 게을리할 수 없다. 교양교육의 내용으로 인성교육이나 고전교육이 여전히 중요하지만, 동시에 교양교육 기관으로서 리버럴아츠 칼리지(Liberal Arts College: LAC)의 진화에도 지속적인 관심을 가져야 하는 이유가 여기에 있다. 다가올 세대의 굳건한 세계관(weltanschauung) 확립을 위해서라도 교양교육의 혁신과 진화는 지속되어야 한다.

이 책은 크게 3부로 구성되어 있다.

제1부에서는 교양교육의 개념과 역사에 관련된 몇 가지 쟁점을 다룬다.

제1장에서는 교양교육의 개념에 대한 역사적, 디지털 인문학적 분석을 다

룬다. 대학에서 교양교육에 대한 논의가 활발해지고 관련 기관도 생기고 있지만, 교양교육의 기본개념에 대한 혼란은 여전히 남아 있다. 이 가운데 가장 문제가 되는 것은 'Liberal Education'과 'General Education'에 대한 몰이해와 혼용이다. 이 장에서는 우리말 교양교육의 어원이 되는 Liberal Education과 General Education의 역사적 변천을 추적하여 교양교육 기본개념의 의미를 명료화한다. 이를 위하여 구글 엔그램뷰어를 통한 데이터마이닝과 시각화 작업을 수행한다. 구글 엔그램뷰어(Google Ngram Viewer)는 1800년부터 2000년까지 출간된 구글 북스 800만 권에서 특정 단어의 사용 빈도를 조회하는 도구이다. 이 시기에서 General Education이 Liberal Education의 활용 빈도를 추월한 1915년과 General Education의 활용 빈도가 정점을 보인 1950년 전후 상황 데이터를 인문학적으로 해명한다.

제2장에서는 대학 교양교육의 뿌리를 찾아 그 원형을 다시금 되새겨 보고, 대학 설립 당시 교양교육의 본질에 비추어 미래대학 교양교육의 방향을 탐색한다. 교양교육의 원천에 해당하는 7자유교과의 검토를 통해 교양교육이 인간성의 고양(cultum humanitas)은 물론 '인간의 가치'를 넘어 '우주'와 '미적 세계의 창조'로까지 연결됨을 확인할 수 있다. 중세대학 설립 후에도 대학은 전문인으로서 능력을 배양하기 이전에, 인간으로서 인간다운 삶을 누릴 수 있는 기본소양으로 교양을 우선시했다. 대학은 설립 초기부터 교양교육을 받게 한 후 전문 직업교육을 받도록 하여 전문성과 교양을 두루 겸비한 인간을 양성하려는 바람직한 전통을 지녔음을 알 수 있다. 이러한 사실이 오늘날 우리에게 던져 주는 메시지는 적지 않다.

제3장에서는 독일어 '빌둥(Bildung)'의 개념에 기초하여 교양기초교육의 방향, 내용, 방법을 교수학적으로 재음미한다. 빌둥은 자기 이해와 세계 이해를 전제로 '인간 능력의 조화로운 발달'을 지향한다. 우리가 사는 가속화된 세계 변화 속에서 주체의 역량을 어떻게 강화해 나가느냐는 오늘날 빌둥이 직면한 당면과제이다. 이 장에서는 세계 변화를 탐지하고자 시대의 핵심 문제로 메

가트렌드, 제4차 산업혁명을 설정하고, 미래 지능정보사회를 선도해 나갈 동력으로 AI에 주목하고 있다. AI와 로봇의 발달은 인간을 노동에서 해방시켜 삶을 풍요롭게 해 줄 것이라는 장밋빛 전망과 함께, 최첨단 과학기술로 인해 인간의 일자리와 인간성마저 위기에 처할지도 모른다는 부정적 전망을 낳고 있다. 가장 우려가 되는 부분은 AI의 비약적 발전이 트랜스휴먼, 나아가 포스트휴먼의 도래를 앞당길 수 있다는 점이다. 이 장에서는 인간을 넘어선 인간, 즉 포스트휴먼 시대와 관련하여 인간의 존재 물음, 노동의 종말, AI 격차 등의 문제를 본격적으로 다룬다.

제2부에서는 교양교육의 혁신과 진화의 궤적을 추적한다.

제4장에서는 한국형 리버럴아츠 칼리지(K-LAC)의 가능성을 탐색한다. 로봇, 사물인터넷, 인공지능으로 정의되는 글로벌 시대에 우리는 4차 산업으로 패러다임의 전환을 맞고 있다. 지식의 대폭발로 인해 지식의 총량이 엄청난 속도로 늘어났지만, 개별 지식의 유효수명은 줄어들고 있다. 대학교육은 이제 무한경쟁의 글로벌 신자유주의 경제 체제 속에서 살아남을 수 있는 창의 인재의 육성 그리고 전공 위주의 전통적인 지식을 넘어선 지식의 융합과 통섭을 지향하는 혁신에 박차를 가해야 한다. 기술과 산업의 융복합이 다반사로 이루어지는 제4차 산업혁명 시대에 대학생에게 요구되는 직업능력에도 획기적인 변화가 예견되고 있다. 파편화되고 칸막이로 나누어진 분과학문의 지식이 아닌, 융복합적 지식과 다학문적 · 다학제적 연구와 지식이 그 어느 때보다도 절실하다. 지금이야말로 대학교육은 리버럴아츠 교육으로의 전면적 재구조화가 필요한 시점이다. 리버럴아츠 교육의 중심에는 언제나 '인간적인 가치의 고양'이라는 교육의 본질이 녹아 있다. 인간의 가치가 땅에 떨어지면서 그 존엄성이 파괴되고, 테러와 전쟁으로 인간성이 날로 위협을 받고 있는 오늘날 인간성을 살리는 교양교육의 가치는 더욱 확고하게 지켜져야 할 것이다. 이 장에서는 역설적으로 20세기 이후에도 여전히 리버럴아츠 교육

이념을 잘 담지하고 있는 미국 LAC 전통과 혁신 사례를 검토한다. 이어서 기초학문의 고사와 학문 후속세대의 고갈이라는 이중적 위기를 해결하는 돌파구로서 K-LAC의 가능성을 조심스럽게 타진한다.

제5장에서는 외부로 시선을 돌려 유럽에서의 LAC의 동향을 파악한다. 미국 대학의 전통으로 뿌리내려 온 LAC에 대한 관심과 출현이 2000년대에 들어 유럽에서도 심상치 않게 감지되고 있다. 자유학예교육을 기반으로 하는 대학교육이 유럽에서 시작되었음에도 불구하고, 근대 이후 유럽 대학이 전공위주의 전문가 양성에 치중함으로써 대학 교양교육은 뒷전으로 밀리게 되었다. 고등교육 이전의 교양교육을 전제로 대학의 전공교육이 이루어지는 유럽 특유의 지적 토양이 있기는 하지만, 유럽에서 다시금 LAC가 새롭게 부각되고 있는 점은 주목할 만하다. 그 이유는 유럽의 기원에서 쇠락을 경험한 자유학예교육이 부활하는 독특한 현상 때문이다. 이 장에서는 유럽 주요국의 대학에서 교양교육이 어떻게 이루어지는지를 간략하게 살펴보고, 실제로 볼로냐 프로세스 전후에 생겨난 LAC의 몇 가지 유형을 검토한다. 이것에 비추어 K-LAC의 발전에 관한 생산적 논의를 전개한다.

제6장에서는 국내외에서 비교적 활발하게 논의되고 있는 리버럴아츠 교육의 새로운 방향을 모색한다. 대학교육의 한 축으로서 교양교육은 중세대학 설립 이후 리버럴아츠를 중심으로 발전해 왔다. 역사의 질곡에서 교양교육의 내용은 다양한 변천을 경험했으나, 최근 들어 영미권, 유럽, 아시아 대학에서 리버럴아츠 교육으로 새롭게 거듭나고 있다. 우리나라의 대학에서도 리버럴아츠를 현대적으로 재해석하여 독립된 단과대학을 설립하는 사례를 적지 않게 발견할 수 있다. 이 장에서는 현재의 대학 교양교육 담론을 지배하고 있는 리버럴아츠 교육의 새로운 방향을 조망하고자, 2010년 이후 리버럴아츠 관점에서 우리나라 교양교육을 새롭게 정립한 한국교양기초교육원의 「교양교육표준안」의 공과를 검토한다. 아울러 인공지능 시대의 공통교양으로서 '인간학(humanics)'과 새 시대의 리터러시 문제를 논하고, 미래사회에 적

합한 '뉴리버럴아츠'의 가능성과 한계를 검토한다.

제3부에서는 교양교육의 구체적인 내용으로 들어가 실제적 관점에서 대학 인성교육과 고전교육을 다룬다.

제7장에서는 대학에서의 인성교육을 다룬다. 학교에서의 인성교육에 대한 논의는 무성하지만 대학에서의 인성교육에 대한 논의는 상대적으로 미약하다. 입시교육의 폐해와 가속화된 사회 변화를 감안해 볼 때 대학에서의 인성교육은 아직 '미숙한' 대학생의 더 나은 '성숙'을 위해서라도 절실하다. 이 장에서는 교수학(Didaktik)의 원리와 방법에 따라 대학 인성교육의 방향과 틀을 정립하고자 교수학의 원리를 바탕으로 인성교육의 목적, 내용, 방법, 평가의 순서로 나아갈 방향을 논한 후 구체적인 실천방안을 제시한다. 대학 인성교육의 목적으로는 자기규정능력, 공동참여 및 책임 능력, 연대능력을 들고, 가속적으로 변하는 사회와 글로벌 시대에 인성교육의 방향도 결국 나와 타인, 사회와 국가, 나아가 인류의 차원으로까지 확대되어야 함을 제시한다. 대학 인성교육의 내용에서는 건강한 '몸'의 보존과 육성 그리고 성교육을 포괄하는 '몸'교육, 건전한 정서와 도덕성 함양을 지향하는 '마음'교육, 지성과 창조력의 육성을 의미하는 '지혜'교육, 한 차원 더 나아가 기초질서교육 및 합리적 의사결정 능력 배양을 포괄하는 민주시민교육, 국제이해교육과 상호문화교육의 관점에서 세계시민교육을 통합적으로 상정하고 있다. 대학인성교육의 방법으로는 우선 자신의 몸과 영혼을 돌보고, 자기 내면의 힘을 강화하는 주체역량 강화 방법과 자기를 둘러싼 세계 변화에 능동적으로 대처하고, 글로벌 사회에서 주인으로 당당히 설 수 있는 시민역량을 길러 주는 방법을 제시하고 있다.

제8장에서는 대학생 삶의 치유(Lebenstherapie) 프로그램을 개발하고 대학의 인성교육에 이 프로그램을 적용하는 내용을 다룬다. 우선 대학생 소진 현상과 관련 심리검사도구인 MBI와 KSCL95를 검토한 후 전인교육론과 인간도

야이론을 기반으로 대학생 치유 프로그램을 개발한 내용을 다루고 있다. 이 프로그램은 대학생활에서 스트레스를 받고 소진된 학생들을 치유하기 위한 것이다. 치유 프로그램 적용 시 고려사항으로는 프로그램 적용의 시기와 장소, 잘 짜인 운영진의 팀워크, 치유 프로그램 구성 시 인지적 요소보다 신체적 · 정서적 요소를 우선시하는 것 등이다. 소진에 처한 대학생들은 이 프로그램을 통해 신체적 강화를 바탕으로 자신의 정신건강을 증진하고, 공감의 가치를 배우게 될 것으로 전망된다.

제9장에서는 인간성 함양이라는 소양교육의 관점에서 퇴계 이황의 『성학십도』를 살펴본다. 소양교육은 본디 '마음의 바탕을 기르는 교육'으로 인간의 본성을 보존하고 함양하는 사람됨의 근본교육이다. 이 장에서는 『성학십도』의 내용을 크게 '인간성의 조화로운 발달' '심성의 내면적 수양' '학문의 일상적 실천'이라는 관점에서 논의한다. '인간성의 조화로운 발달'의 관점은 제1도 「태극도」와 제2도 「서명도」에서 만물화생(萬物化生)의 조화 속에서 각자가 하늘로부터 부여받은 훌륭한 기질(자질)을 발견하고 계발할 수 있도록 개성교육을 해야 한다는 주장과 제10도 「숙흥야매잠도」에서 '독서'와 '휴식'의 조화를 통하여 집착과 조급함으로 인한 마음의 병이 생기지 않도록 경계해야 한다는 주장에서 엿볼 수 있다. '심성의 내면적 수양'의 관점은 제3도 「소학도」에서 '인간근본의 함양'을 위해 일상생활 속에서의 오륜교육을 습관화하고, 다양한 실천환경을 조성할 것을 역설하는 대목이나 제6도 「심통성정도」에서 수양공부의 핵심인 '존양(存養)'과 '성찰(省察)'을 제시하면서 존양공부의 실천 방법으로 반구저기(反求諸己)와 신독(愼獨)을 강조하는 데서 엿볼 수 있다. '학문의 일상적 실천'의 관점은 제2도 「서명도」에서 '효'교육을 도출하여 '효'교육을 위한 부모, 자식, 교사, 사회의 교육적 역할을 강조하거나 제7도 「인설도」에서 '충서' 교육을 행동화할 수 있도록 실천 가능한 과제를 선정한 후 반복될 수 있게 하며, 자기 행동을 스스로 되돌아볼 수 있도록 지도하는 데서도 드러난다. 그리고 제9도 「경재잠도」에서 '지언(知言)과 정언(正言)'

에 비추어 '올바른 대화법'의 학습과 실천이 중요함과 '용모'의 단정함을 통해 외형적인 것으로서 내적인 심신을 단련하며, 성실하고 근검절약하는 태도가 중요함을 알 수 있다. 오늘의 교육은 당면한 사회 문제에 대한 근본적인 개선과 미래교육에 대한 철저한 준비가 그 어느 때보다도 절실하다. 소양교육에 관한 이 장의 논의는 급변하는 사회에서 각 개인이 자신을 어떻게 수양해 나가며, 또 다가오는 세대를 어떻게 교육해야 할 것인가에 대한 성찰의 기회를 제공해 줄 것이다.

제10장에서는 인문고전교육에 대한 내용을 다룬다. 인문학 위기 시대에 인문고전교육에 대한 열기는 더해 가고 있다. 이를 반영하듯 대학에서도 인문학과 고전 읽기 프로그램을 마련하여 시행하는 기관들이 늘고 있다. 고무적인 일이면서도 우려가 되는 것은 이러한 움직임이 자칫 일시적 유행으로 그치지 않을까 하는 염려 때문이다. 이런 상황에서 이미 오래전 이와 유사한 프로그램을 대학에 도입하여 시행해 오고 있는 미국 대학의 사례를 검토해 보는 일은 의미가 있다. 미국에서는 1900년대 초반에 시카고 대학교를 중심으로 고전 읽기 프로그램을 대학의 교양교육으로 자리매김하려는 운동이 전개되었다. '위대한 저서(The Great Books)' 프로그램의 목적은 고전 읽기를 통한 독자들의 일반적인 계몽과 그들의 정신을 자유롭게 하는 자유교육의 고귀한 이상을 실현하는 데 있었다. 이 프로그램을 창안한 허친스(Robert Maynard Hutchins)와 아들러(Mortimer Jerome Adler)는 고전 읽기를 통해 학생들이 비판적 독서, 진지한 청취, 정확한 발언, 반성적 사고와 같은 기본적인 기술을 터득할 수 있다고 보았다. 시대와 역사적 변천에 따라 부침을 거듭하면서도 '위대한 저서' 프로그램은 오늘날 미국 대학에 다양한 형태로 뿌리내리고 있다. 이 마지막 장에서는 '위대한 저서' 프로그램이 기반으로 삼고 있는 항존주의 교육철학의 문제의식과 이 프로그램의 실제적 구안자이며 추진자였던 허친스와 아들러의 위대한 저서 프로그램을 검토한 후, 미국 대학에서 '위대한 고전'을 활용한 인문고전교육이 어떻게 시행되고 있는지를 조망하여 그 공과를

따져 본다. 아울러 우리나라 대학의 인문고전교육의 발전을 전제로 교수학의 관점에서 향후 대학 인문고전교육의 방향을 탐색한다. 왜 지금 다시 고전인가? 어떤 고전을 다룰 것인가? 고전을 어떻게 읽을 것인가? 고전인문교육의 근본 물음에 대한 나름의 답을 찾는 과정에서 그 지향점이 드러날 것이다.

그동안 품어 왔던 교양교육에 대한 생각과 고민을 독자 여러분과 함께 나눌 수 있게 되어 무엇보다도 기쁘다. 교양교육 종사자는 물론 일반 독자들이 이 책을 통하여 교양교육에 대한 '보다 나은 이해'를 하게 된다면 더 바랄 것이 없겠다. 집필과정에서 나타날 수 있는 사고나 논리의 오류는 전적으로 필자의 책임이며, 이에 대해서는 독자 제현의 가감 없는 질정을 기대해 본다.

이 책이 나오기까지 물심양면의 격려와 지원을 아끼지 않은 학지사의 김진환 사장님, 정승철 상무님 그리고 진형한 대리님께 심심한 감사의 말씀을 드린다. 학지사 창립 30주년을 진심으로 축하드리며, 앞으로도 인문사회과학 분야의 참신하고 새로운 주제를 지속적으로 발굴하여 독자들의 지성과 교양에 밝은 등불을 밝혀 주실 것을 부탁드린다.

2022년 여름 향림골 서재에서

저자 손승남

교양교육의 개혁과 전망

# 차례

## 제3부
## 대학 인성교육과 고전교육

제1부

# 교양교육의 개념과 역사

제1장

# 엔그램뷰어를 활용한 교양교육 개념 분석[1)]

## 1. 들어가는 말

프로이트는 오래전『문명 속에서의 불만(Das Unbehagen in der Kultur)』(1930)에서 본능의 욕구와 문명의 제약 사이에 있는 대립 문제를 다룬 바 있다. 동일한 기제는 아닐지라도 좀 더 다른 맥락에서 현재의 교양교육에 대해 모종의 '불만'을 토로해 볼 수 있을 것 같다. 2000년대 들어 교양교육에 대한 대학과 사회의 관심이 상당 부분 늘어난 것은 사실이지만, 프로이트와 유사한 방식으로 "교양교육에서의 불만(Das Unbehagen in der Bildung)"을 새로운 버전으로 다루어 볼 만한 충분한 가치가 있다. 그 이유는 교양교육의 가장 기초가 되는 개념, 그것도 학문의 영역에서는 물론이거니와 정책 결정과 일상의 의사소통에서도 가장 빈번하게 쓰이는 개념 자체가 혼란과 애매모호함의 늪에 빠져 있기 때문이다. 그 원인은 무엇보다도 교양교육에 해당하는 외국어가 여럿 존재하며,[2)] 그 개념들이 역사적 변천에 따라 혹은 주어진 상황이

1) 손승남(2020). 엔그램뷰어를 활용한 교양교육 개념 분석. 교양교육연구, 14(2), 23-34.

2) 교양교육에 해당하는 영어식 표현으로는 Liberal Education, General Education, Liberal Arts Education 등을 꼽을 수 있다. 이 장에서는 본문에 이들 영어식 표현을 그대로 살려 개념 간의 차이를 드러내고자 한다.

나 여건에 따라 달리 쓰이고 있는 데 기인하는 것으로 보인다. 우리나라에서 교양교육에 비교적 관심을 기울이고 있는 대학이나 교양교육 전문기관에서 쓰는 용어들만 대략 살펴보더라도 이를 쉽게 알 수 있다.

서울대학교는 기초교육원에서 교양교육을 담당하며 Liberal Education을 표방하고 있다.[3] 기관명에 나타난 기초교육은 본래 삶의 기초, 학문의 기초, 직업의 기초에 초점을 두는 교육의 특성을 갖고 있는 반면, 그 기관이 달성하고자 하는 Liberal Education은 고대 그리스 시대 이후부터 인간의 정신을 자유롭게 하는 교육과 밀접한 관련이 있다(손승남, 2011). 이 둘은 종국적 지향점은 같을지언정 교육 실제에서의 강조점은 다를 수밖에 없다. 기초교육에서 학문의 기초가 되는 외국어와 논리적 연마에 더 초점을 둔다면, Liberal Education에서는 고전을 통한 대화와 토론 등을 더 강조할 것이다. 이 점에서 기초교육과 Liberal Education의 위상 설정이 제대로 된 것인지 의문이 든다. 서울대학교의 모델을 모방해 온 국립대학의 상황에 비추어 볼 때 여타 국립대학 교양교육의 사정도 비슷한 것으로 보인다.

사립대학의 사정도 크게 다를 것이 없다. 연세대학교는 학부대학(University College)에서 Basic Liberal Education을 지향하고 있다.[4] Basic과 Liberal을 조합한 이유는 짐작이 가나 그 관계는 여전히 애매모호하다. 성균관대학교 또한 학부대학의 조직하에서 Liberal Arts Curriculum을 중심으로 Liberal Education을 하는 것을 알 수 있다.[5] Liberal과 Liberal Arts가 혼재되어 있기

---

3) https://www.snu.ac.kr/basic-education 『서울대학교 교양교육 60년사』(2008)에서 이 글의 주제와 관련하여 흥미로운 점은 서울대학교가 1995년 「교양교육의 개선방안 연구」에서 교양교육 정신의 핵심으로 '일반교육'과 '자유교육'의 원칙을 내세웠다는 사실이다. 일반교육이 새로운 것을 받아들일 수 있는 기본기를 형성시켜 주기 위해 균형 잡힌 내용으로 구성되어야 한다는 원칙이라면, 자유교육은 교양교육이 이용 가치나 취업 · 전공교육 등 별도의 목적을 위해 사용되는 도구가 아니라 그 자체로 목적이어야 한다는 원칙이다. 그 이후 서울대학교 교양교육의 근간을 이루고 있는 학문의 기초, 핵심교양, 일반교양의 세 요소는 이런 원칙에서 파생된 것이지만, 일반교육, 자유교육, 기초교육 등 교양교육을 둘러싼 개념상의 혼란은 여전히 남아 있다.

4) https://universitycollege.yonsei.ac.kr/fresh/index.do

는 하지만, 성균관대학교의 경우 교양교육의 내용 면에서 Liberal Arts를 강조한 점이 눈에 띈다. 중앙대학교는 다빈치교양대학(Da Vinci College of General Education)에서 명시적으로 General Education을 표방하고 있지만, 교양교육의 핵심 내용에서는 Core Courses of Liberal Arts Education을 담고 있어 General과 Liberal Arts가 별다른 설명 없이 병립하고 있다.[6] 경희대학교 후마니타스 칼리지는 분명하게 Liberal Education을 표방하며 목표와 비전 그리고 교과과정이 상대적으로 일관성을 유지하고 있는 것으로 보인다.[7] 비교적 최근에 Liberal Arts Education을 표방하고 있는 대전대학교 혜화리버럴아츠칼리지(H-Liberal Arts College)는 부단한 내부의 혁신을 통해 교양교육의 형식과 내용을 일신해 나가고 있다.[8] 그 뒤를 이어 대구대학교 성산교양대학(S-Liberal Arts College),[9] 가천대학교 가천리버럴아츠칼리지(G-Liberal Arts College)[10] 또한 대전대학교와 유사한 방식으로 Liberal Arts 위주의 교양교육 혁신을 시도하고 있으나, 대외적으로 표방하고 있는 교양교육 이념과 대학 내부에서 실제적으로 진행되는 교양교육의 실제 사이에 적지 않은 간극이 존재하는 것으로 보인다.

대학의 울타리 내에서는 대체적으로 교양교육기관이나 교육과정에서 Liberal Education과 최근에는 Liberal Arts Education을 선호하는 것으로 파악되지만, 대학 교양교육의 지원 및 협력 기관인 한국교양기초교육원(Korea National Institute for General Education)[11]과 한국교양교육학회(The Korean Association of General Education)[12]에서는 명시적으로 General Education을

5) https://hakbu.skku.edu/hakbu/index.do
6) https://ge.cau.ac.kr/
7) http://hc.khu.ac.kr/v2/?pmi-sso-return2=none#
8) https://www.dju.ac.kr/hlac/main.do
9) https://slac.daegu.ac.kr/hakgwa_home/slac/
10) http://glac.gachon.ac.kr/
11) http://www.konige.kr/
12) http://www.kagedu.or.kr/modules/doc/index.php?doc=intro

표방하고 있다. Liberal Education과 General Education이 역사와 연원이 다르고, 엄밀한 의미에서 지향점에서도 차이가 있음에도 불구하고 교양교육의 핵심 개념을 별다른 문제의식 없이 사용한다면 그로 인한 혼란과 폐해는 적지 않을 것이다. 기초개념의 정립 없이 교양교육의 학문적 발전을 기대하기란 더욱 어렵다.[13] Liberal Arts Education과 Liberal Education 간의 긴밀한 연관성을 고려해 볼 때,[14] 더욱 주의해서 자세하게 살펴보아야 할 사안은 Liberal Education과 General Education 양자의 관계일 것이다.

두 개념 모두 다 우리말로 교양교육으로 번역해서 쓰고 있는 상황에서 혹자는 그 관계를 새삼 문제 삼는 것에 대해 의문을 제기할 수 있다. 하지만 그 어떤 학문에서도 기초개념에 대한 명확한 이해가 뒷받침되지 않으면 그 토대가 굳건해질 수 없으며, 부실한 토대 위에 아무리 높은 건물을 쌓아 올린들 사상누각에 불과할 것이라는 우려를 하지 않을 수 없다. 교양교육의 기본개념에 대한 전통과 역사적 변천의 폭넓은 이해는 개념상의 혼란을 줄이고, 교양교육 종사자들의 원활한 의사소통에도 적지 않은 도움을 줄 것이다.

이러한 문제의식하에 이 장에서는 현재 우리나라에서 널리 통용되고 있는 교양교육 개념 안에 Liberal Education과 General Education이 혼용되고 있으므로 구글(Google)에서 제공하는 '엔그램뷰어'를 활용하여 그 개념의 변천 과정을 되짚어 보고, 용례의 추이에 대한 해석을 덧붙임으로써 교양교육에 대한 '더 나은 이해'를 제공하는 데 그 목적이 있다.

---

13) 개념상의 혼란은 교양교육 관련 기관명에서뿐만 아니라 교양교육 연구자들의 학술 용어 사용에서도 쉽게 찾을 수 있다. 이창수, 송백훈, 전종구(2014)의 「자유교육의 개념에 대한 고찰: 한국 대학의 교양교육에 주는 시사점」은 영문 제목을 'A Study on Liberal Arts Education: Implications to General Education in Korea'로 표기하고 있다. 여기서 자유교육은 Liberal Education이 아니라 Liberal Arts Education으로, 교양교육은 관례에 따라 General Education으로 번역되고 있다.

14) 자유교육은 역사적 변천에 따라 기능적으로 재정의되어 왔으며, 유사한 개념들과 엄격히 구분되기보다는 혼용되어 왔다. 자유교육, 일반교육, 교양교육, 학부교육 등이 그것이다. 미국에서는 통상 Liberal Arts Education과 Liberal Education을 구분하지 않고 혼용하고 있다(조영하, 2015: 38).

## 2. 디지털 인문학과 구글 엔그램뷰어

디지털 기술을 토대로 한 정보통신기술(ICT)은 바야흐로 융합시대를 앞당기고 있다. 새로운 융합기술은 사유와 지각의 융합 및 호환(互換)을 생명이 없는 물리적 공간 속에서 실현해 주고 있으며, 인간 상호 간 의사소통에서도 시간과 공간의 한계를 넘어서도록 해 준다. 문명 대전환의 중심에 서 있는 기술이 바로 인공지능(AI)과 빅데이터(Big Data) 기술이다. 학문 간의 경계를 넘어 새로운 연구 주제나 방법의 도출에도 학제 간 융합 연구는 갈수록 활발해지고 있다. 인문정보학, 데이터 인문학, 디지털 인문학 등 그 어떤 이름으로 명명되든지 간에 정보통신기술과 인문학 사이의 다양한 융합은 현재진행형으로 지속되고 있다. 디지털 인문학(Digital Humanities)은 인문학과 정보통신기술이 합쳐진 융합 학문으로 전통적인 인문학의 연구과정에 정보통신기술의 입력 · 저장 · 분석 · 출력 과정이 결합해서 탄생한 인문학의 새로운 학문 분과이자 방법론이다(김바로, 2014).

전통적 인문학에 비해 디지털 인문학은 제4차 산업혁명과 같은 사회와 문화의 발전 경향을 적극적으로 반영하여 탄생하게 된 시대적 산물로 볼 수 있다. 디지털 인문학은 기존의 문자적 합리성과 영상적 사유가 갖는 합리성의 차이가 무엇인지, 그리고 또 이미지와 영상 세계의 감각적 경험의 논리와 구조가 무엇인지를 탐구하고 그 결과를 글쓰기로 표현하는 데 필요한 문법과 의미 등을 탐색한다. 시각과 청각 수단을 활용한 디지털 글쓰기는 문학, 철학, 역사 등 기존의 모든 인문학 분야와 연관성을 지니고 있으며, 현대인의 사유와 행위에도 적지 않은 영향을 미치고 있다. 그것의 확장성은 디지털 문학, 디지털 콘텐츠학, 디지털 역사학 등으로 구체화되고 있다.

모바일과 사회관계망서비스(SNS) 그리고 각종 매체가 활성화되면서 데이터의 양은 이전과는 비교할 수 없을 정도로 폭증하고 있다. 인쇄 매체는 물론 사회관계망서비스, 사진, 동영상 등에서 생산되는 데이터와 정보의 홍수 속에서도 다행인 것은 빅데이터 분석 기술이 비약적으로 발전하여 상상할 수 없을 정도의 다양한 콘텐츠를 처리할 수 있게 되었다는 점이다. 빅데이터와 인문학의 융합 연구가 비록 초기 단계에 있지만, 디지털 아카이빙(digital archiving)[15]을 통하여 축적된 인문학 관련 정보들을 정교한 빅데이터 기술로 분석한다면 인문학의 새로운 지평이 열릴 수 있을 것이다(문상호, 2015: 58).

디지털 아카이빙과 관련하여 우리의 눈길을 끄는 것은 『빅데이터 인문학: 진격의 서막』(2015)이라는 저작이다. 이 책의 저자 에이든(E. Aiden)과 미셸(J. B. Michel)은 디지털 아카이빙 사업인 구글 북스 라이브러리 프로젝트[16]로부터 착안하여 2009년 빅데이터 분석 기술인 엔그램뷰어(Ngram Viewer)를 개발했다. 이 도구는 1800년부터 2000년 사이에 간행된 영문 도서 800만 권에서 특정한 단어가 사용된 빈도를 포착하여 그래프로 이미지를 시각화하는 장치이다. 구글은 2010년에 지구상에 존재하는 도서의 총량이 약 1억 3,000만 권이라고 추정하고 이 도서를 디지털화하려는 원대한 프로젝트를 수행 중인데, 2018년까지 약 20%인 3,000만 권을 디지털화했고, 그중 800만 권이 엔그램뷰어 분석에 활용되었다. 엔그램뷰어가 단어의 빈도만 헤아리는 구조가 된 것은 저작권 때문이다. 여기에 쓰인 빅데이터는 대부분 인쇄된 도서의 디지털 작업에 근간을 두고 있으며, 신문과 잡지와 같은 기록물은 분석 대상에서 제외된다.

---

15) 디지털 아카이빙(digital archiving)이란 지속적으로 보존할 가치를 가진 디지털 객체를 장기간 관리하여 이후의 이용을 보장하는 활동을 말한다(정혜경, 2005). 아카이빙은 컴퓨터학에서 말하는 데이터의 백업 수준을 넘어 기록학에서 말하는 공적 자료와 데이터의 보존이라는 적극적인 차원에서 볼 필요가 있다.

16) 구글은 지구상의 모든 도서를 스캔해 인터넷상에서 열람할 수 있는 디지털 도서관을 구축하고자 야심차게 기획을 한 후 미국의 대학도서관을 필두로 영미권은 물론 그 영역을 전 세계로 확대해 나가고 있다. 구글은 도서관 내 서적을 스캔해 데이터베이스(DB)를 구축하고, DB 소유권을 도서관과 구글이 함께 보유하는 방식을 취하고 있다. 우리나라는 2018년 가을 연세대학교가 처음으로 구글 북스 라이브러리 프로젝트에 참여했다.

엔그램뷰어의 장점은 무엇보다도 특정 키워드를 입력하여 연도별로 사용빈도가 어떻게 변화했는지의 추이를 양적으로 관찰할 수 있어 특정 언어, 개념, 문화 현상의 경향성을 체계적으로 파악할 수 있게 해 준다는 것이다.

국외 선행 연구 중 페팃(M. Pettit, 2016)은 미국 내에서 심리학의 관심에 대한 역사적 변천을 긴 호흡으로 가늠하는 데 엔그램뷰어가 유용하다는 점을 밝혀 주었다. 가령, 이 도구를 활용하여 심리학 내에서 집단주의적 관점으로부터 개인주의적 관점으로의 전환이 언제 이루어졌는지를 보여 주었다. 하지만 역사적 탐구에서 과거를 경향(trend)으로 볼 것인가, 아니면 사건(events)으로 볼 것인가의 문제나 한 단어의 의미가 시간에 따라 달라진다고 할 때 이 도구로 그 미묘한 차이를 잡아낼 수 있을 것인가 하는 문제는 앞으로 해결해야 할 과제로 제시했다.

지에바(A. Zięba, 2018)는 엔그램뷰어를 토대로 1900년부터 2000년 사이에 진행된 '사회의 미디어화(mediatization)' 현상을 탐구했다. 이 연구는 미디어가 세계 변화의 원동력이라는 맥루한(Mcluhan, 1999)의 주장을 새로운 연구기법으로 파악하고자 시도한 것이다. 매일 접하는 뉴스의 가치가 중요성을 더해 가는 요즘, 지에바의 연구는 사회문화적 연구에서 엔그램뷰어의 유용성 논의를 확산시키는 데 기여했다.

유네스와 립스(Younes & Reips, 2019)는 구글 엔그램뷰어의 공헌점을 인정하면서도 검색 결과의 정확성을 보완하기 위한 몇 가지 아이디어를 제공함으로써 그 한계를 보완하고자 시도했다. 이들은 이 기법의 보완책으로 상이한 말뭉치, 동일한 언어의 교차 체크, 언어 간 상호 영향, 동의어, 표준화 절차의 사용 등을 고려할 것을 제안했다. 이들은 실제로 1900년부터 2000년 사이에 사용된 종교 용어를 분석함으로써 이 시기에 집단주의적 경향이 쇠퇴하면서 종교의 중요성에 대한 사람들의 인식도 줄어들었음을 분석했다. 또한 이들은 엔그램뷰어와 함께 다양한 방법을 함께 사용하여 분석한 결과로 제2차 세계대전과 같은 위기의 순간에 사람들의 종교적 관심이 높아진다는 흥미로운 사실을 밝혔다.

우리나라의 경우 엔그램뷰어를 적용한 빅데이터 인문학의 시론적 연구로 문상호(2015)의 사례 연구를 들 수 있다. 그는 인문학과 디지털 기술의 접목을 미래 인문학 연구의 화두로 던지면서 엔그램뷰어를 실제로 활용하여 이스라엘과 팔레스타인 분쟁, 이란 혁명 등을 대상으로 키워드를 추출한 후 특정 시기의 도서에서 이 키워드의 빈도 추이를 분석했다. 이재윤과 김명언(2015)은 심리학의 핵심 주제인 창의성에 대한 비교문화 연구를 수행하는 데 엔그램뷰어를 활용했다. 이들은 창의성이 독특성과 유용성의 요소로 구성됨에도 불구하고 이제까지 창의성 개념에서 지나치게 독특성만 강조해 온 점을 학술적 연구뿐만 아니라 일반 문서에 대한 엔그램뷰어 분석을 통해 확인했다.

박상태(2016)는 대학 교양교육에서 고전 텍스트의 객관적인 선정을 위하여 한국연구재단의 한국학술지인용색인(KCI)과 엔그램뷰어 등 대규모 데이터베이스의 데이터마이닝 기법을 활용하여 고전 목록을 탐색적이고 기술적인 방식으로 체계화할 것을 제안했다. 이 연구는 엔그램뷰어와 같은 데이터마이닝 기술이 교양교육 연구에도 유용하게 활용될 수 있음을 보여 주었다. 이러한 연구결과가 고전 목록의 정전화에 따른 이데올로기적 편향성 문제나 오도된 균형감 등을 해소하는 데 일조한다면 고전교육은 분명 새로운 전기를 맞이하게 될 것이다.

김동성(2018)은 구글 엔그램뷰어가 코퍼스에서 미리 정해진 엔그램을 통한 텍스트 시각화라는 거시적 분석에는 나름의 장점이 있다고 본다. 하지만 텍스트의 미시적 흐름을 파악하는 데는 한계가 있음을 지적한다. 그는 이를 보완하고자 미시적 용례 분석과 자바스크립트 D3.js를 이용해서 시계열(time series) 기반 그래프를 통해 동작 반응형 시각화 작업을 수행함과 동시에 엔그램뷰어의 빈도분석의 한계로 지적되는 정규화와 균일화 문제를 해결하고자 상대빈도, 로그 상대빈도, 분산 방법을 적용했다(김동성, 2018: 82). 이 연구는 문화 연구에서 거시적 방식과 미시적 방식의 결합이 중요하다는 점을 다시금 상기하고 있다.

국내외 사례가 보여 주듯이, 엔그램뷰어는 그 자체로 오랜 기간 동안의 사회문화적 현상을 파악하는 데 사용되거나 혹은 그 한계를 보완할 수 있는 다른 방법과 함께 사용되고 있다. 다시 말하면, 엔그램뷰어의 문화 연구 가능성을 인정하면서도 그 한계점을 보완하는 방향에서 인문학과 정보 및 사회과학이 접목되는 다학문 간 융합적 연구의 형태로 진화해 나가고 있다.

이처럼 언어와 문화, 역사에 대한 독특한 접근법으로 인해 에이든과 미셸은 자신들의 방법을 컬처로믹스(Culturomics)[17]로 명명한다. 이 접근법은 최첨단의 과학과 기술을 기반으로 인간의 역사와 문화의 다양한 현상을 분석 대상으로 할 수 있으며, 빈도에 입각한 데이터와 인문학적 서사를 결합할 수 있으므로 말 그대로 융복합 연구를 선도할 수 있는 새로운 가능성을 열어 준다고 할 수 있다. 인문학을 근간으로 하는 교양교육 분야에서도 빅데이터 분석 방법은 새로운 인식 지평을 열어 줄 것으로 기대할 수 있다.

## 3. 엔그램뷰어를 활용한 교양교육 기본개념 사례분석

영미권에서 교양교육 200년사를 회고해 볼 때 가장 눈에 띄는 현상은 'Liberal Education의 점진적 쇠퇴와 General Education의 점진적 상승'으로 특징지어 볼 수 있을 것이다. 교양교육 논의가 고등교육 기관을 둘러싼 담론에서 지배적이라고 볼 때, 특히 미국 대학의 변천에 따른 교양교육의 흐름을 조망해 볼 필요가 있다.

1800년대와 1900년대 사이는 미국 대학이 성장과 변화를 경험한 시기이

---

17) 문화도 생물체처럼 변화하는 존재라 여기고 하나의 생물(生物)로서 문화의 구성 요소를 연구한다는 의미로, 우리말로 번역하자면 문화체학(文化體學)으로 부를 수 있다(김재중, 2015: 8).

다. 초기 식민지 시대를 청산하고 미국다운 나라를 건설하기 위하여 새로운 세기를 열어 나가려는 움직임이 활발하던 시대였다. 미국은 산업자본주의 시대에 발맞추어 전통적인 방식의 영국식 대학 제도와 내용을 변모시키고자 했다. 초기의 칼리지에는 영국식 신사(Gentlemen)교육의 영향이 짙게 남아 있었으며, 전통적인 리버럴아츠를 기반으로 한 자유학예교육이 고수되고 있었다. 이 중에서도 예일 대학교는 산업화와 세속화, 실용주의로 치닫던 미국 대학의 상황에서 고전교육 위주의 Liberal Education을 고수하고자 했다. 1828년 예일 대학교 교수진은 '예일 보고서(Yale Report)'를 통해 고대 그리스와 라틴에 대한 지식이 Liberal Education의 기초가 되어야 함을 주장했다.

> 우리의 목적은 어떤 직업에 필요한 특정 기술을 가르치는 것이 아니라 모든 직업의 바탕이 되는 토대를 만드는 것이다(Our object is not to teach that which is peculiar to any one of the professions; but to lay the foundation which is common to them all).

이들은 인간의 삶과 직업적 토대에 '비판적 사고력'이 자리를 잡아야 한다고 보았다. 이러한 교육은 인간과 세계에 대한 정확한 분석과 통찰, 논증에 입각한 대화와 토론, 냉철한 이성과 판단력을 가능하게 해 준다. 학생들이 자유롭게 상상하고 자신 안에 내재되어 있는 창의성을 맘껏 발휘할 때 주체적 인간으로 성장할 수 있다고 본 것이다. 이 보고서는 고전 읽기야말로 비판적 사고력을 길러 주고 학생들 각자가 자신의 삶을 주인으로 이끌어 갈 수 있도록 해 주는 최적의 방법으로 보고 있다.

다른 한편, 이 시기에 주목할 만한 사항은 신학 위주의 사립대학에서 공립대학으로의 전환이 적극적으로 모색되었다는 것이다. 제퍼슨(T. Jefferson, 1743~1826)은 미국 최초의 공립대학인 버지니아 주립대학교의 설립에 기여했다. 이때부터 자유교육의 이념과 전통으로부터 점차 대중적인 General

Education 이념이 대학교육에 자리를 잡기 시작했다. 그 이후 1862년「모릴 법(Morrill Land-Grand Acts)」에 의해서 각 주마다 주립대학이 생겨났다. 이 법안의 골자는 각 주마다 30,000에이커의 토지를 기부하여 그 주의 특성에 맞는 농업 및 기술 대학을 설립하여 보급한다는 것이다. 이로 인하여 미국의 고등교육은 엘리트 교육을 지향하는 사립대학과 고등교육 기회 확대를 위하여 마련된 주립대학의 이원 체제를 갖추게 되었다(Thelin, 2014: 75).

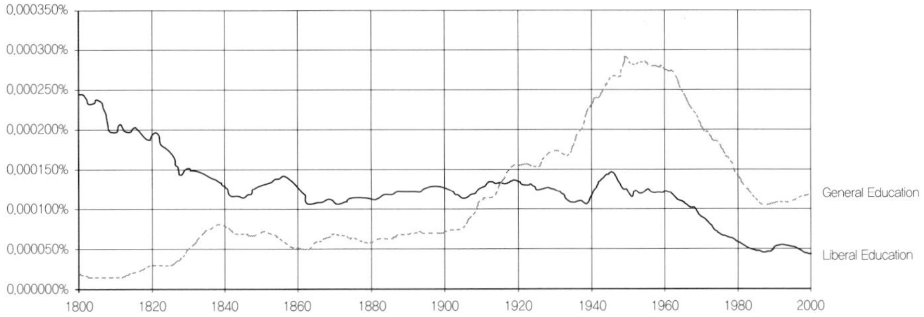


[그림 1-1] 엔그램뷰어 수행 결과(Liberal Education, General Education: 1800~2000)[18]

Liberal Education을 지켜 내려는 힘겨운 싸움에도 불구하고, [그림 1-1]을 보면 지속적인 하락세의 움직임을 저지하지 못한 것으로 보인다. 그 이면에는 19세기 중반 이후 대학사회에 자본의 논리가 침투해 왔기 때문이며, 대학의 '사회봉사' 이념을 앞세워 지역사회 밀착형 대학인 주립대학을 각 주에 설립하면서 대학교육의 방향이 교양교육에서 전문교육으로 급선회했기 때문이다. 이 시기 General Education은 미국의 산업화과정에서 나타난 하나의 경향으로 전통적인 교양교육을 기본으로 하면서 시대의 요구에 부응하여 새롭게 등장한 전문교육의 기초가 되는 일반연구(General Studies)[19]를 포괄하는 독특한 형태로 점진적 상승세를 이어가게 된다. 미국적인

18) 세로축의 %는 100만 단어당 빈도를 의미함.

General Education이 나름의 성격을 드러내는 것은 1900년대 전후 카네기(A. Carnegie)와 록펠러(J. Rockefeller)와 같은 대부호가 대학교육 전반에 영향력을 행사한 후부터이다.

20세기 전후 미국 사회의 가장 큰 특징은 제국주의의 새로운 강자로 올라서면서 세계의 중심 국가로 부상한 점과 제2차 산업혁명을 통하여 강철, 철강, 석유, 전기, 금융 분야에서 비약적 성장을 겪게 된 점이다. 19세기에 미국 대학은 이전의 칼리지에서 유니버시티로 탈바꿈했고, 20세기에 들어와 독일 훔볼트(Humboldt)에 의해 촉발된 근대 대학의 전형을 모방하여 연구와 교육 위주의 새로운 대학 체제, 즉 학부와 대학원의 이분화로 구성된 연구 중심 대학 모델을 창출하게 되었다. 소위 '대학원 임팩트(Shunya, 2014)'는 대학 교원의 위상에도 큰 변화를 주게 되었다. 칼리지에서 한낱 교사에 불과했던 대학 교원들은 대학원이 들어서면서 '연구자'로서의 위상을 확보하게 된 것이다. 이전의 직업교육과 전문인 양성교육이 무차별 대학의 교육과정 일부로 침투한 것도 이러한 시대 상황과 맞물려 있다. 이 시기 미국의 고등교육을 날카롭게 비판하고 있는 베블런(Veblen)의 『미국의 고등교육』(2014)은 학문의 정신과 자유로운 교양을 뒤로 한 채 대학이 세속화·실용화로 치닫는 경향성을 생생하게 증언해 주고 있다. 단적인 예로, 대학에 경영학과 경영전문대학원(MBA)[20]이 전문교육의 대명사가 된 것도 이 무렵 등장한 미국적인 실용주의 교육 결과로 볼 수 있다.

[그림 1-1]에서 주목할 부분은 1915년인데, 이 시기에 General Education

19) 일반연구(General Studies)는 다의적으로 쓰이나 오늘날 대체로 다음과 같은 맥락에서 두루 쓰이고 있다(위키피디아 '일반연구', https://en.wikipedia.org/wiki/General_Studies).
- 일반 학사(Bachelor of General Studies), 북미의 일부 대학에서 제공하는 학위
- 영국의 16~18세 아동에게 제공되는 GCSE 및 A 레벨 시험
- 컬럼비아 대학교 일반대학원, 컬럼비아 대학교 교양대학
- 홍콩의 초등학교에서 가르치는 지식 중심 학교 교과목

20) MBA는 20세기 초 미국에서 등장할 당시 경영학 석사 중 실무를 중심으로 하는 학위를 의미했다.

의 빈도가 Liberal Education의 빈도를 역전하는 현상이 일어난다는 점이다. 우리는 이 역전 현상을 어떻게 설명할 수 있을까? 이를 설명하는 하나의 단서가 바로 1915년에 발간된 '일반교육위원회 보고서'이다. 이 보고서는 일반교육위원회(General Education Board)의 1902년부터 1904년까지의 활동 상황을 담고 있는데, 주로 20세기 초 미국의 고등교육 및 의과대학을 지원하고 남부의 농촌 백인과 흑인 학교를 원조하여 남부의 낙후된 농업을 현대화하려는 자선사업 활동을 담고 있다. 이 위원회의 창설은 1902년 록펠러와 게이츠(F. Gates)의 기부와 헌신을 기반으로 가능했다. 그 목적은 인종, 성별 또는 신념의 차이를 넘어 미국 전역에 교육을 널리 홍보하는 데 있었다. 프로그램의 주요 내용은 낙후된 미국 남부 주에서의 실용적인 농업을 증진하고, 공립학교 설립을 통하여 중등 수준의 학교교육을 진작시키며, 의학교육을 포함한 칼리지와 대학교육의 발전을 도모하며 농촌과 흑인 학교를 대대적으로 지원하려는 것이었다(General Education Board, 1915).

여기서 중요한 사실은 오늘날 우리가 교양교육의 등가물로 General Education을 무비판적으로 쓰고 있지만, 앞의 사례에서 보여 주듯이 General Education이 널리 유포되기 시작하던 20세기 초기에는 농업교육, 의학교육, 지역사회교육, 청소년 클럽 활동지도, 학교교육, 고등교육을 포괄하는 일종의 '종합교육'과 유사한 의미로 통용되었음을 알 수 있다. 이처럼 20세기 초 미국에서 거대 자본에 의해 설립된 일종의 교육재단, 가령 일반교육위원회(General Education Board, 1903), 교수 발전을 위한 카네기 재단(Carnegie Foundation for the Advancement of Teaching, 1906), 카네기 협력 재단(Carnegie Cooperation, 1911), 록펠러 재단(Rockefeller Foundation, 1913)은 천문학적 기부와 지원을 통하여 미국 고등교육의 수준을 한 단계 향상시키는 데 기여했다(McCarthy, 2011: 86-87). 하지만 연방 정부와 거대 자본의 의지가 반영된 교육적 기획과 혁신은 넓은 의미의 국가와 사회에서 교육의 일반적(general) 성과를 가져오기 위한 실용적 목적[21]에 있었던 것이지, 우리가 흔히 생각하듯 인간의 가치와 비판적 지성을 기르기 위한 교양교육과는 다소 거리가 먼 것이었음을 알 수 있다.

1920년대 미국은 제1차 세계대전 승리로 인한 번영과 1929년 경제대공황으로 인한 위기가 교차한 시기로 볼 수 있다. 풍요와 번영의 시대를 맞이하여 자동차가 보편화되었고, 대중은 프로야구와 재즈를 구가하기 시작했으며, 라디오와 영화의 시대가 열렸다. 이러한 물질만능과 배금주의 풍토 속에서 돈이나 직업과 같은 실용적 가치보다 근원적인 보편적 가치와 인간의 교양에 대한 관심도 일기 시작했다. 이 시기에 시카고 대학교의 총장을 역임했던 허친스(R. Hutchins, 1899~1977)는 인간성(humanity)이야말로 불변하며 보편타당한 가치를 지닌 것으로 대학이 Liberal Education을 통해서 이러한 가치를 수호해 나가야 한다고 주장했다(손승남, 2011: 253). 허친스와 그의 동료 아들러(M. Adler, 1902~2001)가 교육 방법으로 채택한 것은 위대한 저서(Great Books) 프로그램이었다. 실용적 가치가 넘쳐나던 미국 사회에서 이들은 새삼 위대한 저서의 독서와 토론을 통한 지성의 연마를 강조한 것이다. 이 점에서 본다면 시카고 대학교의 위대한 저서 운동은 분명 19세기 영국의 대학에서 강조되었던 고전 위주의 Liberal Education의 연장선상에 있다고 볼 수 있다. 이 시기 허친스, 아들러, 어스킨(J. Erskine)[22] 등이 전개한 '위대한 저서 읽기 운동'은 대학과 사회의 운동 차원으로 외연이 확대됨으로써 대학의 교양교육은 물론 일반 대중의 교양 수준의 제고에도 많은 영향을 주었다(신득렬, 2016: 91).

그럼에도 불구하고 [그림 1-2]에 제시된 그래프에서 우리가 주목해야 할 사안은 General Education이 어떻게 1950년 전후 최고조에 달하게 되었는

21) 『대학의 배신』(2016)을 쓴 로스(M. Roth)는 미국 고등교육의 이러한 경향성을 '실용주의적 교양교육'이라는 이름으로 에둘러 비판을 가하고 있다. 그는 20세기 초 듀보이스(W. Du Bois)를 인용하면서, "돈을 교육의 목적으로 삼는다면 장사꾼은 키울 수 있지만 진정한 인간은 키울 수 없다."라며 고등교육의 나아갈 방향을 다시금 환기시키고 있다.

22) 존 어스킨(1879~1951)은 미국의 교육자이자 작가로 컬럼비아 대학교에서 위대한 저서 운동을 전개했던 인물이다.

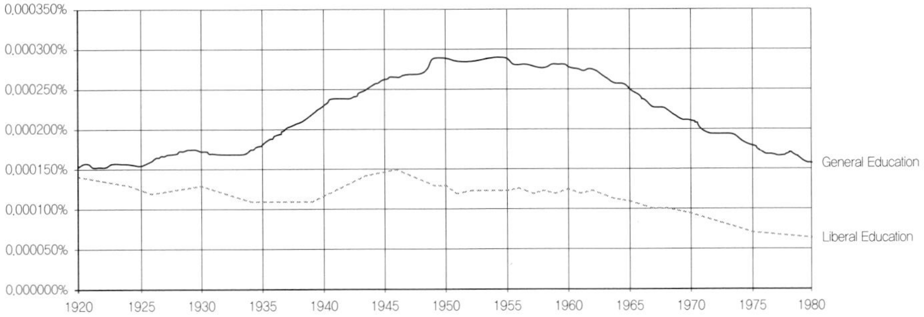


[그림 1-2] 엔그램뷰어 수행 결과(Liberal Education, General Education: 1920~1980)

가 하는 문제이다. 허친스와 시카고 대학교의 노력이 비록 이상적이며 엘리트주의적이라는 당대의 비판을 비켜 갈 수는 없었지만 나중에 하버드 대학교의 교양교육 보고서인 『자유 사회에서의 일반교육(General Education in a Free Society)』(1945)에 지대한 영향을 미쳤다. 미국 사회 내에서 하버드 대학교의 상징성을 볼 때 일명 "레드북(Red Book)"으로 불렸던 이 보고서가 대학과 사회에 미친 파급효과를 쉽게 가늠해 볼 수 있다(Arthur, 1977). 산업화 및 직업화로 변모하는 대학교육의 세속화에 맞서 이 보고서는 교육의 '일반적(general)' 성격을 드러냄으로써 교양이 본래 추구하는 보편성과 일반성의 가치를 실현하고자 했다. 가령, 이전의 과학 수업에서는 과학 지식에 대한 기억, 설명, 암기가 주를 이루었다면, 새로 바뀐 General Education의 틀에서는 과학적 전문지식에 접근하는 방법, 성과, 제한점 등을 넓은 시야에서 두루 파악할 수 있는 역량을 강조했다. 학생들은 자신이 사용하는 방법을 어느 정도 인식하고 있느냐, 그 전제에 대하여 얼마나 비판적이냐의 여부에 따라 특수성의 좁은 울타리를 벗어나 진정 인간과 세계에 대한 참다운 인식을 할 수 있다(The Harvard Committee, 1946: 64). 학생들이 민주사회에서 폭넓은 식견을 갖춘 교양인, 자유로운 시민으로서 이 세계를 헤쳐 나가기 위해서 반드시 갖추어야 할 성격특성이 있다. 이 보고서는 일반교육을 통하여 길러 주어야 할 성격특성으로 가치 구분능력, 의사소통능력, 적절한 판단능력, 효율적인 사고 등 네 가지를 제시하고 있다(The Harvard Committee, 1946: 65-72). 다시 말해서 하버드 대학교에서 발간한 General Education 보고서는 올바로 사고하고, 정확하게 판단하며, 자신의 의견을 당당하게 표현할 수 있는 능력을 General Education에서 길러 주어야 할 핵심능력으로 간주했다.

하버드 보고서의 의의는 대학의 교양교육 프로그램 자체보다 그것이 천명한 General Education의 철학에 있었다. 이 보고서에서는 General Education을 "민주사회 속에서 무엇보다도 책임 있는 인간이자 시민으로서의 학생의 삶을 돌보는 교육"으로 규정했다. 하버드 보고서에서 제기한 핵심 질문은 이를테면 고등학교 졸업 후 사회로 진출하는 사람들과 대학에 진학하는 사람들에게 어떻게 '그들이 앞으로 공동으로 소유하게 될 사회에 대한 공통의 그리고 구속력 있는 이해'를 제공할 것인가 하는 데 있었다(박연호, 2010: 59).

요컨대, 미국 사회에서 General Education이 Liberal Education보다 더 널리 사용되던 시기에는 실용적 성격이 강한 General Studies의 의미로 쓰이다가 고전 위주의 전통적 교양교육의 강조와 함께 마침내 1950년대 하버드 보고서를 기점으로 그 단어의 활용 빈도가 정점에 달했음을 알 수 있다. 하지만 이 시기에 하버드 대학교에서 사용한 General Education의 성격은 이전과는 확연히 달라진 것이다.

## 4. 나오는 말

이 글은 교양교육 기본개념이 Liberal Education과 General Education 사이에서 무분별하게 사용되고 있다는 '불만'에서 논의를 시작했다. General Education이 미국적 현상이라는 점에 착안하여 구글 엔그램뷰어 검색 데이터를 토대로 1800년과 2000년 사이에, 그중에서도 구글 북스에서 General Education이 Liberal Education의 활용 빈도를 추월한 1915년과 General

Education의 활용 빈도가 정점을 보인 1950년 전후 상황을 데이터 인문학적으로 해명해 보고자 했다.

Liberal Education은 고대 그리스와 로마의 자유인(freeman)을 위한 교육에서 비롯된 것이다. 중세기를 거쳐 7자유교과(Liberal Arts)를 통해 인간성을 고양하려는 목적을 지닌 교육으로 이어져 내려오다가 19세기 영국 대학에서 고전 위주의 Liberal Education으로 발전하게 되었다. 19세 이후 미국(대학)의 교양교육에 대한 이념과 실제가 영국의 옥스브리지 전통과 맞닿아 있으며, 그 명맥이 20세기까지 이어져 오고 있다고 볼 수 있다.

Liberal Education은 원래부터 사회적 유용성과는 거리가 먼 것이었다. 자유민의 여가와 관련이 되며 고상한 정신적 활동과 밀접한 연관 속에서 발전해 왔다. 기술과 기능이 강조되는 전문교육이나 세속적 직업교육과는 구별되며, 인간의 정신을 자유롭게 하는 교육적 활동이 그 개념 안에 고스란히 담겨 있다. 이는 『옥스퍼드 영어사전(Oxford Dictionary of English)』에 등장하는 'liberal'이란 용어의 해설만 보더라도 곧바로 알 수 있다.

> 원래 리버럴이란 말은 '자유인(free man)'에게 어울리는 '학예(arts)' 및 '학문(sciences)'적 성향을 지칭하는 통칭어인데, 노예적 혹은 기계적이라는 의미와 반대로 쓰였다. ……(중략)…… 리버럴은 지성을 전반적으로 확충하고 다듬는 것을 목표로 삼으며, 기술을 배우거나 전문적 직업을 얻는 데 필요한 요건들로만 좁게 한정되지 않는다는 뜻이다(Oxford University Press, 2010).

그 개념의 의미는 예나 지금이나 크게 달라진 것이 없다고 본다. 20세기 미국에서도 이 개념이 지속되는 것은 비록 소수이기는 하지만 보다 나은 교육에 대한 열망이 사회의 저변에 깔려 있다는 반증으로 볼 수 있을 것이다.

이와는 달리 General Education은 언어 사용에 좀 더 주의를 요한다. 그 자체를 바로 교양교육으로 번역해서 쓸 수 있는가 하는 근본적 문제가 제기될 수 있기 때문이다. 이 개념이 미국 사회의 문서나 정책에서 사용되었던 20세기 초반의 상황을 보면 General Education이 단지 우리가 오늘날 생각하는 교양교육의 의미로 사용되지 않았기 때문이다. 그 당시 General은 실제로 광범위한, 포괄적인, 종합적인 교육을 아우르는 광의의 교육개념으로 쓰였다. 그 개념은 농학, 의학, 직업 교육은 물론 사회봉사, 동아리 활동 지도와 같은 요소까지 총망라하는 것이었으며, 일종의 캠페인으로 교육을 통한 국가와 사회의 재건 프로그램의 성격도 동시에 지니고 있었다. 반세기가 지나 1950년대 하버드 교양교육 개혁 보고서는 General Education의 개념 규정을 새롭게 하면서 Liberal과 General의 혼란을 불러 온 장본인이 되고 말았다. 표면상으로는 General Education의 기치를 내걸면서도 내용 면에서는 Liberal Education에서 추구하는 가치를 전면에 내세움으로써 개념상의 혼란을 가중시키는 역할을 했기 때문이다. 역설적으로, 1960년대에는 General Education이 미국의 지역사회 대학(Community College)을 지탱하는 견인차 구실을 했다(O'Banioin, 2016: 327). 그리고 미국 내에서 두 개념 사이의 혼란은 여전히 지속되고 있다.[23)]

이 글에서 시도한 빅데이터를 활용한 교양교육 연구는 새로운 시도이자 도전이다. 정량적 데이터 기반 인문학적 논의가 아무래도 큰 그림을 그리거나 경향성 분석에 치중하다보니 심층적 기술에는 일정 부분 취약점을 노정하고 있다. 이러한 한계는 개별 현상과 사건에 대해서 외적으로 드러난 텍스트의 이면(context)을 상세하게 들여다볼 수 있는 철학적 개념분석이나 메타 연구,[24)] 역사적 개념사와 미시사, 인류학적 "중층기술"[25)] 등의 다양한 방

23) 이에 관해서는 국가의 공식적인 문건에 해당하는 『카네기 재단 보고서』(Boyer, 1987), 『연방 인문학 진흥재단 보고서』(Cheney, 1989) 등을 참조.

24) 교양교육에 대한 인식 변화를 위해 무엇보다 선행되어야 할 것은 교양교육의 개념과 이상에 대한 이해를 넓히는 메타-교양교육이다(박병철, 2018). 메타 연구는 개별적인 사안을 전체적으로 조망

법으로 보완해 나가야 할 것이다. 이렇듯 정보통신기술의 도움을 바탕으로 한 분석 및 시각화 작업에 더해 인문학이나 사회과학적 상상력이 만날 때 빅데이터 기반 데이터마이닝 기법은 교양교육 연구에도 새로운 바람을 일으킬 것으로 보인다.

마지막으로, 후속 연구를 위한 제안을 하자면 이 연구를 계기로 추후 유사한 맥락에서 교양교육의 다른 기초개념 연구에도 엔그램뷰어에 의한 데이터 분석 방법을 적용해 볼 수 있을 것이다. 가령, 기초교육의 영어식 표현이 Basic Education, Foundation Education, Fundamental Education에서 유래된 것이라고 할 때, 그 내포와 외연이 어떠한지를 빅데이터 자료를 기반으로 역사적으로 추적해 볼 수 있을 것이다. 또 한국 교양기초교육원에서 소양교육으로 표현하고 있는 용어는 크게 인성교육과 차원을 같이하므로(손동현, 2019), 그것의 영어식 표현인 Character Education과 Virtue Education의 용례를 데이터 인문학적으로 의미를 따져 보는 일도 나름의 의의가 있을 것이다. 한걸음 더 나아가 우리나라에서 교양교육 용례에 대한 데이터 인문학적 분석이 가능해질 수 있는 날이 오길 기대해 본다.

---

할 수 있는 통찰과 사유를 필요로 한다. 교양교육이 이제까지의 혼란과 왜곡에서 벗어나 제 길을 가기 위해서는 이상, 이념, 역사, 전통, 개념 등에 대한 넓고 깊은 토대 연구가 뒷받침되어야 한다.

25) 이 개념은 일명 '두꺼운 기술(thick description)'로도 불리며, 인류학 등에서 인간 행동을 대할 때 겉으로 드러난 행동 자체만이 아니라 행동 이면의 여러 상황을 담고 있는 문맥(context)도 포함해 설명하는 것을 가리킨다(Geertz, 1973).

## 참고문헌

김동성(2018). 프로젝트 구텐베르크를 활용한 텍스트 시각화 및 용례 검색. 언어와 정보, 22(2), 81-104.

김바로(2014). 해외 디지털인문학 동향. 인문콘텐츠, 33, 229-254.

문상호(2015). 엔그램뷰어를 이용한 인문학의 빅데이타 사례 연구. 예술인문사회융합 멀티미디어논문지, 5(6), 57-65.

박병철(2018). 리버럴아츠 교육과 한국의 교양교육. 교양교육연구, 13(1), 163-180.

박상태(2016). 데이터마이닝을 활용한 대학 교양교육 고전 목록 정립에 관한 시안. 사고와 표현, 9(2), 7-36.

박연호(2010). 자유교육의 전통에서 본 하버드 대학의 교양과정 개혁. 교육사상연구, 24(2), 41-69.

서울대학교 기초교육원(2008). 교양교육 60년사. 서울대학교 출판부.

손동현(2019). 대학 교양 교육론. 철학과 현실사.

손승남(2011). 인문교양교육의 원형과 변용. 교육과학사.

손승남(2020). 엔그램뷰어를 활용한 교양교육 개념 분석. 교양교육연구, 14(2), 23-34.

신득렬(2016). 교양교육. 겨리.

이재윤, 김명언(2015). 문화와 창의성 개관. 과거, 현재 그리고 미래. 한국심리학회지 일반, 34(1), 1-26.

이창수, 송백훈, 전종구(2014). 자유교육의 개념에 대한 고찰: 한국 대학의 교양교육에 주는 시사점. 비교교육연구, 24(6), 93-116.

정혜경(2005). 디지털 아카이빙의 경제성 분석. 한국학술정보.

조영하(2015). 21세기 대학의 자유교육, 그 정체성에 관한 고찰: 미국고등교육사회의 관련 논쟁과 담론을 중심으로. 비교교육연구, 25(4), 35-62.

Arthur, L. (1977). *Handbook on Undergraduate Curriculum*. Jossey-Bass.

Boyer, E. L. (1987). *College: The undergraduate experience in America. The Carnegie Foundation for the Advancement of Teaching*. Harper & Row.

Cheney, L. V. (1989). *50 Hours: A core curriculum for college students.* National Endowment for the Humanities.

Erez, A., & Jean-Baptiste, M. (2014). Uncharted: Big Data As a Lens on Human Culture. Riverhead Books. (김재중 역. 2015. 빅데이터 인문학, 진격의 서막: 800만 권의 책에서 배울 수 있는 것들. 사계절)

Freud, S. (1930). *Das Unbehagen in der Kultur*. Internationaler Psychoanalytischer Verlag.

Geertz, C. (1973). *The Interpretation of Cultures*. Basic Books.

General Education Board (1915). *The General Education Board: an account of its activities, 1902-1914*. General Education Board.

McCarthy, M. C. (2011). *History of American Higher Education*. Peter Lang.

Mcluhan, M. (1994). *Understanding Media: The Extensions of Man*. MIT Press. (박정규 역. 2011. 미디어의 이해. 커뮤니케이션북스)

Oxford University Press (2010). *Oxford Dictionary of English*(3rd ed). Oxford University Press.

Pettit, M. (2016). Historical Time in the Age of Big Data: Cultural Psychology, Historical Change, and the Google Books Ngram Viewer. *History of Psychology, 19*(2), 141-153.

Roth, M. (2015). *Beyond the University: Why Liberal Education Matters*. Yale University Press. (최다인 역. 2016. 대학의 배신. 지식프레임)

Shunya, Y. (2011). 大學とは何か. 岩波書店. (서재길 역. 2014. 대학이란 무엇인가. 글항아리)

The Harvard Committee (1946). *The General Education in a Free Society: Report of the Harvard Committee*. Harvard University Press.

Thelin, J. R. (2004). *A history of American higher education*. Johns Hopkins University Press.

Veblen, T. (2007). The Higher Learning in America. Cosimo Classics. (홍훈, 박종현 공역. 2014. 미국의 고등교육. 길)

Younes, N., & Reips, U. (2019). Guideline for improving the reliability of Google Ngram studies: Evidence from religious terms. *PLoS ONE, 14*(3), 1-17.

Zięba, A. (2018). Google Books Ngram Viewer in Socio-Cultural Research. *Research in language, 16*(3), 357-376.

가천리버럴아츠칼리지 http://glac.gachon.ac.kr/

경희대학교 후마니타스 칼리지 http://hc.khu.ac.kr/v2/?pmi-sso-return2=none#

대구대학교 성산교양대학 https://slac.daegu.ac.kr/hakgwa_home/slac/

대전대학교 혜화리버럴아츠칼리지 https://www.dju.ac.kr/hlac/main.do

서울대학교 기초교육원 https://www.snu.ac.kr/basic-education

성균관대학교 학부대학 https://hakbu.skku.edu/hakbu/index.do

연세대학교 학부대학 https://universitycollege.yonsei.ac.kr/fresh/index.do

예일 대학교 Report of 1828 https://en.wikipedia.org/wiki/Yale_Report_of_1828

위키피디아 일반연구 https://en.wikipedia.org/wiki/General_Studies

중앙대학교 다빈치교양대학 https://ge.cau.ac.kr/

한국교양교육학회 http://www.kagedu.or.kr/modules/doc/index.php?doc=intro

한국교양기초교육원 http://www.konige.kr/

제2장

# 대학 설립 초기의 교양교육 전통과 그 창조적 재생[1]

## 1. 들어가는 말

교양교육은 가장 소박한 의미에서 '인간다운 인간을 기르는 교육' 그 이상도 그 이하도 아니다. 교육이란 단어 앞에 '인문'을 붙이든, '교양'을 붙이든 교육의 본래적 의미인 인간교육을 더욱 강화할 줄 따름이다. 인문교육이 강조되는 이유는 인간이 살아가면서 필요로 하는 인문적 소양을 국가, 사회, 교육기관에서 제대로 길러 주지 못하고 있다는 반증이고, 교양교육이 이 시대에 새삼 강조되는 이유는 우리 사회에서 길러 주어야 할 개인적 · 문화적 소양을 소홀히 한 채 교육이 오로지 직업교육, 전문교육 일면으로 치닫고 있다는 반증이기도 하다.

교양교육이 자라나는 세대로 하여금 사람다운 삶을 살아갈 수 있도록 도움을 주는 교육이라고 할 때 교육에서 이보다 더 근본적이고 중차대한 일은 없을 것이다. 사람의 가치보다도 물질과 돈의 위력이 세상을 지배하고, 전쟁의 광풍이 지구 곳곳에서 쉼 없이 휘몰아칠수록, 그리고 생태계의 파괴가 점차 임계점을 넘어서면 설수록 인간의 가치와 인간성 함양을 위한 교육적 노력

1) 손승남(2013). 대학 설립 초기의 교양교육 전통과 그 창조적 재생. 교양교육연구, 7(2), 199-220.

을 결코 게을리해서는 안 되기 때문이다. 작은 나비의 날갯짓이 뉴욕에 거대한 바람을 몰고 오듯이, 우리는 인문교육을 통한 한 줌의 '교양'이 감옥에 갇힌 죄수에게 삶의 희망을 줄 수 있다는 감동적인 이야기를 기억한다. 지금이라도 작지만 큰 걸음을 내디뎌야 할 때가 아닌가 싶다.

다행스럽게도 '연구' 일변도로 치닫던 대학이 '교육'에, 그것도 전문교육이 아닌 '교양교육'에 눈을 돌리면서 대학 교양교육은 한 시대를 구가하는 것처럼 보인다. 교양을 본격적으로 가르치는 학부대학이 생겨나고, 교양과 직접 관련된 과목들이 다양하게 개발되면서 전공 중심의 대학운영에서 볼 수 없었던 새로운 풍경이 연출되고 있다. 다양한 글쓰기 및 독서 프로그램, 의사소통교육, 스마트폰 활용교육 등 그 종류만 해도 유례를 찾아볼 수 없을 정도이다. 그럼에도 불구하고 우려되는 것은 소위 '교양'이라고 불리는 다양한 과목, 코스, 프로그램들이 그 이름에 걸맞게 운영되고 있는지, 교양교육을 둘러싼 다양한 개념[2)]의 혼재로 인해 교양교육을 입안하고 운영하는 당사자들도 애매모호함 속에서 일을 추진하고 있지는 않은지 하는 의문이다. 가령, 어느 대학에서 기초교육원을 설립하면서 그 안에 군사학 과목을 포함시켰다면, 또 다른 어떤 대학에서 전공이나 교양에 속하지 않는 실용교과목을 모두 교양교육의 범주에 포함시켜 운영한다면 교양의 본질과 정신은 왜곡될 수밖에 없다. 아무리 교양교육, 기초교육, 융합교육이 대학교육의 화두라고 해도 그 이름값에 걸맞게 구현되고 있는지를 근원적으로 점검해 볼 필요가 있다.

---

2) 교양교육과 관련된 다양한 용어는 다음과 같다(이상오, 2003; 이석우, 1994). 영어의 liberal education을 우리말로 번역한 용어가 자유교육이며, 이는 사회적 유용성과는 거리가 먼 인간의 정신을 자유롭게 하는 교육이다. 교양교육은 중세대학부터 전공과정 이전에 수학하는 교양과정에서 유래하며 전문교육과 대비되는 교육이다. 인문교육은 인문적 교과인 문학, 역사, 철학 중심의 교육을 말하며, 이과교육이나 직업교육과 구별되는 교육이다. 최근에 부각되고 있는 기초교육은 전공학문의 기초를 배양하는 교육과 인간으로서의 교양기초를 포함하는 포괄적인 의미로 사용되고 있다. 서울대학교에서 기초교육원을 설립한 이후 기존의 교양교육과 전공기초교육을 망라하는 교육과 교수학습개발센터의 강의 및 학습능력을 개발하려는 노력이 전국적으로 확산되고 있는 추세이다.

이 장에서는 이와 같은 문제의식을 토대로 대학 교양교육의 뿌리를 찾아 그 원형을 다시금 되새겨 보고, 대학 설립 당시 교양교육의 본질은 어떠했으며, 앞으로 대학 교양교육이 어떤 방향으로 나아가야 할 것인지를 탐색해 보고자 한다. 우선 인간의 마음을 고양시키고 영혼을 도야하는 교양교육의 핵심 교과목으로 7자유교과와 중세대학의 교양교육 전통을 검토한 후 현재와 미래의 교양교육이 나아가야 할 방향을 제시한다.

## 2. 대학 설립 초기의 교양교육의 전통

서구 교양교육을 둘러싼 논의에서 가장 핵심적인 주제 중의 하나가 바로 7자유교과(septem artes leberales or studia leberalia)이다. 정형화된 틀로서 7자유교과가 확립된 것은 5세기경 카펠라(Capella)와 카시오도로스(Cassiodoros)에 의해서이다(Kimball, 1986: 22-23). 7자유교과는 노예가 종사하는 비자유교과(Artes illiberales) 혹은 단조롭고 기계적인 노동과 관련된 실제교과(Artes mechanicae)와는 대조적이며, 단순하고 무미건조한 노동과는 무관한 고상한 내용을 추구한다. 세네카(Seneca)는 마음을 고양시키고 영혼을 도야하는 지혜를 담은 자신의 서한에서 자유교과를 다음과 같이 보고 있다.

> 너는 자유교과가 왜 그렇게 불리게 되었는지를 알게 될 것이다. 왜냐하면 자유교과는 자유로운 인간에 적합하기 때문이다(김천운 역, 2007: 612).

자유로운 인간은 여가와 교양을 추구하는 사람이며, 단순한 밥벌이를 위해서 노동을 하는 사람이 아니다. 그러한 일이 가치 있는 것은 오직 생계수단과 어떤 연관도 갖고 있지 않기 때문이다. 그리스와 로마시대를 거치면서 점차 정형화된 프로그램으로 정착된 자유교과는 대개 3학(三學: Trivium)과 4과(四

科: Quadrivium)로 구분된다. 3학이 언어와 논리적 논증과 연관을 맺고 있으며 라틴 학문을 수행하기 위한 전제조건으로서의 기능을 수행하는 반면, 4과(四科)는 수학과 밀접한 연관을 지니고 있다.

12세기의 문예 부흥이 시작되면서 7자유교과에 대한 좀 더 정교한 이해가 시작되었다. 이 시기의 교양교육은 보에티우스(Boëthius)와 카펠라와 같은 이전 시기의 대가로부터 영향을 받았다. 하지만 7자유교과가 단순한 예비교과의 차원을 넘어 신학 못지않은 관심을 얻게 되었다.

> 7자유교과는 모두 인간에게 신에 관한 지식과 신적인 것을 표현할 수 있는 힘을 부여한다. 하지만 그렇게 함으로써 그것들은 또 다른 목적을 실현한다. 7자유교과는 인간성의 고양(cultum humanitas)에 기여한다. 즉, 그것들은 특별한 인간의 가치를 증진시키고, 우주에서의 인간의 위치를 알려 줄 뿐만 아니라 창조된 세계의 아름다움을 기릴 수 있도록 가르친다(Clagett et al., 1985: 9-10).

이 인용문에서 분명해지는 것은 교양교육의 원천으로서 7자유교과가 궁극적으로 '인간성의 고양'에 기여한다는 점이다. 나아가 우리는 교양교육이 '인간의 가치'를 넘어 '우주'와 '미적 창조'의 세계로까지 연결되는 점에 주목할 필요가 있다.

소위 '암흑기'로 표현되는 중세기에 문화와 교양적 삶을 후대로 이어주는 가교 역할을 한 것은 '대학'이라는 자생 집단 조직이었다. 대학은 교수와 학생의 학문공동체이다. 대학의 공동체적 성격은 이미 대학(University)의 어원에서 나타난다. University는 중세의 Universitas에서 온 말로서 교수와 학생의 단체를 의미하고 있다(이석우, 1998: 65). 즉, 대학은 원래 순수한 학문의 자치기구인 하나의 길드(guild)로서 지적 열정을 지닌 교수와 학생이 모여 학문을 논하고, 연구 · 교수 · 교육이 이루어지는 지적 공동체로서 출발했던 것이다.[3] 여기서 대학이 우주(Universum)와 같은 어원을 갖는 이유는 바로 대학이 치우친 인식이 아니라 '보편적인' 진리를 탐구한다는 데 있다. 보편적인 인식은 주관적인 판단에 의해서가 아니라 제3자의 '객관적인' 안목에서 사물을 바라볼 수 있음을 의미한다. 13세기 중엽까지 중세의 대학은 이와 같은 동업조합의 조직적 토대 위에서 학문과 진리 탐구를 위한 '대학의 자유(libertas scolastica)'를 축적해 나갔다(김유경, 2002: 56).

초기의 대학에서 주로 다루어진 내용은 신학, 법학, 의학과 같은 실용적 지식이었다. 고대에서부터 내려오던 철학은 전문교육을 받기 위한 전제조건으로 전공 이전에 교양으로 부과되었다. 전문인으로서 능력을 배양하기 이전에 인간으로서 인간다운 삶을 누릴 수 있는 기본소양으로 교양이 강조된 것이다. 이 전통이 7자유교과와 결합되면서 서구 교육과정의 근간을 이루게 된다. 대학의 구성도 이러한 틀에 따라 인문학부(학예부, 철학부)의 기초과정과 그 과정을 이수한 연후에 진입하게 되는 신학부, 법학부, 의학부와 같은 전공학부로 구분되었다.

> 학예부는 원천이며 근본이고 모든 다른 학부와 예술의 기초가 되며 여기에 가장 많은 학생이 소속되어 있다(이광주 역, 1973: 57-58).

이처럼 대학은 설립 초기부터 교양교육을 받게 한 후 전문 직업교육을 받도록 하여 전문성과 교양을 두루 겸비한 인간을 양성하는 데 비중을 두었다. 중세에는 학과목 위주의 교육과정(curriculum)이 따로 존재한 것이 아니라 교재 위주로 강의가 이루어졌다. 이 시기에 강의된 자유교과의 목록을 비교적

3) 하지만 중세대학의 성립 기원에 관해서는 학자들 간에 다소 입장 차이가 있다. 가령, 굿(Good, 1961)은 대학의 기원을 고대 그리스와 로마의 전통으로 소급 적용하려는 반면, 하스킨스(Haskins, 1960)는 12세기의 독특한 시대 상황에서 찾고자 한다. 이에 관해서는 김중기(2000)의 논문 「중세 대학의 기원에 관한 고찰」을 참조.

세밀하게 적은 자료로 1140년경 티에리(Thierry de Chartres)가 작성한 것과 1200년경 네컴(Neckham)이 작성한 혼합 교과과정(composite curriculum)이 있다(Price, 1992: 221-224). 후자의 경우 기존의 3학과 4과 이외에 자연철학, 도덕철학, 광학, 형이상학 분야가 더 들어가 있는 특징을 볼 수 있다.[4]

교재의 전체 내용을 일괄해 볼 때 특이한 점은 아리스토텔레스가 대학의 교과목에서 큰 비중을 차지하고 있었다는 사실이다. 아리스토텔레스 학문의 수용 여부에 따라 대학 학문의 성격이 좌우될 정도였다. 가령, 파리 대학교가 도덕철학, 심리학, 형이상학에 강한 반면, 옥스퍼드 대학교가 자연철학과 수학 및 천문학 등의 분야에서 탁월성을 보인 것은 좋은 예이다(이석우, 1998: 314). 이러한 차이는 공식적인 교과과정의 편성과 운영에도 그대로 반영되었다. 아리스토텔레스의 학문 가운데서 논리학은 절대적인 위상을 확보하고 있었다. 그의 저술들, 가령 분석론, 범주론, 생성과 소멸론, 해석론, 형이상학 등은 교과 과목으로 당당히 이름을 올렸다. 중세의 스콜라 철학에서 볼 있는 것처럼 이단으로부터 기독교의 교리를 수호하고 신의 존재 증명을 위해서는 부득불 삼단논법과 같은 아리스토텔레스의 논리학이 요청되었을 것으로 짐작된다. 중세 교과과정에서 논리학이 중심축을 이루게 되었다는 사실은 지금까지의 문화유산에 수동적으로 끌려왔던 태도를 바꾸어 보다 적극적이고 공개적으로, 그리고 분석적으로 문제에 부딪히는 자세로의 전환을 의미했다(Cobban, 1975: 13-14).

가령, 수학에서는 보에티우스의 『산수론(De arithmetica)』과 유클리드(Euclid)의 『기하학원론(Elementa)』이 교재로 널리 사용되었다. 수학 분야는 신학 중심의 파리 대학교보다는 자연과학 위주의 옥스퍼드 대학교에서 강세를 보였다. 순수 학문으로서의 수학에 대한 연구보다는 점성학의 보조 학문으

---

4) 중세대학에 강의된 7자유교과의 구체적인 교과목의 저자, 서명, 발행연도에 관해서는 이석우(1998)의 제8장(307-308)을 참조.

로서 절기 계산이나 천체 거리의 측정을 위해 수학을 가르쳤다. 음악에서는 보에티우스의 『음악론』이 교양교과의 근간을 이루고 있었다. 악기를 다루거나 노래를 부르는 기능적 특성보다는 정서적 안정과 정신 고양의 관점에서 음악을 가르친 점도 주목할 만하다. 피타고라스 학파에서 그랬던 것처럼 음악과 수학의 밀접한 관계를 강조하여 음악을 수학적 · 기하학적 · 화성적 비율로 보는 관점도 이 시기의 음악적 경향에서 빼놓을 수 없다. 기하학에서는 유클리드의 『기하학원론』을 교재로 삼아 기왕의 공식을 연습하는 데 주안점을 두었다. 기하학 그 자체보다는 실제적 적용의 관점에서 점성학과 천문학과의 연관성을 강조했다. 천문학에서는 프톨레마이오스(Ptolemaeus)의 『첨성학』이 중요시되었으나 직접 교재로 사용되지는 않았고, 그 요약본인 『천구론』이 자주 쓰였다(이석우, 1998: 320). 흥미로운 점은 천체가 질병 치료를 돕는다는 생각에서 의학도에게 천문학이 널리 권장되었다는 사실이다. 천체의 움직임을 정확히 계산할 수 있는 의학도는 천문학도와 손을 잡고 환자의 병을 더욱 효과적으로 치료할 수 있다고 믿었다(Ridder-Symoens, 1972: 353-354).

이처럼 대학의 설립 배경을 보면 학문, 연구, 교수, 교양교육 등의 전통이 그 안에 고스란히 담겨져 있다. 대학에서 연구와 학문은 무엇보다도 공동체가 생존하기 위한 필수요건이다. 대학의 주체인 교수나 학생에게 이러한 '생동하는 정신(지적 열정, 비판정신, 개방성)'이 결여될 때 대학은 그 생명력을 상실하게 된다. 따라서 대학 구성원 모두 자기계발과 비판의 정신으로 부단히 스스로를 도야해야 한다. 학문, 연구와 더불어 대학은 지식을 후학에게 전달해야 할 의무가 있다. 아무리 많은 지식이라도 제대로 전달되지 못하면 대학의 교수(敎授) 기능은 저하되고, 학문의 창조적 계승은 이루어질 수 없다.[5]

5) 가르치는 자는 모름지기 자기 나름의 교수법을 개발하고, 활기차고 창조적인 수업을 위해 각고의 노력을 기울여야 한다. 기존의 천편일률적인 주입식 방식에서 탈피하여 과감하게 토론과 대화를 중시하는 민주적 방식으로 수업을 전개할 필요가 있다. 물론 수강인원의 적절성, 교육환경의 구비가 전제되어야 하는 것은 재론의 여지가 없다.

대학이 '지성의 전당'이라는 말은 대학교육이 지식인과 교양인을 동시에 길러낼 때 비로소 참 의미를 갖는다. 중세대학에서도 교양교육과 직업 전문교육 사이의 논쟁은 끊이지 않았다. 이 시기에도 지나친 전문화교육에 대한 경고를 찾을 수 있다. 가령, 시토교단[6]은 대학이 전문화나 비좁은 직업주의를 지향해야 할 일이 아니고 가치 중심의 인간을 교육해야 하며, 전문 학부(신학부 · 법학부 · 의학부)에 가기 전에 반드시 인문학부에서 5~7년의 교양교육을 받아야 한다고 주장했다(이석우, 1998: 422). 이러한 중세대학의 구성을 교양학부가 전문학부의 예비적 과정으로서 성격을 지닌 것으로 본다면 그 관점은 분명 재고의 여지가 있다. 전공의 기초로서만이 아니라 오히려 독립된 대학 교육과정으로서 당당하게 교양교육 그 자체를 강조한 경우도 있기 때문이다. 실제로 그 당시 대표적인 대학교인 파리 대학교에서 가장 막강한 영향력을 행사했던 것이 자유교양을 담당했던 인문학부였고, 교육의 내용에서 7자유학과를 크게 강조했다. 즉, 대학이 단순한 전문화나 직업화를 지향할 것이 아니라 사회의 모든 분야를 개혁하는 능력을 갖춘 교육의 지도자적 소임을 다하는 인재를 길러야 한다(Ferruolo, 1985: 7).

## 3. 대학 교양교육 전통의 창조적 재생

중세대학의 전통에서도 분명하게 확인할 수 있는 바와 같이, 교양교육은 '인간성의 고양', 즉 현대적으로 풀어서 본다면 "사람다운 삶을 살아갈 수 있는 성향과 능력을 길러 주는 것"(이상옥 외, 2003)으로 간주되었다. 교양의 핵심인 인문(人文)이 원래 '사람의 무늬와 결'이라면 그것이 밖으로 드러날 때

6) 베네딕트(Benedict)의 계율을 엄수하려는 시토교단(Order of Citeau)은 학자연하는 학문 대신 본질적인 삶과 배움의 방법을 가르치고자 했다.

'문화'가 되며, 내면으로 향할 때 '인격'이 된다. 인간은 문화를 창조할 뿐만 아니라 자신의 인격을 스스로 형성해 나가는 존재이다. 사람됨이나 인격은 저절로 길러지는 것이 아니라 부단한 교육과 도야의 결실로 비로소 완성된다. 여타의 다른 동물에 비해 인간은 스스로 자기 자신을 위해 노력하는 교육, 자신을 자유로운 인간으로 키워 내기 위하여 이루어지는 교육, 바로 교양교육을 필요로 한다. 인간다운 인간이 되기 위해서는 교양이 필수적이다. 교양교육은 인간의 자유를 드높여 주는 열쇠가 될 뿐만 아니라 자신의 존재를 한 단계 더 높이 끌어올리는 자기고양의 원천으로 작용한다.

그렇다면 '후마니타스(인간성의 고양)'를 지향했던 교양교육은 그 본래성을 회복하기 위해서 어떤 방향으로 나아가야 할 것인가? 이는 교양교육의 원형에 대한 현대적 해석과 적용의 문제로서 천착해 보아야 할 중요한 질문이다.

최우선적으로 교양교육은 삶의 가치와 의미를 찾는 데 도움을 줄 수 있어야 한다. 우리는 로마시대의 세네카가 자유교육의 목적을 세속적인 삶과는 무관한 마음의 고양과 정신의 도야에서 찾았던 점에 주목할 필요가 있다. 하지만 자본주의를 근간으로 하는 자유시장주의 체제하에서 인문학은 날로 설 자리를 잃고 있다. 심지어 대학 강단에서마저 그 위상을 상실해 가고 있다. 한때 문·사·철은 대학교육의 핵심 내용으로 시대를 풍미했지만 기존의 학과마저도 폐지되거나 다른 학과로 통합되는 안타까운 처지에 직면해 있다. 이런 우울한 소식에도 불구하고, 우리가 단호하게 힘주어 이야기할 수 있는 사실은 "인문학이 나름의 가치를 지니고 있으며, 소명의식을 가지고 수행해야 할 과업이 엄연히 존재한다."(Newman, 1859: 155)라는 것이다. 그것은 다름 아닌 인문학이 진정한 '인간학'으로서의 위상을 확립하는 일이다. 여기서 말하는 인간학은 '인간의 삶을 위한 학문'을 의미한다. 즉, 인간의 가치를 되돌아보고, 삶의 비전을 제시해 주며, 혼돈의 시대에 올바른 방향을 설정해 줄 수 있는 그런 학문을 말한다. 시대와 장소를 불문하고 인문학과 교양교육은 위기의 시대에 그와 같은 역할을 충실히 수행해 왔으며, 앞으로도 그러한 일을 사명으로 여기고 매진해 나가야 할 것이다.

2000년대 들어 우리는 거리의 부랑자, 죄수, 실업자를 위한 인문학 강좌가 그들의 어두운 삶을 새로운 희망으로 탈바꿈시킨 사례를 알고 있다(Shorris, 2000). 인문학은 소외된 자들에게 '희망'이라는 향기로운 꽃을 얼마든지 선물할 수 있다. 대학 울타리 밖에서 희망의 메시지가 울려 퍼지고 있는데, 하물며 대학 강단에서 '희망의 인문학', 즉 이 시대의 청년들에게 희망과 비전을 제시해 주는 지혜의 학문이 설 자리가 없을 리 없다.

21세기의 화두로 상상력과 창의성이 등장하면서 대기업이나 회사에서도 직원들에게 인문학적 소양을 길러 주기 위하여 교양교육을 실시한다는 반가운 소식이 들린다(이상렬, 2010). 가령, 포스코(POSCO)의 정준양 회장은 창조경영을 화두로 내세우고, 인문적 소양을 '창조경영'의 핵심 요소로 보고 있다. 철학(鐵學)적 지식과 철학(哲學)적 사유의 통섭을 강조하는 그는 분명 21세기에 요구되는 가로지르기 혹은 통섭형 인간의 선두주자임에 틀림없다. 2000년 전 소크라테스가 바른 삶에 대한 물음을 던지면서 아테네 청년들을 올바른 길로 인도했던 것처럼 지금-여기의 인문학은 교육을 통해 거리에서, 시장에서, 강단에서, 일터에서 '희망'과 '창조'의 힘을 불어넣어야 한다.

마치 속도계(tachograph) 바늘의 움직임과도 같이 빠르게 변화하는 사회(Marquard, 1987)에서 인간의 존재는 날로 미약해지고, 가속화된 변화 속에서 개인은 방향성을 가누기 힘들 정도로 그 변화를 따라가기 힘들다. 이런 와중에도 민족, 종교, 이념을 둘러싼 전쟁과 갈등이 끊이지 않고, 무시무시한 폭탄테러에 의해 무고한 인명의 살상은 버젓이 자행되고 있다. 부모가 자식을 버리고, 자식이 부모를 해치며, 영유아 성범죄와 같은 반인륜적 행위도 날로 그 심각성을 더해 가고 있다. 인간의 터전이자 보금자리인 생태계를 무참히 짓밟아 그 상흔으로 위기 징후들이 지구촌 곳곳에서 감지된 것은 어제오늘의 일이 아니다. 이러한 반인륜적이고 환경파괴적인 위기 상황에서 교양교육은 최소한 인간이 짐승과 같은 야만성의 나락에 떨어지지 않도록 하기 위해서,

요즘과 같은 인간성 파괴의 시대에 비인간성의 늪에 빠지지 않도록 하기 위해서 절실하다. 고대 로마의 키케로(Cicero)와 세네카가 후마니타스를 외쳤던 것은 인간의 야만성에서 탈피하여 참으로 '인간의 가치'를 지키고자 한 데서 비롯된다. 그들은 고상한 시민성 이전에 인간의 탈을 쓰고 인간의 노릇을 할 수 있는 최소한의 교양을 요청했던 것이다.

나아가 21세기 "환경의 세기"(Weizäcker, 1999)에 교양교육은 '우주에서의 인간의 위치'를 되새겨 줄 뿐만 아니라 '하나뿐인 지구의 생명을 살리는 교육'에 최상의 가치를 두어야 한다. 앞서 우리는 7자유교과가 '인간의 가치'를 넘어 '우주'와 '미적 창조'의 세계로까지 연결됨을 확인했다. 인간은 지구에 태어나서 잠시 살다가 흙으로 되돌아가는 유한한 존재이다. 인간이 온갖 세포와 혈관으로 이루어진 하나의 생물체인 것처럼 지구 혹은 "온 생명"(장회익, 1998)도 작은 생명의 촘촘한 그물망으로 연결되어 있다. 풀 한 포기, 나무 한 그루가 소중하며, 우리가 무심코 개발하는 도로건설 현장에서 잘려 나간 산허리는 곧 지구의 정맥을 자르는 일과도 같다. 동학의 '물물천사사천(物物天事事天)'이 잘 말해 주듯이, 인간의 생명뿐만 아니라 그 안에 함께 더불어 사는 생명공동체의 모든 생명은 존귀하며, 그 고유한 생명이 지속 가능하도록 보살피고 돌볼 필요가 있다. 인간은 자기 존재의 범위를 넘어서 사유할 수 있는 힘을 지니고 있는 만큼 인간 외적 대상에 대해서도 무한한 책임을 져야 하며, 그와 같은 대물윤리(對物倫理)가 21세기 인문적 소양의 기본으로 자리매김하도록 해야 한다.

중세 대학에서 전공 이전에 반드시 교양에 대한 기초를 쌓은 후 전문직업인을 양성한 점을 기억하고, 그 전통을 오늘에 되살려 나갈 필요가 있다. 실용주의의 기치 아래 경제적 유용성만을 앞세워 직업교육이 우선시되는 풍토에서 조화로운 인간성은 길러지지 않는다. 인간의 가치와 자기 존재의 의미규정을 고민하는 인문적 소양을 갖추지 않은 채 비교적 단순한 직업훈련을 받은 후 직업전선에 뛰어든다거나 소정의 전문교육을 이수한 후 특정 분야의 전문직을 수행할 경우에도 마찬가지이다. 그런 점에서 현대의 자유교육론자들이 제기하는 문제는 대부분 인간성이 조화를 이루지 못한 채 서로 분리되고 파편화되어 가는 안타까운 현실이었다. 이들은 인간성의 부조화를 조장해 온 근본적인 원인으로 '이분법'의 논리를 간주했다. 실제 삶 속에서 자연과학과 정신과학, 직업교육과 교양교육, 전통과 현대, 학문과 일상세계, 고급문화와 대중문화, 연구와 교육 등 이분법의 양상은 이루 헤아릴 수 없이 나타난다. "두 문화"(Snow, 1993)의 폐해는 너무나도 큰 것이어서 인간이 쉽게 연구 대상으로 전락하거나 부분적 진리를 참 진리와 동일시하는 오류를 범하기도 했다. 온전한 인간이 전체적으로 이해되지 못하는 기현상이 발생하기도 했다. 다행히 최근에는 그러한 문화의 폐단을 자각하고 통합, 융합, 통섭으로 서서히 방향 전환이 이루어지고 있다(최재천, 주일우 편, 2007; Wilson, 1998). 인문적 소양은 수학과 과학에 기반을 둔 냉철한 분석(오성: Verstand)을 넘어 진정 그 지식의 배경적 상황까지도 두루 미루어 짐작하는 부드러운 종합(이성: Vernunft)을 요한다. 이 점에서 교양교육은 체계적인 학문의 논리로 얻어지는 지식의 차원을 넘어 삶의 총체적인 경험에서 우러나오는 지혜와 연결시킬 수 있는 지성(nous)을 길러 주어야 한다. 그런 지성은 객관적 인식능력이나 추론적인 지적 능력, 훈련받은 전문성을 넘어서는 것으로, 성찰적이며, 이해와 해석에 관계하는 인간 존재의 총체적인 지성을 의미한다(신승환, 2010: 46). 미래사회의 교육받은 인간상은 무교양의 전문가가 아니라 교양이 풍부한 전문가, 그러면서도 특정 분야에 조예가 깊은 지성을 갖춘 교양인이다.

마지막으로, '대화'와 '소통'의 인문적 소양을 길러 변화하는 세계에 능동적으로 대처하는 힘을 길러 주어야 할 것이다. 중세 대학의 학예부에서 철학과 문학을 강조했던 이유는 지성인의 교양으로서 대화, 사유, 토론, 논술과 같은 일반적이면서 보편적인 능력과 소양(studium generale)을 길러 주기 위한 노력의 소산이었음을 알아야 한다. 문학과 언어를 습득함으로써 우리는 시대와 장소를 초월하여 전 인류가 살아온 다양한 삶의 행태와 세계관을 체험할 수 있다. 훔볼트가 정확히 간파한 것처럼, 한 언어는 좁은 의미에서 문자만이 아니라, 확장된 의미에서 한 민족의 세계관을 담고 있다. 날로 글로벌화되어 가는 현 시점에서 다양한 언어와 문화에 대한 이해능력을 길러 나가는 일은 세계시민적 교양을 길러 주는 첫걸음이기도 하다. 인문적 교양의 깊이를 더하기 위해서는 철학과 역사의 가르침을 비켜 갈 수 없다. 철학은 삶에 대한 지혜와 통찰력을 키우고, 역사는 지나온 과거의 발자취를 통하여 삶과 현실에 대한 방향을 새롭게 설정해 주는 힘을 길러 준다. 인문학 전공자들만이 철학적 깊이와 역사적 안목을 요하는 것은 아니다. 오히려 인생의 방향을 설정해 나가는 청소년들, 삶의 도정에서 자신의 삶을 돌아보고 재정립해야 하는 수많은 시민, 삶의 무게로 소외받는 사람, 창조적 경영을 꿈꾸는 기업인, 새로운 차원의 문화적 소통을 선도해 가는 인터넷과 뉴미디어 종사자, 이들 모두가 삶과 현실의 폭넓은 이해를 위해서는 인문적 소양을 필요로 한다. 인문적 소양이 당장의 현실적 이익을 가져오지는 않을지라도, 중장기적 비전을 가지고 어떤 일을 추구하여 성공하는 사례는 얼마든지 볼 수 있다.

인문적 소양을 길러 주는 다양한 방법이 있겠지만, 그중에서도 '고전'의 독서는 앞으로도 교양교육의 기초과정으로 확고하게 설정될 필요가 있다. 시카고 대학교의 총장이었던 허친스(R. M. Hutchins, 1936; 1952)는 현대사회를 지혜롭게 살아가기 위해서는 '위대한 저서(Great Books)'를 읽어야 한다고 주장했다. 위대한 저서는 고전을 말하는 것으로, 단순히 오래된 책이 아니라 시대와 장소를 초월하여 보편타당한 가치를 지니는 교양의 원천이다. 그가 고전을 강조했던 이유는 인간의 즉시적 요구를 넘어선 보편적 삶의 원리와 인류의 정신과 문화를 고스란히 간직하고 있는 보고(寶庫)라는 점에서이다. 고전은 단지 죽은 과거의 기록이 아니라 살아 있는 현재로서 진정한 가치가 있다. 고전은 현대사회의 다양한 문제를 해결할 수 있는 단서를 제공해 줄 수 있다. 위대한 저서를 배우는 사람은 적어도 인류가 쌓아 온 위대한 가치와 원리를 통하여 현실 사회를 슬기롭게 살아갈 수 있는 지혜를 제공받을 수 있을 것이다.

## 4. 나오는 말

대학은 전문직업인을 기르기 이전에 항상 삶의 지혜로서 인간다운 삶을 가능케 하는 교양교육에 많은 비중을 둘 필요가 있다. 즉, 학문과 과학의 엄밀성도 중요하지만 타인과 더불어 살아가며, 부분이 아닌 전체를 포괄할 수 있는 능력을 대학에서 길러 주어야 한다. 우려되는 것은 시대의 급속한 변화로 인해 대학의 정신이 흐려지고 있는 작금의 현실이다. 대학은 학문의 전당, 교양교육의 산실이 아니라 날로 직업인, 전문인 양성기관으로 추락하고 있다. 그러다 보니 어느 한 분야에서는 전문가이지만 전체적 연관 속에서 사물을 보거나 다룰 수 있는 통합적 능력을 갖춘 인간을 제대로 길러 내지 못하고 있다. '나무는 보되 숲을 보지 못하는' 기능적 전문인, 심지어는 반윤리적 전문인마저 배출하고 있는 실정이다. 하지만 예나 지금이나 대학의 본질적 과업은 건전한 소양을 갖춘 교양인을 기름과 '동시에' 특정 지식과 기술에서 최고의 전문인을 양성하는 데 있다. 이것이야말로 우리가 오랜 대학의 전통에서 다시 확인할 수 있는 평범한 진리이자 교훈이다.

이 장에서 논의한 관점을 토대로 대학의 교양교육에 줄 수 있는 구체적인 시사점을 몇 가지 제시하고자 한다.

첫째, 대학 교양교육 방향의 기본은 '인간성 고양'이라는 척도에서 볼 때 하버드 대학교와 같은 중핵 모델보다는 시카고 대학교의 교양교육과정(liberal education) 모델에 주목할 필요가 있다. 우리의 경우 중핵 교육과정이 전공을 위한 개론 과목, 도구적인 외국어, 대중적 문화 소양을 길러 주는 과목으로 전락하여 진정한 교양과 동떨어진 사례가 적지 않다. 새로운 지식체계에 접근할 수 있는 판단력과 표현력을 길러 인간과 사물에 대해 새로운 질문을 제기할 수 있기 위해서는 인문학이 그 중심에 서야 한다. 대학과 학문의 역사를 통해서 볼 때 인문학은 세계에 대해 근본적인 질문을 던질 수 있는 능력은 물론 비판과 분석 능력 그리고 자기 사고를 마음껏 피력할 수 있는 글쓰기능력에 커다란 비중을 두고 전개되어 왔다. 분과학문 자체에 대하여 비판적 성찰을 가능하게 하고, 새로운 가치를 창출함과 동시에 항상 전체를 조망할 수 있는 시야를 길러 주는 일이 교양교육에서 핵심이 되어야 한다.

둘째, 대학의 교양교육에서 '고전강독'(3학점)과 '글쓰기와 토론'(3학점 2학기 운영)을 핵심 기초교양으로 삼아 저학년에 글쓰기와 토론을, 고학년에 고전을 읽어 나갈 것을 제안해 본다. 통섭과 융합의 시대를 맞이하여 인문학, 사회과학, 자연과학의 경계를 가로지르는 학제 간 과목을 개발하여 필수과목(3학점)으로 듣는 것도 중요하다. 이에 더해 교양의 범위를 문학, 역사, 철학, 사회, 자연, 문화 혹은 예술 분야로 확대하여 이 중에서 골고루 한 과목씩 다양한 세계를 접할 수 있게 한다. 가장 중요한 것은 이 분야의 단순한 지식을 습득하는 것보다 학문 접근방식의 차이, 지식의 쟁점, 연구방법과 해석의 차이 등을 탐구하도록 도와주어야 한다.

셋째, 교양이라는 명목으로 실용 · 도구 · 기초과목들이 버젓이 자리를 차지하던 관행에서 과감히 탈피해야 한다. 이제 실용영어, 실용영어회화, 토익과 토플 준비 과목 등은 교양과목에서 제외시키고, 외국어교육원 등으로 방향을 재정립해야 한다. 교양 관점에서의 외국어 교육은 기술적인 회화능력의 배양이나 시험능력의 향상에 있는 것이 아니라 해당 국가의 역사와 문화를 깊게 이해하는 능력을 기른다거나 외국어 원전에 대한 해독능력과 작문을 통한 자기표현능력을 향상시키는 일이다. 컴퓨터, 인터넷 관련 도구과목 또한 교양에서 제외시켜 관련 분야의 기초과목으로 설정하도록 해야 한다. 예술과 체육 분야도 교양교육의 범주에 들어오려면 적어도 그 분야의 미학적 · 문화사적 이해를 전제로 할 때 가능하다. 시대적 변화와 수요자 중심 교육이라는 미명하에 수강생들을 자극하는 오락적 교과목을 자유교양교과에서 제외시키는 일도 필요하다. 대학마다 기초교육원을 설립하는 현 추세에 비추어 진정 대학교육의 '기초'가 무엇인지에 대한 치열한 논의가 필요한 시점이다.

넷째, 통합과 융합의 시대적 요구에 부합하려면 다양한 학제적 교과를 개발 · 운영해 나가야 한다. 전통적인 인문교과인 문학, 사학, 철학 등이 고유한 제 기능을 살리면서도 변화된 사회적 요구를 충족하기 위해서는 적극적인 노력이 절실하다. 학제 간 수업에서 유의할 사항은 강좌에 참여하는 교수자들이 가급적 매 시간에 함께 참여하여 전체적인 흐름과 분위기를 파악하고 동참하는 일이다. 학제 수업이라는 이름만 걸고 두 사람이 전반부와 후반부를 따로 나누어 진행한다면 그 취지를 제대로 살리지 못할 것이다. 과학 과목도 그 자체에 머물 것이 아니라 '사회 속의 과학' 혹은 '과학 속의 사회'와 같은 연계성이 확보되어야 한다. 과학의 사회적 영향과 효과에 대한 고려는 아무리 강조해도 지나치지 않다.

다섯째, 이 모든 이상이 실현되기 위해서는 교양교육에 대한 정책적 배려가 뒤따르지 않으면 안 된다. 대학 내에 전담 부서인 '교양교육원'이 설립되어 교양교육 관련 정책을 수립하고, 교육과정을 수립하고, 교재를 개발해야 한다. 무엇보다도 기관의 독립성이 보장되어야 한다. 교양과목 선정을 두고 자칫 학과이기주의에 휘말릴 소지가 있기 때문이다. 교양교육과정 개발 상설 위원회를 두어 총장의 재임 기간과 상관없이 종합적이고 체계적인 교육 내용, 방법 및 교재를 개발할 수 있는 권한을 부여해야 할 것이다. 글쓰기, 토론, 고전 읽기와 같은 기초 교양교육과 학제 간 교과목 개발 등의 일을 주관하면서 교양교육을 진작시켜 나가야 한다. 한 걸음 더 나아가 교양전담 교수제를 도입하여 학과나 학부의 좁을 틀을 벗어나 교양 본연의 이상적 교육을 실시할 수 있도록 해야 한다.

## 참고문헌

김유경(2002). 중세유럽 대학의 자유: libertas scolastica의 내용과 한계. 서양사론, 74, 37-58.

김중기(2000). 중세대학의 기원에 관한 고찰. 역사와 사회, 3(25), 189-226.

손승남(2013). 대학 설립 초기의 교양교육 전통과 그 창조적 재생. 교양교육연구, 7(2), 199-220.

신승환(2010). 지금, 여기의 인문학. 후마니타스.

이상렬(2010). "포스코는 지금 '인문학바람'…매달 두차례 니체 · 칸트 · 동양고전 등 강좌". 중앙일보 2010. 4. 13.

이상옥 외(2003). 한국 인문교육 진단모형과 정책대안의 종합적 · 단계적 추진전략. 인문사회연구회 인문정책연구총서, 2003-01. 인문사회연구회.

이석우(1998). 대학의 역사. 한길사.

장회익(1998). 삶과 온생명: 새 과학문화의 모색. 솔.

최재천, 주일우 편(2007). 지식의 통섭: 학문의 경계를 넘다. 이음.

Bowen, J. (1975). *A History of Western Education. Vol. II*. Routledge.

Clagett, M., Post, G., & Reynolds, R. (1985). *Twelfth-century Europe and the foundations of modern society*. University of Wisconsin Press.

Cobban, A. (1975). *Medieval Universities: Their Development and Organization*. Methuen.

Ferruolo, S. (1985). *The Origins of the University*. University Press.

Grundmann, H. (1957). *Vom Ursprung der Universität im Mittelalter*. De Gruyter. (이광주 역. 1988. 중세대학의 기원. 탐구당)

Hutchins, R. M. (1936). *The Higher Learning in America*. Yale University Press.

Hutchins, R. M. (1952). *The Great Conversation: The Substance of a Liberal Education's Great Books of the Western World. Vol. I*. Encyclopedia Britannica.

Kimball, B. A. (1986). *Orators & Philosophers: A History of the Idea of Liberal Education*. Teachers Press.

Marquard, O. (1987). *Apologie des Zufälligen. Philosophische Studien*. Reclam.

Newman, J. H. (1859). *On the Scope and the Nature of University Education.* Drent & Sons.

Price, B. B. (1992). *The Medieval Thought*. Blackwell.

Ridder-Symoens ed. (1972). *History of University in Europe*. University Press.

Seneca, L. A. (1594). *De Providentia*. (김천운 역. 2007. 세네카 인생론. 동서문화사)

Shorris, E. (2000). *Riches for the Poor-The Clemente Course in the Humanities.* Norton & Company Paperback.

Snow, C. P. (1993). *The Two Cultures*. Cambridge University Press.

von weizsäcker, E. U. (1999). *Das Jahrhundert der Umwelt.* Campus Verlag. (권정임, 박정임 공역. 1999. 환경의 세기: 인간다운 삶과 노동을 위한 생태 효율적 비전. 생각의 나무)

Wilson, E. O. (1998). *Consilience: The Unity of Knowledge*. Vintage Books USA.

제3장

# AI 시대 교양기초교육의 교수학적 재음미[1]

## 1. 들어가는 말

근대적 의미의 교양개념은 독일의 '빌둥(Bildung)'과 밀접한 연관이 있다. 빌둥의 의미가 다차원적이고, 맥락에 따라 달리 쓰일 수 있으므로 학문적 논의에서는 독일어 빌둥을 그대로 쓰는 것이 본래적 의미를 덜 손상시킬지도 모른다. 빌둥은 '교육' '교양' '도야'의 의미를 넘어서는 형이상학적 존재론의 의미를 담고 있어(안성찬, 2009: 110) 어느 한 개념으로 번역해서 쓰기가 힘들다. 빌둥이 19세기 신인문주의 시대, 즉 공리와 실리를 앞세운 계몽주의 광풍이 휩쓸고 지나갈 무렵 인간성이 위기에 직면한 시대에 고대 그리스로 돌아가자는 운동이 펼쳐진 사실에 주목할 필요가 있다(서정일, 2019: 284). 신인문주의자들은 고대 그리스인과 그들의 삶 속에서 '인간성'의 전형을 찾고자 했다. 그들은 인간성 고양이 사회적 가치나 규범을 외적으로 부과하는 기존의 교육(Erziehung)이나 직무 역량 및 일과 연관된 직업교육(Ausbildung)의 좁은 의미로는 구현되기 힘들다고 보았다.

훔볼트(Wilhelm Von Humboldt)는 고대 그리스의 정신을 바탕으로 빌둥의

1) 손승남(2020). AI 시대 교양기초교육의 교수학적 재음미. 교양교육연구, 14(4), 11-23.

이념을 세웠고, 그 이념에 따라 근대 대학의 전형이 된 훔볼트 대학교를 창시했다. 그에 따르면, 빌둥은 '모든 인간 능력의 조화로운 발달(harmonische Entwicklung aller menschlichen Kraefte)'을 지향한다.[2] 따라서 인간은 인지적 · 정의적 · 신체적 · 도덕적 · 사회적 · 예술적 방면의 다양한 능력을 자신의 내부에 지니고 있는 존재이므로, 자신의 생애 동안 이러한 능력을 가능한 범위에서 최대한 실현할 수 있어야 한다는 것이다. 훔볼트 자신이 실제로 당대에 철학자, 언어학자, 외교관, 교육행정 수반 등의 역동적 삶을 살면서 자신의 역량을 맘껏 펼쳤던 것은 빌둥의 단면을 고스란히 보여 준다.

빌둥 개념의 핵심은 인간 형성이 주체인 '나(Ich)'와 '세계(Welt)'의 적극적 상호작용 속에서 실현되어 간다는 데 있다. 나를 둘러싼 세계에 대한 수용과 동시에 영향력을 행사하는 가운데 '나'라는 주체의 형성이 점진적으로 이루어지며, 세계 변화의 수용과 함께 주체 내부에서도 부단한 자기 형성과 자기 교육(Gadamer, 2000)이 수반될 때 보다 나은 주체로 거듭날 수 있다. 다소 추상적 · 이론적이고 정형화된 훔볼트의 사고를 현재의 관점에서 새롭게 보아야 할 부분은 우리가 사는 세계가 이전과는 달리 지나치게 빨리 변화하며, 그 변화에 맞춰 주체의 역량을 갖추기가 갈수록 힘들다는 냉혹한 현실이다. 이 시대 교육의 과제는 한편으로 복잡한 사건이 끊임없이 전개되는 현재와 가늠하기 힘든 불확실성으로 가득 찬 미래에 인간의 삶에 큰 영향을 줄 수 있는 핵심 문제가 무엇인가를 찾아 다음 세대에게 선제적으로 제공하고, 다른 한편으로는 개별 학습자가 세계 변화를 주체적으로 수용하여 자신의 내면을 강화해 나갈 수 있도록 돕는 일이다. 우리는 미래 대학 교양기초교육의 소임을 여기에서 찾아야 할 것이다.

2) "인간 존재의 궁극적 과제는 생전은 물론 생후까지, 우리가 남긴 생생한 영향력을 통하여 인류의 개념에 가능한 한 최대의 내용을 마련해 주는 것이다. 이러한 과제는 오직 자아와 세계를 가장 일반적으로, 가장 활동적으로, 그리고 가장 자유로운 상호작용의 상태로 연결함으로써 해결될 수 있다."(Humboldt, 1793/1794, 전집 1권. 235-236)

우리가 살고 있는 세계는 메가트렌드(Megatrends)를 겪으며, 제4차 산업혁명이라는 파고를 힘겹게 넘고 있다. 지금 인류는 기후 변화에서부터 빈곤, 불평등의 문제는 물론 우리가 겪고 있는 코로나19(COVID-19)와 같은 전례 없는 전염병 확산으로 어려움에 처해 있다. 세계의 가속적 변화를 가져온 동인이 여럿 있겠으나 가장 근본적이면서도 인류 미래에 중대한 영향을 줄 수 있는 동인은 AI일 것이다. 왜냐하면 AI야말로 가까운 장래에 호모 사피엔스와는 전혀 다른 인간 유형을 탄생시킬지도 모르기 때문이다. 첨단 과학기술의 힘으로 '인간을 넘어선 인간'이 창조될 경우 새 시대의 인간 삶은 지금과는 질적으로 확연하게 달라질 것이며, 지구 내에서의 인간 존재 자체의 지속가능성도 미궁에 빠질 것이다.

2016년 알파고 충격 이후 AI가 우리 삶과 사고의 틀 속에 한 걸음 더 가까이 들어오긴 했으나, 이것이 인간 존재 기반 자체와 미래적 삶에 가져올 파장을 총체적으로 접근하려는 노력은 미미한 것으로 보인다. 여기서 '총체적'이라는 의미는 적어도 과학기술의 장밋빛 청사진과 그것이 가져올 암울한 그림자를 함께 조망하려는 전체적인(holistic) 관점[3]이 아쉽다는 말이다. 그도 그럴 것이 전공주의(Majorism)[4] 관점에서 이 문제에 접근하려는 지독한 관성이 우리에게 여전히 지배적으로 남아 있다. 과학기술주의자들은 인류의 보다 나은 삶을 위해서 무한한 진보를 외치는 반면, 근대적 이성, 도덕, 윤리로 무장한 사람들은 AI가 가져올 끔찍한 미래를 예견하며 과학기술의 견제와 감시에 열을 올리고 있다.

---

3) 그럼에도 우리나라의 고등과학원(KIAS)에서는 해마다 초학제 연구 프로그램을 운영해 오고 있는데, 2019년 연구 주제를 '인공지능과 포스트휴머니즘'으로 설정하고 철학자, 과학자, 사회과학자, 공학자 등이 과학연구의 지평을 확대하고, 공통의 학문적 어젠다를 개발하려는 노력은 고무적으로 평가할 만하다(https://horizon.kias.re.kr/13780/). 전문가 집단에서는 학제 간 연구가 간혹 있으나 일반 학계에까지 널리 퍼져 있지는 않다.

4) 전공주의(Majorism)는 대학교육을 온통 '전공' 위주로 몰아가는 풍토를 역설적으로 표현한 말이다. 학과중심주의, 분과주의와도 동일한 의미를 지닌다.

교양기초교육은, 빌둥 개념이 시사하는 바와 같이,[5] 인간 주체의 자기 이해와 세계 이해를 전제로 한다. 이때 세계에 대한 균형 잡힌 시각을 자라나는 세대에게 길러 주는 일은 중요하다. 인간 존재의 설 자리마저 흔들리게 될지 모를 AI 시대에 교육이 나아가야 할 방향을 제시하고, 그들이 배워야 할 내용과 방법을 교수학적으로 재검토하는 일은 그 어느 때보다도 시급하고 중요한 사안이 아닐 수 없다. 교양교육학계에서 인공지능의 사안을 전문가 시스템의 한계와 관련지은 연구(박승억, 2016; 정연재, 2020)[6]가 나오고 있으나 교수학적 논의는 찾아보기 힘들다. 이 연구의 목적은 독일어 '빌둥'의 개념에 기초하여 교양기초교육의 방향, 내용, 방법을 교수학적으로 재검토하려는 것이다.

이 장에서는 우선 AI 시대의 성격을 거시적 차원에서 메가트렌드, 제4차 산업혁명이라는 키워드로 큰 그림을 그린 후, AI로 촉발된 포스트휴머니즘 문제와 포스트휴먼의 도전에 대하여 살펴본다. 이어서 빌둥의 관점에서 이러한 AI와 포스트휴먼 시대의 교양기초교육의 방향, 내용, 방법 등에 관하여 교수학적으로 논의하고자 한다.

## 2. AI 시대와 포스트휴먼의 도전

### 1) 메가트렌드, 제4차 산업혁명, AI

거대한 시대적 변화를 뜻하는 의미로 미래학자 나이스비트(J. Naisbitt)는

5) 빌둥은 'Allgemeine' Bildung의 용례가 보여 주듯 일반성, 보편성, 전체성, 총체성과 밀접한 연관을 지니고 있다(Klafki, 1991).

6) 박승억(2016)은 대학에서 이제까지 수행된 전문성 교육의 한계를 '전문가 시스템의 위기'로 진단한 후 인문 소양교육의 필요성을 강조했고, 정연재(2020)는 '프로페셔널리즘의 위기'를 부각시킨 후 교양교육의 미래 방향을 제시했다.

1982년 메가트렌드라는 용어를 처음 사용했다. 트렌드가 흔히 소비자들이 일시적으로 보이는 소비가치와 관련하여 사용되는 반면, 메가트렌드는 다수의 사고, 가치, 행태가 장기적이며 정치, 경제, 사회, 문화 등 다방면에서 거시적인 변화를 초래하는 것을 말한다. 그는 당시 현대사회의 대변혁을 가져오는 특징적 요소로 글로벌 경제, 탈공업화 사회, 네트워크형 조직, 분권화 등을 꼽았다(Naisbitt, 1982). 20세기 후반 정보화 시대를 낳은 컴퓨터와 인터넷은 세계의 지형도를 근본적으로 바꾸었으며, 그것의 영향을 가장 깊게 받은 두 가지 중요한 메가트렌드가 바로 디지털화(digitalization)와 세계화(globalization)이다(Naisbitt, 2018). 이 둘의 영향으로 과학과 기술이 경제와 결합하면서 인간의 소비 패턴과 삶의 방식에도 근본적인 전환이 일어나게 되었다. 그는 새로운 메가트랜드로 '세계의 주도권 변화(힘의 이동)'와 '기술 혁신과 일자리의 미래'를 들고 이에 대한 대비책으로 미래 준비교육과 매스커뮤니케이션 시대의 생존법을 제시하고 있다(Naisbitt, 2018).

좀 더 시야를 멀리하여 다가올 미래를 미리 상상해 보는 일도 미래를 준비하는 하나의 대안이 될 것이다. 2050년 우리가 살아갈 세계는 어떤 모습을 띠게 될 것인가? 박영숙과 글렌(2016)은 『유엔미래보고서 2050』에서 '메가트렌드 2050'을 세계화, 인구, 기술 변화와 같이 세 가지 키워드로 제시하고 있다.

첫째, 세계화의 진전에 따라 각 국가 간의 상호의존도가 높아지게 된다. 글로벌 GDP는 현재의 3배가 될 것이며, 그에 따라 경제성장률은 2%대로 저성장을 하게 될 것이다. 경제 권력이 미국, 유럽연합, 일본에서 중국, 인도, 브라질 등으로 상당 부분 이동할 것으로 예측된다. 전 지구적으로 경제적 부는 늘어나지만 인구, 자원, 소득 수준에 따른 경제적 불평등은 더욱 심화될 것으로 전망된다.

둘째, 인구통계학적 변화는 미래의 모습을 결정짓는 핵심적인 키워드이다. 학자들은 2050년 지구의 인구가 96억 명에 달할 것으로 예상하고 있다. 그때가 되면 개발도상국의 인구 증가율이 선진국보다 높아질 것이며, 65세

이상의 고령인구가 16%를 넘어 고령사회(aged society)에 진입할 것으로 전망하고 있다. 성비에서도 남성에 비해 여성의 비율이 높아질 것으로 보고 있다. 인구의 도시집중 현상은 더욱 심각해진다. 2050년이 되면 세계 인구의 67%가 도시를 생활터전으로 삼게 될 것이며, 메가시티(Megacity)와 함께 도시 슬럼이 늘어날 것으로 전망된다. 삶의 방식도 현저하게 달라져 맞벌이하며 자녀 없이 자신의 행복을 추구하는 딩크(dinks)족[7]이 늘어날 것이며, 결혼이나 주택의 소유보다 좋은 직장에 다니며 '일과 개인의 삶이 조화(Work-Life balance)를 이루는 인생'을 선호하는 사람들이 늘어날 것이다.

셋째, 이 주제와 직접 관련이 있는 가속화된 기술 변화의 문제이다. 미래에는 나노봇, 4D 프린팅, 양자컴퓨팅 생산이 촉진되고, 실제 세계를 능가하는 가상 및 증강 현실이 대대적으로 구현될 전망이다. 기술변화의 혁신에서는 AI가 선도적 역할을 할 것이다. 2050년이 되면 의료, 경제, 교육 등에 AI의 활용이 일상화, 보편화될 것이다. 디지털 세계와 물리적 세계가 연결되면서 기계 대 기계 통신(Machine to Machine: M2M)이 급증하게 된다. 나중에 다루겠지만 인간의 뇌에 AI가 장착된 칩을 탑재하여 인간의 기억력과 학습능력을 배가시키는 일이 실제로 일어날 수도 있다.

주지하다시피, 제4차 산업혁명은 이전의 시기와 달리 AI와 로봇, 가상현실 등의 과학기술을 바탕으로 실재와 가상을 통합해 사물들을 지능적으로 제어하는 가상 물리 시스템이 등장하게 되는 것을 말한다(김대호, 2016). 다시 말해, 제3차 산업혁명의 중심축인 ICT를 기반으로 한 디지털 혁명과 합성생물학과 같은 생물공학, 나노 및 입자 물리학이 융합하면서 이전과는 질적으로 다른 '기술융합' 시대가 열리는 것을 말한다.

---

7) 딩크는 dinks(Double Income, No Kids)에서 유래한 신조어로 맞벌이를 하면서 자신의 삶을 즐기는 젊은 세대를 지칭하며 1990년대 미국 베이비붐 세대의 생활양식과 가치관을 대변하는 용어이다.

제4차 산업혁명의 화두를 본격적으로 제시한 슈바프(Schwab, 2016)는 제4차 산업혁명이 속도, 범위, 체제에 대한 충격의 세 측면에서 제3차 산업혁명과는 확연히 다른 '지각 변동 수준'이라고 보고 있다. 제4차 산업혁명 시기에는 AI, 로봇, 빅데이터, 사물인터넷(Internet of Things: IoT), 모바일, 클라우드 등 현재 주목받고 있는 여러 가지 과학기술이 혼재되어 등장하게 될 것이며, 그 파급효과는 산업, 의료, 교육 등 사회 전반에서 예상을 초월한 수준으로 나타난다는 것이다. 이를 증명하듯 운전자의 조작 없이도 자동으로 주행하는 자동차가 이미 생산되어 상용화를 준비하고 있고, 가상의 공간에서 실제와 같은 체험을 할 수 있는 디스플레이 디바이스(HMD)를 활용하여 의료적인 수술과 군사 및 우주 분야의 비행조종 훈련을 할 수 있는 시대가 되었다. 무선 전파의 유도에 의한 드론은 군사용 비행기나 헬리콥터를 비롯하여 인터넷 쇼핑몰의 무인 택배 서비스에 이르기까지 민간 분야에서도 널리 활용되고 있다. 웨어러블 디바이스(wearable devices)는 몸에 착용할 수 있는 장치로 발전하여 시계, 신발, 안경, 티셔츠로 상용화되었고, 최근에는 증강현실을 구현하는 AR 혹은 VR 안경으로까지 진화를 거듭하고 있다(https://www.zdnet.co.kr/view/?no=20200325105646). 이 중에서도 가장 괄목할 만한 진전은 인터넷 기반으로 사람과 사물, 사물과 사물을 연결하는 사물인터넷이다(정보통신정책연구원, 2014). 그 활용 범위는 스마트자동차, 스마트홈, 원격검침, 헬스케어 등과 같이 일상적인 삶 속으로 깊숙하게 들어와 있으며, 네트워크 확장성을 바탕으로 가까운 장래에 스마트팜, 스마트팩토리, 스마트시티가 널리 현실화될 가능성이 크다.

미래학자 커즈와일(Ray Kuzweil)은 저서 『특이점이 온다(The Singularity is Near)』(2006)에서 이러한 제4차 산업혁명의 결과로 전개될 미래사회의 변화를 구체적인 데이터를 기반으로 제시했다. 그는 2029년 인간과 거의 유사한 AI가 출현할 것으로 예측했다. AI와 로봇공학을 축으로 생명공학과 나노공학이 가세하게 되면 인간과 유사한 지능을 가진 기계가 출현할 수도 있고, 경우에 따라서는 기계가 인간의 지능을 추월하는 시대가 올 수 있다고 본다. 그 후 AI가 비약적으로 발전해 2045년에는 인간의 지능을 수십억 배 능가할 것으로 봤다. 커즈와일이 말하는 '특이점'이란 미래에 기술 변화의 속도가 빨라지고 그 영향이 매우 깊어서 인간의 삶이 더 이상 되돌릴 수 없는 단계까지 변화되는 시기를 말한다.

이처럼 '지능정보사회'로 불리는 제4차 산업혁명을 선도하는 핵심 기술이 바로 AI이다. AI란 인공적으로 지능을 실현하는 기술이며, 고도의 지능 프로그램을 탑재한 기계가 이성적으로 판단 또는 행동하거나, 인간처럼 생각하고 행동하는 것을 말한다(도용태 외, 2013). 인간 지능이 사태를 파악하고 문제를 통찰하고, 이와 연관된 상황을 파악하여 이해하며, 주어진 문제의 해결을 위한 최적의 해법을 찾고자 사유하는 고도의 정신능력을 의미한다고 할 때 최첨단 과학기술로 탄생한 AI가 인간 지능을 넘어설 것이라는 전망은 인류에게 심각한 위기이자 도전이 아닐 수 없다.

튜링(Alan Turing, 1912~1954)의 선구적 역할에 힘입어 AI 기술은 기계학습(Machine Learning)에서 인공 신경망(Artificial Neural Network)을 거쳐 딥러닝(Deep Learning)과 같은 고도의 알고리즘 차원으로 발전을 거듭하고 있다(김의중, 2016; 이승훈, 2017. 10. 10.). 바둑의 지존인 이세돌과 커제(Ke Jie)마저도 딥러닝의 결정체인 알파고에게 패하면서 AI에 대한 사람들의 관심과 놀라움은 우려와 두려움으로 바뀌게 되었다. AI와 로봇의 발달은 인간을 노동에서 해방시켜 삶을 풍요롭게 해 줄 것이라는 장밋빛 전망과 함께 최첨단의 과학기술로 인해 인간의 일자리와 인간성 자체마저 위기에 처할지 모른다는 부정적 전망[8]이 공존하고 있다(차두원 외, 2016).

8) 유발 하라리(Yuval Harari, 2017)는 저서 『호모 데우스: 미래의 역사(Homo Deus: A Brief History of Tomorrow)』에서 AI, 드론과 같은 의식 없는 지능이 의식 있는 지능인 인간을 뛰어넘고 있다고 진단하고, 다가올 미래에 "새로운 기술종교들은 알고리즘과 유전자를 통한 구원을 약속함으로써 세계를 정복할 것이다."라는 다소 경고성에 가까운 비관적 전망을 제시했다.

## 2) AI 미래상과 포스트휴먼의 도전

만일 2050년 전후로 '특이점'이 온다면 인간과 기술의 구별이 사라지고, 신의 영역으로 간주되었던 인간의 생로병사에도 획기적 변화가 올 것이다. 맞춤형 아기의 출산, 인간의 장기, 혈액, 뼈의 이식과 치환, 노화 방지와 생명 연장 등 이루 헤아릴 수 없는 시나리오가 우리 눈앞에 펼쳐질 것이다. 인간의 기계화와 기계의 인간화가 동시에 진행되면서 휴머노이드, 사이보그, 인간기계, 기계인간과 같은 새로운 존재가 지구상에 등장하게 되면 호모 사피엔스는 인간 존재 자체의 정체성부터 뿌리째 흔들리게 될 것이다.

공상과학(science fiction) 영화에서 익히 보아 온 고도의 AI를 탑재한 로봇이나 '기계인간'이 인간을 압도하거나 파멸의 상태로 몰아가는 극단적 상황이 얼마든지 연출될 수 있는 것이다. 가령, 우리는 영화 〈공각기동대〉(1995)에서 인간의 뇌와 첨단 공학으로 만들어진 AI 칩이 상호 호환되는 '전뇌화(電腦化)' 현상을 보게 된다. 인간과 기계가 연결되면서 컴퓨터 안에 있는 정보를 인간의 뇌에 입력할 수도 있고, 그와 반대로 인간의 뇌에 담긴 정보를 컴퓨터 안에 백업할 수 있게 된다(김희진, 2019). 인간이 만든 AI가 인간을 역습하는 묵시록에 가까운 영화, 가령 〈터미네이터 시리즈〉(1984~2019), 〈매트릭스 시리즈〉(1999~2003), 〈이글 아이〉(2008)도 다가올 미래의 한 단면을 보여 준다. 이 영화에서는 공통적으로 인간이 창조한 AI가 자각한 후 반란을 일으키고 다양한 무인무기를 동원하여 인간을 지배하거나 인류를 말살하려는 적대적 행위를 자행하는 디스토피아적 세계관을 그려 내고 있다. 물론 영화 〈아이언맨〉(2008)이나 〈어벤져스 시리즈〉(2012~2019)에 등장하는 AI와 같이 인간에게 우호적인 관계로 그려지는 경우도 적지 않다. 이들 영화는 첨단 기술로 전개될 미래사회의 빛과 그림자를 생생하게 보여 준다. 우리는 이제까지 공상 만화나 영화의 내용이 실제 구현되는 사례를 역사적으로 경험해 왔다. 비록 영화 속 서사이기는 하지만, AI 기반 미래사회의 방향이 유토피아 혹은 디스토피아로 귀결될 것이냐의 문제는 결국 인간의 판단과 의지에 달려 있음을 알 수 있다.

AI의 비약적인 발전에 따라 최근 들어 포스트휴머니즘 논쟁이 새로운 이슈로 떠오르고 있다. 이미 우리 학계에도 널리 퍼져 있는 트랜스휴먼과 포스트휴먼 담론(이종관, 2017; 홍성욱, 2019; Braidotti, 2015)은 그 이슈의 심각성과 중요성을 짐작하게 해 준다. 학문 분야나 학자의 인식 관심에 따라 논의의 대상과 방향은 다를 수 있지만 우리가 여기서 제기해야 할 가장 큰 문제는 인간의 존재물음이다(문동규, 2017; 손화철, 2016).

AI와 의생명과학기술의 비약적 발전은 인간의 몸과 마음 및 뇌의 변조를 통한 새로운 존재의 출현을 앞당기고 있다. 하지만 인간 신체의 부분들을 향상시켜 모든 역량이 증강된 존재를, 우리가 그것을 사이보그 혹은 트랜스휴먼으로 명명하든지 간에, 인간의 범주에서 바라볼 것인가 하는 쟁점이 있다. 쉽게 짐작할 수 있듯이 인간 향상(enhancement)은 적지 않은 윤리적 문제를 야기할 수 있다.[9] 무엇보다도 심각한 것은 인간의 변조가 인간성의 본질을 훼손한다는 엄연한 사실이다. 인간 본질의 기저에 깔려 있는 인간의 존엄성, 즉 인간은 그 어떤 것으로도 대체 불가능하다는 사실이 심각한 도전을 받게 되는 것이다. 트랜스휴먼이 진화를 거듭하여 실제로 포스트휴먼이 출현할 경우 그 심각성은 더할 것이다. 또한 인류는 새롭게 출현한 AI 탑재 인간을 자아가 있는 하나의 주체로 인정할 것인가, 복제된 인간을 사회 내에서 어떻게 규정할 것인가와 같은 기존 인간 삶을 송두리째 흔들 수 있는 문제에 봉착할 수 있다. 새로운 인간 유형의 출현이 시기의 문제일 뿐 거역할 수 없는 흐름으로 본다면 그에 대한 대비가 인간의 의식에서는 물론 제도적 측면에서도

9) 인간 향상 논쟁의 쟁점은 주체의 자율성 침해, 삶의 의미와 가치 훼손, 향상 기술의 위험성과 불확실성, 사회정의, 향상의 자발성 등을 들 수 있다(김동창, 2017: 36). 다른 한편, 포스트휴먼, 포노 사피엔스와 같이 확장된 능력을 갖춘 인간 유사 존재를 인정한 채 기술에 의한 인간 기능의 향상과 확장을 미래사회의 학습으로 간주해야 한다는 주장도 있다(김도헌, 2020: 17).

총체적으로 강구되어야 할 것이다.

21세기 메가트렌드로 언급되었던 기술 혁신과 일자리의 미래와 관련해서도 우리는 『노동의 종말(The End of Work)』(이영호 역, 2016)의 문제를 심각하게 고민하지 않으면 안 된다. AI와 로봇이 인간의 노동을 대체하면서 인간 일자리가 사라지고 있으며, 실업 문제는 앞으로 인류의 미제(謎題)로 남을 수 있다. 휴머니즘 시대 인간의 물적 토대였던 인간의 노동과 임금 소득 체제가 붕괴 위험에 처할 것이기 때문이다.

낙관적으로 볼 때 미래의 일자리 문제는 귀족사회에서처럼 인간이 주인 역할을 하고, 로봇이 노예가 되어 힘든 일을 대신해 주는, 그리하여 인간은 이전보다 훨씬 많은 여가를 얻게 되는 방향으로 전개될 수도 있다(백종현, 2017). 하지만 다른 각도에서 볼 때 미래사회는 양극화가 더욱 심화될 것이다. 하라리(2017)가 적절하게 지적했듯이, 포스트휴먼 시대에는 자본이 아니라 데이터 혹은 알고리즘 소유 유무에 따라 지배층과 피지배층이 갈릴 가능성이 높다. 첨단 분야의 데이터 기술을 소유하거나 다루는 고도의 전문직 수요는 미래에도 여전할 것이다. 염려되는 부분은 단순 노무직에 종사하는 대다수의 사람이다. 그들은 소위 '무용자계급'으로 재편되어 삶의 질을 보장받을 수 없게 되며, 도시 빈민층으로 전락하여 절대 빈곤에 허덕일지도 모른다. 물론 실업 문제를 보완할 장치로 로봇세의 도입이나 기본소득 제도가 거론되고 있으나 자본주의가 안고 있는 '부익부 빈익빈'의 근본 문제는 남을 것이다. 개인의 차원을 넘어 AI 기술을 선점한 국가 혹은 기업 간 AI 격차 문제도 커다란 도전이 될 것이다. 이 점을 해결하기 위해 「독점금지법」과 같은 장치, 가령 디지털세(아시아경제, 2019)의 도입이 조심스럽게 거론되지만 이 문제는 기술을 이미 선점한 국가와 기업에서 동의할 때 가능하므로 좀 더 지켜보는 수밖에 없다.

## 3. 교양기초교육의 교수학적 재검토

교육이나 수업이 목적, 내용, 방법과 같은 일련의 교육과정(educational process)으로 구성되어 있듯이, 교수학(Didaktik)도 교육의 전체 과정과 밀접한 연관을 지니고 있다(김승호, 2014; 주현정, 이병준, 2018; Kron, 2000;). 교육의 본질적인 과업인 '가르치고 배우는 일'이 교수학의 탐구영역이다. 교수학이 교육 목적, 교육내용, 교육 방법, 교육 미디어, 교육 조직 등에 대한 교육의 본질적 · 실천적 문제를 다루기 때문에 대학의 교양기초교육에도 실질적인 도움을 줄 수 있다. AI 시대 교양기초교육에 대하여 우리는 교수학적으로 다음과 같은 질문을 던져 볼 수 있다.

- AI 시대 대학 교양기초교육은 어디로 가야 할 것인가?
- AI 시대 대학 교양기초교육의 내용(프로그램)을 어떻게 구성할 것인가?
- AI 시대 대학 교양기초교육은 어떤 방법을 활용해야 하는가?

AI 시대의 빌둥은 세계 변화에 대한 흐름을 감지할 수 있는 세계관(Weltanschauung)과 자기 고유의 잠재가능성과 역량을 부단하게 연마하는 자기도야(Selbstbildung)의 바탕하에서 가능하다.[10] 세계관은 지금-여기 일어나고 있는 사건이나 상황에 대한 상황 판단능력은 물론, 지나온 삶을 반추할 수 있는(retrospective) 역사의식과 다가올 미래를 예견하고 준비할 수 있는(prospective) 미래의식을 포괄하는 개념이다. 과거 기억의 소중한 자산은 '고전'에서 얻고, 미래의 비전과 능동적 대응을 위해서는 '미래학'의 혜안을 빌려

10) 세계관과 자기도야는 배움학에서 '각자력'과 '개조력'으로 표현된다. 각자력은 자신을 바로 아는 능력, 창의성, 문제해결, 비판적 사고를 아우르는 능력이며, 개조력은 타인이나 공동체와 더불어 사는 능력으로 공감능력, 협업과 소통 능력을 포괄한다(김효선, 2019).

야 할 것이다. 자기도야는 '나는 누구인가?'의 물음에서 출발하여 '인간이란 무엇인가?'로 나아가며, "세계–내–존재"(이병철, 2004; 이승종, 2009)로서 타인, 공동체, 인류, 생태계, 우주와의 연결망 안에서 자신의 위치를 자각하는 단계로까지 점진적으로 고양되어야 한다.

AI의 도래와 함께 세계 변화에서 강조되어야 할 사안은 첨단 과학기술의 성과, 기계에 대한 우리의 인식 그리고 가치관 형성과 연관이 깊다. 기계와의 대결 구도를 설정하고 그에 맞서 인간 고유의 능력을 강화하자는 로봇 프루프(robot-proof), 즉 로봇으로 대체 불가능한 인간의 능력을 계발하려는 노력도 하나의 대안이 될 수 있다(Aoun, 2017). 우리는 초지능 AI가 나온다 하더라도 인간만이 지니고 있는 창의성, 공감, 소통능력은 대체할 수 없다는 목소리에 귀를 기울일 필요가 있다(김재인, 2017; 박일준, 2018; 서울대학교 창의성 교육을 위한 교수 모임, 2018). 이 점은 교양교육의 목표로서 보편적 문해능력 향상, 비판적 사고력, 합리적 의사소통능력, 창의적 문제해결능력, 공동체 의식과 시민정신 함양, 심미적 공감능력 함양 등으로 비교적 잘 정립되어 있는 편이다(http://konige.kr/sub02_08.php).

하지만 AI와 첨단 기술의 결합으로 점차 트랜스휴먼과 포스트휴먼이 기정사실화되어 가는 상황[11]에서 이전과는 달리 우리의 인식에서도 코페르니쿠스적 전회(Kehre)는 불가피하다. 이제까지의 휴머니즘(인간중심주의)을 넘어서려는 관점의 전환, 니체식으로 표현하자면 "모든 가치의 전도(Umwertung aller Werte)"[12]가 필요하다. 이제까지 우리가 인간을 중심에 두고 기계를 수

11) 2019년 한국교양교육학회 분과의 하나로 '포스트휴먼 시대의 교양교육'이 논의의 중심에 섰을 정도로 포스트휴먼 담론은 앞으로 교양교육에서도 커다란 이슈가 될 전망이다. 여러 발표 중에서도 윤혜경과 김용하(2019: 97-99)는 〈포스트휴먼의 이해〉라는 교양교과목을 직접 설계하여 눈길을 끌었고, 김응준(2019: 111)은 포스트휴먼 시대에는 학문적 접근보다 주제별 교양교육 접근이 교양교육의 본원적 의미를 더 잘 살릴 수 있으리라는 조심스러운 진단을 내놓았다.

12) 니체(Nietzsche)의 교양교육에 대한 비판적 고찰은 이하준(2018)의 논문을 참조하길 바란다. 속물 교양과 사이비 교양에 대한 니체의 통렬한 비판과 그 대안으로 제시한 고전교육, 철학교육, 예

단화・도구화해 왔다면 이제부터라도 기계(그 첨단의 산물이 곧 AI 기반의 포스트휴먼)의 존재를 인정하는 방향으로 인식과 사고의 전환이 요청된다. 더 이상 '인간이 만물의 척도'[13]가 아니라 '만물이 인간의 척도'라는 사고의 전환, 인간 외적 존재들과의 소통과 협력, 만물의 고통과 아픔을 공감하는 능력만이 오히려 인간의 삶을 가능하게 한다는 "역설적 가치관"(손승남, 2010)이 새롭게 우리의 뇌리 깊이 새겨져야 한다. 인간 외적 존재에 대한 인식의 전환 그리고 이들과 함께 살아가는 세계의 구성이야말로 현재와 다가올 미래 교양기초교육의 급선무가 될 것이다. 우주 내에서의 인간의 존재 가치[14]만을 물을 것이 아니라 인간의 삶을 에워싸고 있는 인간 외적 존재들, 즉 동식물, 생태계, 자연, 물질(모든 기술적 산물과 인공물 포함), 우주와 함께 어떻게 조화롭게 살아갈 것인가를 진지하게 묻고, 치열하게 고민해야 한다. 이들과 더불어 살아가는 공존, 공생, 공진화를 떠나서 인간은 영영 우주 내에서 무가치한 존재로 남을 수 있다는 점을 분명하게 깨달아야 한다(박이문, 2016). 지혜로운 인간 '호모 사피엔스'가 이제 '호모 심비우스'로 거듭나야 할 시점에 이르렀다(최재천, 2016). AI로 촉발된 포스트휴먼 시대에는 새로운 세계관이 자라나는 성장 세대의 인식과 가치관 속에 자리를 잡을 수 있도록 교양기초교육의 방향이 설정될 필요가 있다.

이처럼 AI 시대 빌둥의 방향이 굳건하게 설정된다면 그 내용은 정해진 목적으로부터 연역될 수 있다. 이미 큰 그림(big pictures)이 마련된 상태에서 목

---

술교육의 강화와 교양교육자 및 교양교육기관의 개혁에 대한 니체의 아이디어는 여전히 유효하며, 참조할 만한 가치가 있다고 본다.

13) 프로타고라스(Protagoras)의 인간척도설이 큰 틀에서 '인간중심주의'를 표방한 것에는 의심의 여지가 없으나, 플라톤(Plato)의 일방적 해석에 의존하여 지나치게 극단적 상대주의로 몰아가는 것은 경계할 필요가 있다(편상범, 2005).

14) 철학적 인간학을 주창한 셸러(M. Scheller)는 『우주에서 인간의 위치(Die Stellung des Menschen im Kosmos)』(1926)에서 신, 인간, 세계의 3자 관계 해명을 통해 우주에서 인간의 중심적 위치를 부각시키고자 했다.

적에 맞게 내용과 방법이 구체화되면 되기 때문이다. 한국교양기초교육원의 「교양교육표준안」과 같이 교양기초교육의 내용을 대영역과 세부 영역으로 구분하여 대학에서 실제 참조 틀이 될 수 있도록 정립한 노력은 인정할 만하다. 다만 앞에서 설명한 세계와 시대 변화를 고려해 볼 때 프로그램의 전환이 모색될 시점이 아닌가 싶다. 「교양교육표준안」을 자세히 들여다보면, "계몽된 인간 혹은 이성적으로 사유하는 인간에 초점을 맞춘"(서동은, 2019: 292) 근대 휴머니즘 시대의 틀 속에 갇혀 있기 때문이다. 가속화된 세계 변화에서 촉발된 문제와 주제를 좀 더 적극적으로 수용하고, 프로그램 안에 반영할 필요가 있다. 「교양교육표준안」이 대학의 교양교육에 미치는 파급효과가 적지 않은 만큼 지속적인 업데이트를 피할 수는 없다고 본다.

내용상의 개선을 고려할 때 최우선적으로 인간의 존재 물음이 시급하다. 기존의 인류학은 이념으로 얼룩져 있으며,[15] 인간학은 창조론과 진화론으로 각자의 입장 차이만을 보여 주고 있다. 다시 말해서, 인간학이 그 이상과는 달리 신학, 철학, 생물학 등 학문 분야별로 구획화된 관점에서 인간을 다룰 뿐 전체적 조망을 내놓지는 못하고 있다. 인간을 둘러싼 기계와의 공존, 동식물을 포함한 생태계와의 공생, 물질과 우주와의 공진화를 담아 교육과정을 시의적절하게(zeitgemäß) 구성할 필요가 있다. 한국교양기초교육원의 「교양교육표준안」에도 주제별 영역 분류에 '인간의 본성 및 조건'이 제시되어 있기는 하지만 그것이 대학교육에서 실제로 구현되기란 쉽지 않다. 여러 주제 중 하나를 선택하는 구조인데다 시대 변화상을 담아 인간의 존재 문제를 구현해 낼 교사 및 강사가 뒷받침되지 않는다면 그 모델은 대학 현장에서 실행되기 힘들다. 교양교육에서 배분(distribution) 이수의 한계는 교과의 선택이 대개 '구색 맞추기'에서 끝난다는 데 있다.

첨단 과학기술과 AI가 미래사회에 가져올 파장을 고려한다면 「교양교육표

15) 19세기 인류학은 우생학과 함께 인종을 구분하고 차별하는 데 동원되었던 아픈 역사를 지니고 있다.

준안」에서 제시하고 있는 '기술의 본성과 성과'야말로 AI 빌둥에서 최우선적으로 고려해야 할 사안이다. 현대사회의 기술은 과학을 기반으로 하고 있지만 그 파급효과는 경제, 사회, 문화, 정치로 연결되며, 궁극적으로 변화된 상황에서의 인간 생존과 삶의 질 문제와도 직결되어 있다. 현재와 다가올 미래의 대학 교양기초교육에서 디지털 리터러시를 넘어 "포스트휴먼 리터러시"(박휴용, 2020)가 절실하게 요구되는 지점이 여기에 있다.

하지만 학문 분야별 영역에 따라 심화교양이 편성 · 운영되고 있는 대학교육의 실제에서는 기계, 공학, 기술문명이 들어설 자리가 없다. 단지 기초학문이 아니라는 이유만으로 문전 박대를 당하는 형국이다. 현재와 미래의 기술문제는 단지 공학 차원의 컴퓨터과학, 인지과학, 로봇공학, 나노공학, 생명공학, 전기 및 전자 공학의 문제가 아니다. 기술을 다루는 공학은 삶의 질 향상은 물론 경제적 부의 창출과도 직결되면서도 사회 문제, 환경 문제, 윤리 문제 등을 야기하고 있다. 기술과 공학의 문제는 한 가지 사안으로 우리 시대의 일반적 · 보편적 · 전체적 문제를 다룰 수 있는 표본적 사례(exemplarisches Beispiel)가 될 수 있다. 인간과 사물을 일반적(general)인 관점에서 보는 심미안(審美眼)을 키워 주는 교육이 교양기초교육이라면, 오늘날 기술공학의 주제를 공과대학의 좁은 테두리 안에 가두어 둘 필요는 없을 것이다. 보다 큰 틀에서 기술의 연쇄 고리를 이해하고, 그 안에서 자신의 존재 가치를 찾도록 하는 내용이 심화교양의 전면으로 부각되어야 할 것이다.

이 점에서 이원태, 손상영(2014)의 「포스트휴먼(Post-Human)시대 기술과 인간의 상호작용에 대한 인문사회 학제간 연구」와 최근 발간된 『호모마키나: 기계와 함께 하는 인간의 미래』(한소원 외, 2020)는 과학기술의 변화가 인간과 사회에 미치는 영향을 시의적절하게 분석한 학제적 연구의 성과를 잘 보여 주고 있다. 전자는 ICT 전문가가 중심이 되어 철학자와 함께 포스트휴먼 담론을 끌어들인 후 구글 글래스, 모바일 헬스케어, 사물인터넷 등과 같은 구체적 사례를 선도적으로 고찰했고, 후자는 특히 심리, 사회, 윤리를 전공하는 사회과학자와 로봇, AI, 산업공학을 전공하는 첨단공학자가 한데 지혜를 모아 변화하는 미래사회의 발전 방향을 설득력 있게 제시하고 있다. 이처럼 학제 간 연구와 융복합 교육이 구호로 그치지 않기 위해서는 지금-여기의 그리고 나아가서는 다가올 미래의 시대적 핵심 문제를 찾아 본질을 탐구하고 이해하며, 궁극적으로 문제해결의 대안을 제시하는 데까지 거침없이 나아가야 할 것이다.

그 방법적 실천에서 교육의 출발점은 교수자가 아니라 학습자가 되어야 한다. 학습자의 호기심, 흥미, 관심, 동기에서 촉발되어 자발적 · 자기주도적 · 주체적으로 학습자의 내면에서부터 진정한 배움이 일어나지 않는다면 아무리 잘 짜인 교육과정이라도 생기를 잃고, 그 의미를 상실하게 된다. 배움의 과정도 타인과의 경쟁보다는 대화와 협력을 통해 당면한 혹은 우리가 직면하게 될 문제를 함께 고민하고, 생생한 학습자의 경험을 바탕으로 실제 행하고(doing), 만들어(making) 봄으로써 나름의 대안을 찾는 방향으로 쇄신되어야 한다. 미래사회에 디자인 싱킹(design thinking)이 요청되는 이유는 전통 학문에 기반한 '은행저금식'(Freire, 1968) 지식 축적의 틀에서 벗어나 학습과 배움이 사회적 문제해결을 위한 연구 및 개발과 인간 삶의 실제적 개선과 실행으로까지 연결될 필요가 있기 때문이다. 공감, 문제 정의, 아이디어 발상, 프로토타입(prototype), 테스트(test)에 이르는 일련의 과정을 통하여 학습자들은 유연하고 열린 사고는 물론 창의적 혁신의 생생한 체험을 할 수 있다(박재호 외, 2020). 그러한 사고와 실행은 대학이 추구하는 이념인 진리, 창조, 봉사를 구현하는 데서도 유용한 기초로 작용할 수 있다. 마찬가지 원리로 대학수업에서 열린 사고가 가능하려면 기존의 강의실 내에서의 전달식 수업보다는 개별 학습자의 "집단지성"(매일경제 세계지식포럼 사무국, 2018)을 근간으로 해서 우리에게 주어진 문제를 해결해 나가는 '프로젝트 기반 수업(PBL)'이 적합하다. 21세기에 요구되는 4C(비판적 사고, 창의성, 소통, 협력) 역량은 개별 학문의 습득 후 실제 생활 적용이라는 구시대적 발상으로는 길러지기 힘들다. 진정한 배움과 깨달음은 개별 학습자가 몸소 체험하면서 실패와 실수를 거듭하고, 학습과정에서 직면하는 고통과 난관을 극복하면서 얻어지는 산물이지 이전에 습득한 지식이 새로운 상황에 기계적으로 전이(transfer)되어 일어나는 것은 아니다. 우리는 이전 시대의 산물인 능력심리학과 탈맥락적 학습의 한계에서 과감히 탈피해야 한다. 교양기초교육은 방법적으로 기존의 낡은 틀에서 벗어나 '자유학습(liberal learning)[16]'이 실제로 구현되는 방향으로 전환될 필요가 있다.

## 4. 나오는 말

근대 교수학의 아버지인 코메니우스(J. A. Comenius, 1592~1670)는 대표저서인 『대교수학(Didactica Magna)』(1632)에서 세 가지 교육원리를 천명했다. 라틴어로 Omnes(alle, 모든 이에게), Omnia(alles, 모든 내용을), Omnino(allseitig, 철저하게)가 그것이다.

먼저 Omnes(교육이념) 면에서 남녀노소와 빈부귀천을 넘어 교육이 만인에게 평등하게 부과되어야 함을 의미한다. 근대 이후 교육에서의 기회균등은 일정 부분 진전되었으나 불평등과 양극화의 문제는 여전하다. 미래사회에 염려되는 것은 디지털 디바이드(digital divide)를 넘어 'AI 격차'가 더욱 심화될 것이라는 어두운 전망이다. 교양기초교육이 이제까지 바람직한 것, 인간이 모름지기 해야 할 이상을 독려하고 조력해 왔다면, 지금부터라도 시각을 전환하여 우리가 바라지 않는 일, 미래에 일어나지 않았으면 하는 일의 예방에도 보다 많은 관심과 열정을 쏟아야 할 것이다. 세상의 도처에서 일어나고 있는 불평등, 불의, 부자유에 맞서는 비판 정신과 어렵고 소외받는 사람들

16) 자유학습은 앎과 경험을 통해 인간의 정신이 자유로워지는 교육을 말한다.

에게 따스한 손길을 내밀 수 있는 연대 의식이 교양기초교육을 통해 길러져야 할 것이다. 미래 AI 교육은 학습자의 학습 역량을 증진시키면서도 교육에서의 공평성 혹은 공정성(equity)을 확보해야 하는 과제를 안고 있다. AI가 교육의 주체가 되어 교육이 개별화되고 개개인에게 맞춤형 교육이 일반화될 경우 학습자에게 주체적 판단과 경험을 통한 성장을 어떻게 도와줄 것인가 하는 문제도 과제로 남는다(김신애, 방준성, 2019: 101).

다음으로, Omnia(교육내용) 면에서 디지털 시대, 더 나아가 AI로 재편된 세계에 적합한 새로운 교육과정을 짜야 할 것이다(UNESCO, 2019). 새로운 틀에서 학습자들이 AI 역량을 증진하고(이관행, 2020), 새 시대의 주인으로 살아갈 수 있도록 준비를 해야 할 것이다. 오늘날 모든 교육은 디지털 혁명의 수혜를 받고 있다. 모든 것을 가르치고자 하는 열망이 다양한 백과사전의 편찬으로 이어져 왔지만, 위키피디아(Wikipedia)에서 볼 수 있듯이, 이제는 세상의 모든 지식을 디지털 환경에서 집단지성으로 언제든지 업그레이드할 수 있는 시대가 되었다. 심지어 구글은 인류의 모든 책을 한 공간에 담은 디지털 라이브러리인 구글 북스(google books) 프로젝트를 야심차게 추진 중이다. 종이책을 대신하여 디지털 교과서의 도입과 적용도 탄력을 받고 있다. 미래 학습세대의 고민은 학습할 자료와 교재가 없어서 겪는 어려움보다는, 역설적으로 지나치게 방대한 교육내용과 정보에서 오는 학습 곤란을 걱정해야 하는 상황이다. 세상의 모든 지식에 비판적으로 접근하는 방법과 "인문학적 감각"(Anders, 2017), 즉 독서, 분석, 해석, 사유가 그만큼 중요성을 더할 수밖에 없다.

마지막으로, Omnino(교육방법) 면에서도 교육공학(educational technology)의 도움으로 철저하게[17] 가르칠 수 있는 토대가 마련되었다. 체제적 교수설

17) 여기서 '철저하게'라는 말은 완전학습 모형(Mastery Learning)을 연상시킨다. 1968년 미국의 교육심리학자 블룸(Bloom)은 정해진 교육 목표의 90%에 도달하는 수준까지 완벽하게 지도를 해야 한다고 보았다. 만일 학생이 기준치에 미달되면 보충학습과 보상교육을 받아 통과할 때까지 철저하게 학습을 하도록 했다.

계부터 시각, 청각, 시청각, 상호작용 매체에 이르기까지 미디어가 교육내용을 압도하는 수준에 이르렀다. 무엇을 배울 것인가보다는 어떻게, 어떤 툴을 활용하여 배울 것인가가 교육의 우선순위가 되고 있다. 디지털 혁명이 가져온 온갖 유형의 방법, 가령 이러닝, 유러닝, 블랜디드 러닝, 스마트 러닝과 함께 MOOC와 같은 온라인 상호작용 교육에 이르기까지 뉴미디어와 공학은 우리의 일상과 교육현장 속으로 깊숙이 들어왔다(이지헌 외, 2018: 318). 앞으로 첨단 과학에 의한 철저한 학습과 인간성 고양을 추구하는 빌둥의 상관성을 보다 심도 있게 연구해 나갈 필요가 있다. 들어가는 말에서 제기한 세계관과 주체성 형성이라는 빌둥의 기획이 첨단기술공학 시대의 결정판인 AI 시대에 얼마나 충실하게 실현되고 있는지는 여전히 미지수이다. 오직 '변화'만이 상수라는 말이 나올 정도로 오늘날 인간 주체는 가속화된 변화 속에서 주저하고 서성대는 모습을 보이고 있다. 빅데이터와 딥러닝이 활개를 칠수록 인간의 능력이 왜소하게 느껴지고, 인간의 존재 가치마저 위협을 받고 있다.

적어도 미래의 교양기초교육은 변화에 능동적으로 대처할 수 있는 힘, 즉 디지털 리터러시[18]와 동시에 포스트휴먼 리터러시를 길러 주어야 한다. 이때 미래 인간의 모습과 그 인간이 처할 조건을 '기초'교육의 내용으로 삼아야 할 것이다. 심화된 교양교육은 학제 간 융합교육으로서 인간 외적 존재들(기계, 인공물, 생명, 물질, 우주)을 배경(ground)에서 전경(figure)으로 옮겨 와 학습자의 세계관을 '크게(big)' 확장하는 데 기여해야 할 것이다. 빅데이터와 질적으로 다른 '빅 싱킹'이 인간에게 필요하다. 무엇보다도 AI와 같은 기술문명을 시스템적 사고의 전형으로 삼아 과학과 학문, 기술과 기계, 사회와 문화, 정치와 경제, 생태계와 자연, 우주로까지 '깊게(deep)' 사유할 수 있도록 안내해야 할 것이다. 기계의 딥러닝을 초월하는 '딥 싱킹'이 인간에겐 필요

18) AI 시대 디지털 역량은 코팅, 소프트웨어 스킬 수준을 넘어선 과학, 기술, 공학 이해능력, 다언어 능력, 문화적 감수성, 기업가정신, 시민정신, 사회적 학습능력 등을 포괄한다(Tuomi, 2018: 25).

하다. 이처럼 크고 넓은 시야와 깊은 사유는 전통적으로 교양교육이 추구해 온 '일반적(general)' 가치와도 부합하며, 이러한 변혁적 역량(transformative competencies)[19]이야말로 자라나는 세대를 초연결 시대의 당당한 주역으로 거듭나게 할 수 있다.

머지않은 장래에 범용인공지능(Artificial General Intelligence: AGI)이 출현할 것이다(추형석, 2018). 주어진 과제만을 수행하던 약 인공지능(week AI)이 진화를 거듭한다면 어떤 상황이 주어진다 하더라도 자율적인 학습과 사고를 통하여 스스로 문제를 해결할 수 있는 범용인공지능(AGI) 시대가 도래할 것이라는 전망이 그것이다. 하지만 미래는 우리의 선택에 달려 있다. AI를 만드는 것은 결국 사람이다. 과학자, 공학자, 기술자가 최첨단의 AI를 제작하는 데 관여하며, 그 제작과정에서 정부 관료, 기업인은 물론 시민도 자문이나 의견을 표출할 것이다. 그렇다면 우리는 미래 교양기초교육의 책무성을 AI 제작에 직간접적으로 관여하는 모든 사람과 AI 세상을 살아갈 미래 세대에게 선악시비(善惡是非)와 미추(美醜)를 구분할 수 있는 분별력, 도덕성과 윤리의식, 판단력[20]을 길러 주는 일에서 찾아야 할지도 모른다.

---

19) 우리는 역량(competencies)이 기능(skills)과는 다르며, 그 개념도 핵심 역량(key competencies)에서 새로운 가치 창출하기, 긴장과 딜레마 조정하기, 책임감 갖기와 같은 변혁적 역량(transformative competencies)으로 바뀌고 있음을 분명하게 인지해야 한다(OECD, 2018).

20) 이와 관련해서는 2019년 6월 G20 지도자들이 천명한 AI 원칙을 되새겨 볼 필요가 있다. 이들은 AI 개발자들이 적어도 인류 지속가능성, 공정성, 투명성, 설명가능성, 안전성, 책무성을 가지고 AI를 개발할 것을 권고하고 있다(https://www.oecd.org/going-digital/ai/principles/).

## 참고문헌


김대호(2016). 4차 산업혁명. 커뮤니케이션북스.

김도헌(2020). 사물인터넷과 인공지능시대의 미래 학습, 어떻게 바라볼 것인가?: 연결, 확장, 정서의 개념을 중심으로. 평생학습사회, 16(1), 1-25.

김동창(2017). 인간 향상의 윤리적 쟁점과 도덕교육적 의미. 윤리교육연구, 44, 25-58.

김승호(2014). Didaktik의 교육과정적 함의. 교육과정연구, 32(2), 한국교육과정학회, 1-19.

김신애, 방준성(2019). 인공지능 시대의 교육을 위한 '또 하나의 관점'. 교육원리연구, 24(1), 83-105.

김응준(2019). 교양교육과 포스트휴먼 인문과학. 한국교양교육학회 2019년 추계전국학술대회 자료집, 105-112.

김의중(2016). 인공지능, 머신러닝, 딥러닝 입문. 위키북스.

김재인(2017). 인공지능의 시대, 인간을 다시 묻다. 동아시아.

김효선(2019). AI(인공지능)시대 미래교육의 배움학적 제언. 미래교육연구, 9(4), 1-15.

김희진(2019). 공각기동대-Ghost in the Shell(1995)에 나타난 SF상상력. 한국문예비평연구, 63, 147-173.

도용태, 김일곤, 김종완, 박창현, 강병호(2013). 인공지능 개념 및 응용. 사이텍미디어.

매일경제 세계지식포럼 사무국(2018). 집단지성. 글로벌 대혼란 극복의 열쇠. 매경출판.

문동규(2017). '인간의 인간다움': '교양교육'의 지향점: 휴머니즘에 대한 하이데거의 사유를 중심으로. 범한철학, 87(4), 141-167.

박승억(2016). 인공지능 시대, 전문가 시스템의 위기와 인문 소양교육. 사고와 표현, 9(3), 67-91.

박영숙, 제롬 글렌(2016). 세계미래보고서 2050: 미래사회, 인류에게 가장 중요한 것을 말한다. 교보문고.

박이문(2016). 생태학적 세계관과 문명의 미래. 미다스북스.

박일준(2018). 인공지능 시대, 인간을 묻다. 동연.

박재호, 송동주, 강상희(2020). 디자인 씽킹: 제품과 서비스 개발을 위한 혁신적 문제해결 방법. 가디언북.

박휴용(2020). 포스트휴먼 리터러시-개념 및 범주, 이론적 기반, 그리고 교육의 방향.

리터러시 연구, 11(1), 11-55.

백종현(2017. 10. 19.). 포스트휴먼 시대와 휴머니즘, 플라톤 아카데미 TV. 지혜의 향연 강좌 시리즈. https://www.youtube.com/watch?v=6gWkhCg6QqI에서 2020. 05. 13. 인출.

서동은(2019). 인공지능(AI) 시대에 교양 교육의 의미: 하이데거의 「휴머니즘 서간」을 중심으로. 현대유럽철학연구, 52, 289-319.

서울대학교 창의성 교육을 위한 교수 모임(2018). 창의혁명. KOREA.COM.

서정일(2019). 자율적 주체를 위한 인문정신의 구현으로서의 교양(Bildung). 독어교육, 74, 279-299.

손승남(2010). 지속가능한 미래, 삶의 질 그리고 생태교육. 교육의 이론과 실천, 15(2), 93-115.

손승남(2020). AI 시대 교양기초교육의 교수학적 재음미. 교양교육연구, 14(4), 11-23.

손화철(2016). 인공지능 시대 인간의 자리. 윤리학, 5(2), 55-80.

신상규(2020). 포스트휴먼이 몰려온다. 아카넷.

아시아경제(2019. 2. 11.). 인공지능과 무용자계급. http://view.asiae.co.kr/news/view.htm?idxno=2019011713383981534에서 2020. 5. 13. 인출.

안성찬(2009). 전인교육으로서의 인문학: 독일 신인문주의의 '교양(Bildung)'사상. 인문논총, 62, 99-126.

윤혜경, 김용하(2019). 포스트휴먼과 미래형 기초교양교육의 이념과 설계에 관한 연구. 한국교양교육학회 2019년 추계전국학술대회 자료집, 95-102.

이관행(2020). AI 시대의 대학교육: 기초교양교육 강화 사례. https://www.gist.ac.kr/kr/img/sub07/univ_207.pdf에서 2020. 5. 14 인출.

이병철(2004). 기술의 본질에 관한 하이데거의 존재론적 물음. 철학연구, 28, 31-44.

이승종(2009). 기술에 대한 하이데거의 물음: 분석적 해석학을 위하여. 해석학연구, 24, 127-155.

이승훈(2017. 10. 10.). 최근 인공지능 개발 트렌드와 미래의 진화 방향. http://www.lgeri.com/report/view.do?idx=19584에서 2020. 5. 14 인출.

이원태, 손상영(2014). 포스트휴먼(Post-Human)시대 기술과 인간의 상호작용에 대한 인문사회 학제간 연구. 정책연구, 14-59.

이종관(2017). 포스트휴먼이 온다. 사월의 책.

이지헌, 송현종, 이두휴, 손승남, 이정화, 김희봉, 김영록, 이순덕, 곽유미, 임배(2018). **교육학개론**. 학지사.

이하준(2018). 니체의 교양비판과 교양교육의 미래. **철학논총**, 94(4), 새한철학회, 329-351.

정연재(2020). 인공지능의 시대, 프로페셔널리즘의 위기와 교양교육의 방향. **교양교육연구**, 14(1), 59-77.

주현정, 이병준(2018). 교사교육을 위한 독일 교수학 이론 모형에 대한 탐구. **교육혁신연구**, 28(4), 557-575.

차두원, 김서현, 김홍석(2016). **잡 킬러: 4차 산업혁명, 로봇과 인공지능이 바꾸는 일자리의 미래**. 한스미디어.

추형석(2018). 범용 인공지능의 개념과 연구 현황. Issue Report 2018-002. SPRi 소프트웨어정책연구소.

최재천(2016). **호모 심비우스: 이기적 인간은 살아남을 수 있는가?**. 이음.

편상범(2005). 프로타고라스의 인간척도설. **철학**, 84, 33-62.

한국포스트휴먼연구소, 한국포스트휴먼학회(2016). **포스트휴먼 시대의 휴먼**. 아카넷.

한소원, 이준환, 송지우, 서봉원, 권현지(2020). **호모마키나: 기계와 함께하는 인간의 미래**. 커뮤니케이션북스.

홍성욱(2019). **포스트휴먼 오디세이**. 휴머니스트.

Anders, G. (2017). *YOU CAN DO ANYTHING: The Surprising Power of a "Useless" Liberal Arts Education*. (김미선 역. 2017. **왜 인문학적 감각인가: 인공지능 시대, 세상은 오히려 단단한 인문학적 내공을 요구한다**. 사이)

Aoun, J. E. (2017). *ROBOT-PROOP: Higher Education in the Age of Artificial Intelligence*. (김홍옥 역. 2019. **AI 시대의 고등교육**. 에코리브르)

Braidotti, R. (2013). *The Posthuman*. (이경란 역. 2015. **포스트휴먼**. 아카넷)

Comenius, J. A. (1632). *Didactica Magna*. (정확실 역. 2007. **대교수학**. 교육과학사)

Freire, P. (1968). *Pedagogy of the Oppressed*. (남경태, 허진 공역. 2018. **페다고지**. 그린비)

Gadamer, H. G. (2000). *Erziehung ist sich erziehen*. Heidelberg: Kurpfälzischer Verlag.

Harari, Y. N. (2017). *Homo Deus: A Brief History of Tomorrow*. (김명주 역. 2017. **호모 데우스: 미래의 역사**. 김영사)

Klafki, W. (1991). *Neue Studien zur Bildungstheorie und Didaktik*. Beltz.

Kron, F. W. (2000). *Grundwissen Didaktik. 3. Aufl*. Reinhardt.

Kuzweil, R. (2006). *The Singularity is Near*. (김명남, 장시형 공역. 2007. **특이점이 온다**. 김영사)

Naisbitt, J. (1982). *Megatrends*. Warner Books.

Naisbitt, J. & Naisbitt, D. (2018). *Mastering Megatrends: Understanding and Leveraging the Evolving New World*. (우진하 역. 2018. **미래의 단서: 글로벌 메가트렌드 최종 결정판**. 부키)

OECD (2018). The future of education and skills: Education 2030. https://www.oecd.org/education/2030/E2030%20Position%20Paper%20(05. 04.2018).pdf 에서 2020. 5. 14. 인출.

Rifkin, J. (1996). *The End of Work. The Decline of the Global Labor Force and the Dawn of the Post-Market Era*. (이영호 역. 2016. **노동의 종말**. 민음사)

Schwab, K. (2016). *The Fourth Industrial Revolution: what it means, how to respond*. World Economic Forum.

Tuomi, I. (2018). *The Impact of Artificial Intelligence on Leaning, Teaching, and Education, JRC SCIENCE FOR POLICY REPORT*. PO of the EU.

UNESCO (2019). *Artificial Intelligence in Education: Challenges and Opportunities for Sustainable Development*. UN Working Papers on Education Policy, UN ESCO.

Von Humboldt, W. (1793/1794). "Theorie der Bildung des Menschen". *Werke in funf Bänden. Band I. hrsg. v. Andres Flitner und Klaus Giel(1960)*. Wissenschaftliche Buchgesellschaft, 234-240.

대학 교양기초교육의 표준 모델 http://konige.kr/sub02_08.php

애플, 2022년에 AR 글래스 출시할 것 https://www.zdnet.co.kr/view/?no=20200325105646

인공지능과 포스트휴머니즘-초학제의 뉴 호라이즌 https://horizon.kias.re.kr/

13780/
OECD Principles on AI https://www.oecd.org/going-digital/ai/principles/

영화
〈공각기동대〉(1995)
〈매트릭스 시리즈〉(1999~2003)
〈아이언맨〉(2008)
〈어벤져스 시리즈〉(2012~2019)
〈이글 아이〉(2008)
〈터미네이터 시리즈〉(1984~2019)

제2부

# 교양교육의 혁신과 진화

제4장

# 한국형 리버럴아츠 칼리지의 가능성 탐색[1)]

## 1. 들어가는 말

미국의 미래학자 레이 커즈와일(R. Kurzweil)은 알파고와 이세돌의 대국이 있기 전 이미 『특이점이 온다(The Singularity is Near)』(2006)라는 저서에서 놀라운 예측을 내놨다. 그는 2029년 인간 같은 인공지능(AI)이 출현할 것으로 예측했다. AI, 나노공학, 로봇공학, 생명공학이 발전하면서 기계가 인간의 지능을 필적하거나 추월하게 된다는 것이다. 그 후 인공지능이 비약적으로 발전해 2045년에는 인간의 지능을 수십억 배 능가할 것으로 봤다. 커즈와일이 말하는 '특이점'이란 인공지능이 인간을 넘어서는 시점을 뜻한다. 지능은 물론 지각능력, 판단력, 심지어 감성까지 포함한 영역이다. 로봇, 사물인터넷, 인공지능으로 글로벌 시대의 산업은 패러다임 전환을 맞고 있다. 세계의 도처에서 제4차 산업혁명이 도래한 것이다.

우리는 바야흐로 지식이 폭발하는 시대에 살고 있다. 3.5개월마다 지식의 총량이 2배로 늘어나고 있으며, 앞으로 10년간 지식의 총량은 최대 50배 이상 커질 것으로 예상된다. 지식의 총량이 엄청난 속도로 늘어나는 것과는 반대

1) 손승남(2017). 한국형 리버럴아츠 칼리지(K-LAC)의 가능성 탐색. 교양교육연구, 11(1), 13-37.

로 개별 지식의 유효수명은 줄어들고 있다. 실용지식의 수명이 상대적으로 빠르게 단축되고 있는 것이다. 가령, 대학에서 전자공학을 전공하는 1학년 학생이 4학년이 되었을 때 1학년 때 배운 것의 대부분은 낡은 지식이 되어 버린다. 이는 실용학문의 지식의 노후화가 그만큼 빠르게 진행된다는 뜻이다. 더군다나 과학기술의 비약적 발전으로 멀지 않은 장래에는 현재 지식 근로자들이 가지고 있는 지식의 대부분을 인공지능 컴퓨터가 해결할지도 모른다.

우리나라의 경우 2034년 연간 신생아 수는 현재의 40만 명 수준에서 30만 명 수준으로 떨어지며, 대입 수험생 또한 2014년 66만 명에서 2034년 39만 명으로 급감할 것으로 추정된다(조영태, 2016). 이 경우 2030년경 우리나라 대학의 40%가 폐교를 감수하지 않으면 안 되는 상황에 처하게 된다. 이런 상황에서 기존의 전공학과 위주의 경직된 교육제도와 프로그램을 고집한다면, 그 대학은 살아남기 어렵다. 더군다나 정원 감축이 목적인 작금의 대학 구조조정이 대학이 직면한 문제의 근본적인 해결책이 될 수는 없다.

기술의 융합과 산업의 융복합이 다반사로 이루어지는 제4차 산업혁명 시대에 대학생에게 요구되는 직업능력에도 획기적인 변화가 예견되고 있다. 입학 당시의 기획이 대학 졸업 후 취업과 직업 세계에 맞아 떨어지지 않을뿐더러 경직화된 전문지식만으로 급변하는 디지털 융복합 시대의 파고를 헤쳐 나가기 힘들 것이다. 파편화되고 칸막이로 나누어진 분과학문의 지식보다도 미래사회에서는 융복합적 지식과 다학문적 · 학제적 연구가 일상화 · 보편화되는 현실을 직시해야 한다. 지금이야말로 대학교육의 리버럴아츠 교육으로 전면적 재구조화가 필요한 시점이다.

이 장에서는 우선 20세기 이후에도 여전히 리버럴아츠 교육이념을 잘 담지하고 있는 미국의 리버럴아츠 칼리지(이하 LAC) 전통과 우리나라 대학에서의 접목 가능성을 조심스럽게 타진해 본다. 이어서 한국형 리버럴아츠 칼리지(K-LAC)가 실현되기 위한 조건을 논의한 후 학사구조 개편을 포함한 몇 가지 고려사항을 검토하면서 이 장을 마무리하고자 한다.

## 2. 미국 대학의 LAC 전통과 발전

주지하다시피, 리버럴아츠 교육의 기원은 고대 로마와 그리스로 거슬러 올라갈 수 있다(손승남, 2011). 고대 그리스에서의 철학과 수사학의 강조는 지적 · 도덕적 수월성을 강조하는 '파이데이아' 이념에서 나온 것이다. 고대 로마 시기 이래 야만성을 넘어선 시민적 교양의 육성이 이슈가 되면서 '후마니타스' 이념이 출현하게 된다. 예나 지금이나 개인의 도덕성과 공동체에서의 시민성을 잘 조화시키는 문제는 교육(대학교육)의 중요한 과제로 새겨 왔다. 그 이념의 영향을 받아 고대에서부터 7자유교과(Septem Artes Liberales)가 탄생했고, 그 토대 위에 대학은 지속적인 발전을 거듭할 수 있었다. 인간의 정신을 자유롭게 한다는 의미의 7개의 자유교과는 적어도 인간이 인간다운 삶을 영위하기 위하여 반드시 가르치고 배워야 할 지식과 경험의 총체라고 볼 수 있다. 물론 역사적 시기마다 무엇을, 왜, 어떻게 가르칠 것인가는 달랐다. 리버럴아츠 교육도 결국 시대적 산물이며, 시대정신을 반영하지 않을 수 없기 때문이다. 하지만 가장 중요한 문제는 리버럴아츠 교육의 중심에 언제나 '인간적인 가치의 고양'이라는 (대학)교육의 본질을 잃지 않으려는 노력을 기울여 왔다는 사실이다.[2] 생명 복제의 시대에 인간의 존엄성이 파괴되고, 도처에서 테러와 전쟁으로 인간성이 날로 위협을 받고 있는 오늘날에 후마니타스 정신과 인간성을 살리는 교육의 가치는 더욱 확고하게 지켜져야 할 것이다. 리버럴아츠 교육의 역사에서 놀라운 역설 중 하나는 유럽의 대학에서 그 교육이념이 태동했지만, 20세기 이후 실용주의 교육과 연구 중심 대학을 강

---

2) 텁스(Tubbs, 2014)는 르네상스 시대의 리버럴아츠 교육이 백과사전식 고대자료 수집과 스콜라주의적인 교재 암기 위주의 교육으로 전락한 것과 미국 LAC가 기본 철학 없이 다양한 교과의 조합과 배치 위주의 운영에 머물러 왔다는 비판적 인식하에 리버럴아츠 교육의 제1원리로 'humanity'를 꼽고 있다.

조하는 미국 대학에서 오히려 고등교육의 한 축으로 LAC가 굳건하게 뿌리를 내리게 되었다는 사실이다.

미국의 LAC는 세계의 고등교육사에서도 유례가 없는 독특성을 지닌다. LAC는 역사와 전통을 지닌 소규모의 지역사회에 기반을 둔 자유교양교육을 위주로 하는 대학으로, 유럽에서도 찾아보기 힘든 대학의 유형이기 때문이다. 미국의 연구 중심 대학, 교육 중심 대학, 지역사회 중심 대학(Community College)에 비하면 그것이 고등교육에서 차지하는 비율은 상대적으로 낮다. 그럼에도 흥미로운 점은 LAC의 원형이 영국의 옥스브리지 레지던스 칼리지이며, 옥스브리지는 그 이전에 중세 파리 대학의 교양교육 전통에 기반을 두고 있다는 사실이다. 다시 말해서, 전공 진입 이전에 철저하게 교양을 이수하도록 한 중세 대학의 정신을 어쩌면 충실하게 고수하고 있는 제도가 실용을 부르짖는 미국에서 힘겹게 유지되고 있는 역설을 오늘날 우리는 목도하고 있는 셈이다.

이런 상황에서 최근 우리나라에서도 일부 대학에서 LAC로의 방향 전환이 검토되고 있다.[3] 천편일률적으로 연구 중심 대학만을 추구하던 우리의 대학교육 현실에서 이는 매우 고무적인 일이 아닐 수 없다. 겉만 아니라 실제로 우리나라에서도 연구 중심, 교육 중심, 자유교양 대학과 같은 다양한 대학 유형이 자리 잡을 수 있는 토양이 마련될 필요가 있다. 앞으로 K-LAC가 우리 사회에 착근되려면 좀 더 시간이 필요하겠지만, 전공과 직업 위주의 편향된 교육관을 바로 잡아 대학교육의 근간을 바로 세우는 데 일조할 것이라는 낙관적 전망을 충분히 해 볼 수는 있을 것이다.

LAC가 점차 제4차 산업혁명 시대의 글로벌 트렌드가 되어 가고 있지만,

---

3) 주로 대학의 구조개편이 용이한 중규모의 사립대학에서 그 시도가 이루어지고 있다. 2017년을 기점으로 볼 때 대전대학교에 이어 가천대학교가 개편 중이고, 대구의 일부 사립대학교에서도 적극적인 입장을 보이고 있다. 반면, 국립대학교의 경우에는 전환을 위해 시간이 좀 더 필요할 것으로 보인다.

하나의 굳건한 고등교육 제도로 정착한 것은 미국 대학에서이다. 카네기 고등교육기관 분류표에 따르면 미국의 대학은 크게 8개의 범주로 구분되며, 이 중 LAC는 학부과정대학에 속한다(http://carnegiecLAC/LASsifications.iu/definitions.php). 학부과정대학 가운데 문리중점대학(arts and science focus)이 195개이며, 문리대학과 전문 영역을 병행하는 대학(arts and science plus professions), 문리대학과 전문 영역의 균형을 갖춘 대학(balanced arts and science/profession)이 합쳐서 763개로 보고되고 있다. 놀라운 사실은 LAC가 실제에서는 하나의 통일체가 아니라 다양한 방식으로 존재하며, 그 종류만 해도 거의 1,000여 개가 될 정도로 많다는 것이다. 미국 대학의 특징을 수월성과 다양성의 두 가지 관점에서 볼 수 있는데, 연구 중심 대학 못지않게 LAC도 수월성 면에서나 다양성 면에서 차이가 난다.

그만큼 LAC의 도입 이전에 그 개념의 내포와 외연에 대한 이해가 선행될 필요가 있다. 그 점에서 우리에게 비교적 널리 알려진 윌리엄스, 앰허스트, 스와스모어, 웨슬리, 보드윈, 포모나, 미들버리, 칼톤, 클레어몬트 맥케나, 하버포드와 같은 명문 학부대학의 운영과 실제 사례는 국립과 사립을 막론하고 대학원 교육과 연구 위주의 연구 중심 대학을 지향하는 우리나라의 상황과는 사뭇 대조를 보인다. 미국의 대표적 LAC는 대부분 문자 그대로 리버럴아츠를 위한, 리버럴아츠에 의한 교육이 주를 이루기 때문이다. 단기적 취업이나 직업 준비를 학부에서 해 주는 대신 오히려 기초교양의 근간을 바로 세워 이후 진로와 사회 진출에 필요한 역량을 길러 주는 데 초점을 두는 것이다.

다른 한편, 전공에 상관없이 모든 학부신입생을 종합대학교(University) 내의 학부대학(College)에 배속하는 브라운, 다트미스, 하버드, 예일 대학교의 형태를 학제로 본다면 우리나라 현재의 대학시스템에 더 맞을지도 모른다. 이들 대학에서는 조기전문화와 직업화를 방지하기 위하여 학부 수준에서 철저하게 교양교육과 지식 자체의 탐구에 몰입하도록 교육과정을 구성하여 교육을 제공하는 특징을 갖고 있다.

이와 달리 컬럼비아, 코넬, 듀크, 펜실베이니아, 프린스턴, 스탠퍼드, UCLA의 경우는 학부대학(University College)의 편제에 공학, 간호학, 경영학, 농학, 건축학 등 다양한 전공 분야가 단과대학으로 첨부된 형태를 취하고 있다. 가령, 하버드 대학교와 예일 대학교는 일원화된 학부대학 조직구조 아래 전통적인 자유교육 중심의 학부교과과정을 지속적으로 제공해 온 반면, 코넬 대학교는 호텔경영대학, 펜실베이니아 대학교는 와튼스쿨을 포함한 학부과정의 전문적 특성을 통해서 자체 경쟁력을 높일 수 있었다.

지금까지의 설명에서 알 수 있는 사실은 LAC가 하나의 제도로 정착된 미국에서조차 그 유형과 운영 방식이 대학의 종류와 성격에 따라 천차만별이라는 점이다. 따라서 LAC의 한국적 도입에서도 문화와 전통의 차이는 물론 대학의 교육철학과 학사구조, 교육과정 등 다양한 요소를 충분히 고려한 다음 우리에게 맞는 제도를 만드는 것이 중요하다.

## 3. 한국형 리버럴아츠 칼리지는 가능한가

교양기초교육의 내용은 인문학, 자연과학, 사회과학 등의 기초학문에 기반을 두고 있다. 따라서 교양교육의 내실화를 위해서는 이들 기초학문 영역의 전공/학과 교수들의 적극적인 역할이 필요하다. 그러나 전공/학과의 벽이 높은 우리나라 대학의 현실을 고려할 때 전공/학과 소속의 교수들이 교양교육의 적극적인 주체가 되는 것을 기대하기는 어렵다. 이에 따라 우리나라의 대학 교양 교과목은 전임교수 강의 비율이 낮고, 시간강사에 대한 의존도가 높다. 이는 대학에서 교양교육이 소홀하게 다루어지고 있음을 보여 준다. 뿌리 깊은 전공/학과 중심의 대학문화와 취업과 실용성을 강조하는 사회적 분위기 사이에서 우리 대학의 교양교육은 본래의 의미를 상실하고 점차 부실화되고 왜곡되고 있다.

다른 한편으로는 국내의 학령인구의 급격한 감소 추세와 세계적인 경제 불황의 여파로 전공으로서 기초학문에 대한 수요가 이미 빠르게 감소하고 있다. 우리나라의 경우 현재 인문, 사회 및 일부 자연과학 전공자들의 취업 전망은 밝지 않다. 특히 대학의 경우 2018년 학령인구의 급감, 산업수요와 전공의 불일치로 인해 인문학, 사회과학 및 자연과학의 일부는 그 토대가 심하게 훼손되고 있다.

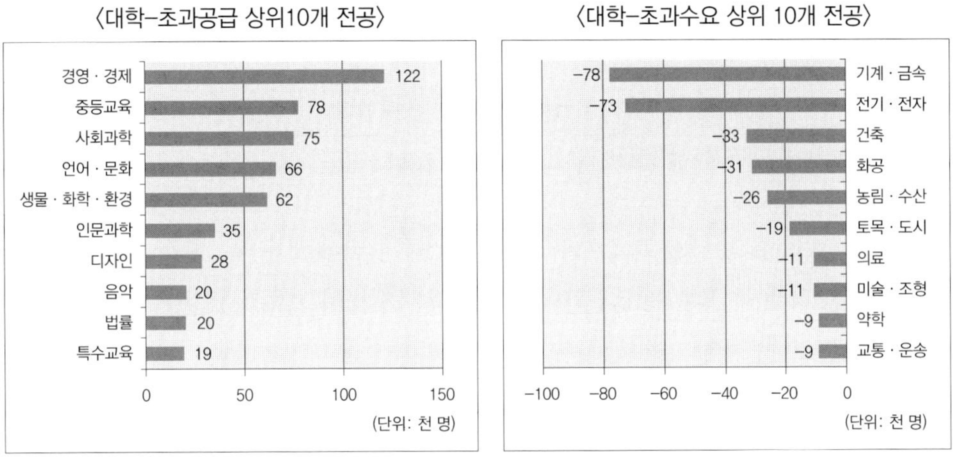


[그림 4–1] 2014~2024 대학 전공별 인력수급 전망

출처: 한국고용정보원(2015).

[그림 4–1]에서 볼 수 있듯이 경영 · 경제와 중등교육, 사회과학, 언어 · 문화 그리고 생물 · 화학 · 환경 등의 자연과학, 인문과학이 인력 추과공급의 상위권에 포함되어 있다. 물론 경영학과 교육학이 응용학문으로서 좀 더 다른 각도에서 분석이 요구되지만, 전반적으로 기초학문의 전망은 밝지 않다. 반면, 공학과 농학 계열의 응용학문은 당분간 지속적 수요가 있을 전망이다. 그렇다고 해서 정부의 프라임(PRIME) 사업에서 보여 주듯 기초학문의 정원을 응용학문으로 강제 이동시키는 것은 근본적인 처방이 될 수 없다.

표 4-1 인력 공급초과 학문 영역 (단위: 천 명)

| | 2014~2024년 전공별 중분류 단위 전망 | | | |
|---|---|---|---|---|
| | 인력공급(A) | 구인인력수요(B) | 차이(A-B) | 초과비율 (A-B/B×100%) |
| 언어 · 문학 | 234 | 168 | 66 | 28.2 |
| 인문과학 | 122 | 86 | 36 | 29.5 |
| 사회과학 | 258 | 183 | 75 | 29.1 |
| 경영 · 경제 | 507 | 385 | 122 | 24.1 |
| 생물 · 화학 · 환경 | 183 | 120 | 63 | 34.4 |
| 수학 · 물리 · 천문 · 지리 | 74 | 65 | 9 | 12.2 |
| 전체 | 1378 | 1007 | 371 | 26.9 |

출처: 한국고용정보원(2015).

〈표 4-1〉에서 보는 바와 같이 자연과학 중에서 수학 · 물리 · 천문 · 지리의 경우 공급과 수요의 차이는 10년간 9천 명이고 초과 비율은 약 12%로 상대적으로 적은 편이다. 생물과 화학이 기초학문에 속하며, 환경이 응용학문에 속하므로 여기에 비교적 높게 제시된 초과비율 약 34%를 어떻게 해석할 것인가는 단순하지 않다. 일반적 추세를 본다면 환경문제의 심각성이 커짐에 따라 생물과 화학보다는 환경 관련 분야의 인력 공급이 많았기 때문에 상대적으로 높은 수치가 나오지 않았는지 추정해 볼 수 있다. 경영 · 경제의 경우 두 학문은 다른 영역에 속하지만 경제학과 졸업생의 초과비율도 경영학과 비슷하다고 가정한다면, 인문학, 사회학, 자연과학의 인력 초과비율은 평균 약 27% 정도라고 할 수 있다.

이런 상황에도 불구하고 우리나라의 대학에서 교육의 관심사는 취업률 강화이며, 학문과 직업의 불균형으로 발생하는 문제를 해결하고자 응용학문의 정원 확대(프라임 사업)[4]와 인문학 관련학과의 실용성을 강화(코어 사업)하는 방향으로 고등교육 정책이 급선회하고 있다. 이러한 현실적 요구에 밀려 인문학 관련 학과의 정원 수 감소와 폐과 조치 등이 잇따르고 있다. 대학의 원래 정신과는 달리 최근의 프라임, 코어, 평생교육단과대학 사업을 보면 대학의 방향을 온통 직업과 취업으로 몰아간다는 인상을 지울 수 없다. 기존의 인문, 사회 관련 학과를 줄여 취업 선봉의 공과대학 위주로 대학을 재편하는 프라임 사업이나 취업과 직업 목적형 인문학과를 인위적으로 설치하도록 강요하는 코어 사업, 심지어 성인학습자마저 취업・창업・재취업의 틀 속으로 몰아가려는 평생교육단과대학 사업 모두 대학을 한낱 직업준비를 위한 훈련기관으로 전락시키는 근시안적 고등교육정책의 산물에 불과하다. "자동화와 기술의 발전으로 20년 이내에 현재 직업의 47%가 사라질 것"(Frey, 2013)이며, 향후 대학 졸업 후 개인의 직업을 최소 4~5회 변경해야 할 것이라는 암울한 전망을 볼 때 취업률 제고 위주의 고등교육 정책이 과연 올바른 것인지 그 방향성을 되묻게 한다. 응용학문의 기반이 되는 기초학문이 고사하거나 위축되는 상황에서 학문의 발전과 낙관적 미래를 기대하기란 힘들기 때문이다.

취업률이 낮은 인문학 분야의 학과를 실용성의 잣대만으로 폐과하거나 유사 응용학문으로 날조한다면 그 과오를 나중에 복원할 수 없게 된다. 인문학 분야의 학문 후속세대의 일자리가 보장되지 않는다면 국가적 차원에서 보더라도 양질의 고급인력을 낭비하는 꼴이다. 만일 인문학과 자연과학 분야의 기초학문 분야 예비학자들이 더 이상 양성되지 못하고 씨가 마른다면, 그 책임은 누가 질 것인지 곰곰이 생각해 볼 시점이다. 어떤 의미에서 LAC로의 전환은 기초학문의 고사에 대처하는 장기적 방안이 될 뿐만 아니라 LAC 교수 인력을 지속적으로 충원해야 하므로 학문 후속세대의 안정적 확보를 위한 해결책이 될 수도 있다(홍성기 외, 2016).

그렇다면 기초학문 분야에서 미래의 교수직을 대폭 창출할 수 있는 방안은

4) 2016년 교문위 국정감사 결과를 보면, '프라임 사업 선정 대학의 사업계획서'를 토대로 분석한 결과 5,351명의 정원 이동 중 순수학문에 해당하는 인문사회 및 자연과학 분야에서 총 4,105명이 줄어 정원 감소분의 76.7%를 차지했고, 반면 응용학문인 공학 분야는 4,856명을 늘려 정원 증가분의 90.7%를 차지하는 것으로 드러났다(한국대학신문, 2016. 9. 28.).

무엇일까? 그것은 교육수요를 늘리는 것이다. 이 점은 교육부가 시행한 코어사업에서도 인문교양교육을 전교생에게 실시해야 한다는 전제조건과도 흡사하다. 즉, 기초학문을 중심으로 교양기초 교육과정을 재구성하여 기초학문에 대한 교육 수요를 대폭 창출하고, 강의 수요를 담당할 '전임교원'을 LAC에서 양성시키며, 동시에 LAC 출신만이 LAC를 만든 대학의 전임교원이 되도록 하는 'LAC 교수 트랙'을 도입하는 것이다. 이를 위해서는 기초학예대학 설립을 위해 개설 강의의 학술성과 다양성, 시대 상황에 맞는 전공과 전공과정을 정비하고, 교수 인력이나 시설들에 대한 엄격한 기준을 만들 필요가 있다. 또한 LAC에서 기초학문 교수 수요와 그 이외의 진로 등과 연동하여 기초학문 지망자의 수를 유연하게 조정할 수 있다면, 이른바 산업 수요와의 정합성 문제도 자연스럽게 해결할 수 있는 단초가 생길 것이다. 왜냐하면 LAC는 입학할 때가 아니라 학부교육의 출구로서 전공이 선택되어 상대적으로 유연한 정원 조정이 가능하기 때문이다. 그렇다면 정부의 기초학문 후속세대 양성 지원은 이런 조건들이 충족된 LAC를 설립하거나, 교양교육과정을 기초학문 위주로 재편성하고 교양담당 전임교원을 증원하는 대학에 집중하는 것이 효과적이며 또한 사회적 정의에 부합한다.

비록 미국 대학과의 문화적 차이가 있지만, LAC 모형은 부실화되고 왜곡된 교양교육과 위축된 기초학문의 현실을 고려할 때 소기의 성과를 기대해 볼 수 있는 하나의 대안이 될 수 있을 것이다. 쉽게 짐작할 수 있듯이, LAC의 고전적인 모델은 문리대학이다. 즉, 문과대학, 자연과학대학 그리고 사회과학대학의 기초학문에 해당하는 전공이 모여 하나의 학사단위를 구성하는 것이다. 이러한 전환은 기존 단과대학의 틀을 깨고 이들 기초학문의 학과 소속 교수를 모아 하나의 학사단위로 구성할 때 가능하다.

특히 LAC 전환과정 중 지식기반사회에서 미래가 필요로 하는 통섭형 인재를 양성하기 위한 과정으로 마련된 자율전공학부는 하나의 디딤돌 역할을 할 수 있을 것이다. 자율전공학부에서는 이미 인문・자연 계열 구분 없이 학생의 희망에 따라 다양한 학문의 접촉 기회뿐만 아니라 전공 선택의 기회도 제공해 왔기 때문이다. 학생들이 1년 동안 인문사회 · 자연과학 등 다양한 학문 영역을 경험하고 논리적 · 비판적 · 창조적 리더로서의 자질을 함양하여 본인 스스로 적성과 미래 비전을 고려하여 전공을 선택하도록 하는 자율전공학부는 어떤 면에서 보면 LAC의 축소판 기능을 수행해 온 것이나 다름없다. 인문대학, 자연과학대학, 자율전공학부를 유기적으로 결합한다면 LAC로의 전환은 결코 실현 불가능한 일이 아니다.

어느 교육에서도 마찬가지겠지만 LAC 성패 여부 또한 그 형식과 내용에서 찾을 수 있을 것이다.[5] 여기서 형식이라 함은 리버럴아츠 교육을 가능하게 하는 학사구조와 교육조직이 갖추어져야 한다는 의미이며, 총장의 의지와 교수자의 열성과 같은 무언의 요소가 결정적이라는 것이다. 미국의 유수한 LAC가 오늘날 명문 연구 중심 대학 못지않은 명성을 얻게 된 것은 나름의 교육철학을 굳건하게 지탱하면서 시대적 상황에 적응해 온 결과이다. 좋은 교육을 향한 교육철학을 100년, 심지어는 200년 이상 동안 유지하기란 쉽지 않다. 고등교육의 역사가 일천한 우리나라 대학의 경우 백년지대계의 원대한 포부를 제대로 가져 보지도, 더군다나 실현해 보지도 못한 처지인지라 새로운 교육실험에 앞서 불안과 두려움의 감정이 교차하는 것으로 보인다. LAC 전환으로 인해 입학자원이 감소되지는 않을지, 졸업 후 취업을 보장할 수 있을지, 기초학문을 살림과 동시에 교양교육이 심화될 수 있을지에 대한 의구심을 대학마다 떨쳐 버리기 힘든 것이다. 하지만 실패에 대한 염려로 거보(巨步)를 내딛지 못한다면 그 어떤 변화와 혁신도 뒤따르지 않을 것이다. 미국에서 4년 동안 고전만을 가르치는 대학으로 정평이 나 있는 세인트 존스(St. Johns) 대학교나, 지방의 소규모 대학에서 글로벌 명문대학으로 우뚝 선 일본

5) K-LAC에 관한 본격적인 담론은 한국교양기초교육원 기관지 「E-저널 두루네」(2016년 12월) 특별기획 좌담회 '한국형 LAC(K-LAC)'를 참조(한국교양기초교육원 〉 자료마당 〉 E-저널 두루네).

형 리버럴아츠 칼리지(J-LAC)의 선두주자인 아키타(Akita) 대학교의 사례는 '취업률 100%' '작지만 가치 있는 대학 1위'의 기적을 일으켰고, 개교 13년 만에 일본 및 여러 나라에서 예비 대학생들이 찾는 꿈의 학교로 발돋움했다. 사상 최악의 취업률과 경제성장률 마이너스를 이어가고 있는 일본에서 작은 신생대학이 이토록 극적인 결과를 내놓을 수 있었던 비밀은 다름 아닌 바로 과감한 도전과 실험 정신에 있었던 것이다.

그리고 내용 면에서도 LAC는 탄탄한 교육과정과 교양교과목의 구비, 교육방법의 혁신과 뉴미디어와 접목을 통해서 거듭나야 한다. 21세기 고등사고력을 지향하면서도 교양의 깊이와 넓이를 고려할 수 있는 핵심교육과정은 견고하면서도 유연성을 지녀야 한다. 견고함은 아무리 시대가 변한다 하더라도 인간이 보편적으로 습득해야 할 일반지성으로부터 소외되어서는 안 되며, 동시에 사회문화적 변화를 적극 수용하여 유연하게 교육내용으로 흡수해 나가는 노력이 필요하다.[6] 그렇지만 아무리 훌륭한 내용이라도 학습자의 동기를 유발하지 못한다면, 그 교육은 실패할 확률이 높다. 교양교육에서 학습자의 눈높이를 고려하여 내용을 선정하고, 교과목을 구성하는 일이 중요하다. 실제로 정부나 사회에서 융복합 교육을 강조하지만 대학교육에 착근되지 못하는 이유는 학습자 요인을 간과하고 있기 때문이다. 환경이나 종교와 같은 융복합 주제를 깊고 넓게 가르칠 교수자를 찾는 것도 사실상 힘든 것이 현실이다. 융복합교육보다 오히려 학습자 주도의 강의페어링[7]이 실제적 대안이 될 수 있다. 첨단 디지털 환경을 교양교육과 접목시키려는 노력 또한 게을리 해서는 안 된다. 이미 MOOC이나 K-MOOC이 대학교육에서 장려되고 있지

---

6) 전자가 인류의 영원한 고전을 가르쳐야 한다는 항존주의 입장이라면, 후자는 시대적 변화를 적극 수용해야 한다는 실용주의 입장과 맥을 같이한다.

7) 강의페어링의 성공을 위한 요소는 다음과 같다(홍성기 외, 2016).
강의페어링의 중요성과 성공가능성에 대한 교수의 이해, 수업 중 정기적으로 강의페어링 소개, 개별 면담을 통한 수강생의 의욕 고취, 강의페어링 선택 수강생에 대한 인센티브.

만 우리의 경우 기대만큼의 변화를 가져오고 있지는 않다. 미국 애리조나 주립대학교(ASU)에서 시행하고 있는 바와 같이(대전대학교 혜화리버럴아츠칼리지, 2016), 앞으로 예비대학생 교양교육의 상당 부분을 MOOC을 통해 해소하는 방안도 대학에서의 전공을 심화하고, 학습자 스스로 자신의 학업을 설계하며 진로를 탐색하는 자기 설계의 가능성을 높일 수 있는 방안이 될 수도 있을 것이다.

## 4. 나오는 말

리버럴아츠 교육의 유구한 전통이 우리에게 주는 한 가지 교훈은 "대학교육이 단순한 직업준비를 위한 도구로 전락해서는 안 된다."라는 것이다.[8] 대학의 기원이 되는 중세 대학부터 왜 대학의 가장 밑바탕에 교양을 두고, 몇 년씩이나 교양교육을 기초로 삼았는지를 곱씹어 보아야 한다. 학령인구 감소로 인한 정원 조정에 따른 인위적 대학 구조조정과 재정지원을 미끼로 시행되는 온갖 평가가 대학가의 유령처럼 떠돌고 있는 지금이야말로 대학 정신의 근간을 톺아 보고, 리버럴아츠 교육의 혁신을 통해 대학 내부로부터의 진정한 구조개혁의 물꼬를 틀 때가 아닌가 생각해 본다.

우리가 현재의 대학 현실에서 한 가지 분명하게 인식해야 할 사실은 기초

8) 우리는 이 지점에서 인문학과 교양교육의 쇠퇴와 경시에 대한 경각의 목소리를 다시금 새겨 볼 필요가 있다. 리딩스(Readings, 2015)는 관료제와 시장주의로 대학이 폐허가 되었음을 진단한다. 그는 새로운 대학이 오래된 미래의 이념인 문화적 교양과 비판 정신의 회복을 통해서 가능하다는 메시지를 전한다. 자카리아(Zakaria, 2015)는 교양교육을 옹호하는 글에서 대학에서 교양교육의 경시가 근시안적 교육관의 소산임을 분명히 하고 있다. 윈트롤(Wintrol, 2014: 130)은 리버럴아츠 교육의 내재적 가치를 역설하면서 로마의 패망이 결국 인문학의 홀대에서 비롯되었다는 경종을 울린다. 로스(Roth, 2016)는 대학이 주식회사로 변모하고 있는 시장자본주의 시대에 교양교육이 삶의 의미와 방향을 찾고, 자신과 사회를 변화시키는 원동력이 되어야 한다고 주장한다.

학문 분야를 전공학과에 귀속시키고 있는 구조가 학문 후속세대 양성을 위한 이전 시대의 교육과정 유형이라는 점이다. 가령, 철학과 혹은 물리학과 소속 전공학생 가운데 과연 몇 명이나 학자의 길로 진로를 설정하는지를 진지하게 살펴볼 필요가 있다. 특히 인문학 졸업생과 직업세계 사이의 불균형적인 현실을 직시한다면, 대학교육의 재구조화는 절박한 사안이 아닐 수 없다. 기초학문에 속해 있는 학생뿐만 아니라 대학교육에 기대를 걸고 있는 학부모를 더 이상 좌절에 빠뜨리지 않고, 국가적으로도 고급인력의 낭비를 막기 위해서 현재의 구조가 타파되어야 한다.

우리나라 대학에서 LAC가 도입되기 위해 전제되어야 할 사안은 최우선적으로 '학사운영의 유연화'이다. 다시 말해서, 기존에 학과/전공 중심의 학사운영을 파기하는 데서 출발해야 한다는 것이다. 그것은 교수 소속, 교무행정 및 교수활동의 단위, 학과와 학생의 학업 트랙을 분리하는 것, 나아가 신입생 모집 단위를 유연하게 하는 데서 시작된다. 그와 동시에 현행 기초학문 분야 전공과 응용학문 분야 전공을 평면에 병렬시켜 놓은 채 이 중 하나를 선택하도록 하는 학사구조를 근본적으로 바꾸지 않으면 안 될 것이다. 학문의 도구가 되는 기초교육의 정체성을 확립하고, 기초학문 분야의 성과와 삶의 연관성을 토대로 교양교육의 내용을 구성하는 일이 중요하다. 소양교육을 통하여 자율적인 삶을 꾸려 갈 수 있는 인성과 공동체의 성원으로 당당하게 살아갈 수 있는 시민 역량을 길러 주는 것도 LAC 교육에서 빼놓을 수 없다.

마지막으로, LAC 위주 대학교육의 구조개혁과정에서 고려해야 할 사항을 몇 가지 강조하면서 글을 마무리하고자 한다.

첫째, 교수는 학문체계에 따라 설치된 학과에 소속되지만 학생은 특정 학과에 전속되지 않고 자유로이 원하는 학업을 수행하도록 해야 한다(손동현, 2016: 586). 재구조화가 한꺼번에 이루어지기 힘들면 유예기간을 두어 학생을 학과에 소속하도록 하는 현재의 구조를 유지해 나가다가 점차 학업의 유연성을 보장하는 방향으로 전환할 필요가 있다. 이때 대학당국의 제도개선 의지와 지원이 절실함은 재론의 여지가 없다.

둘째, 리버럴아츠 교육의 핵심은 '심화 강화된 교양교육'으로 기초학문의 성과와 학문 경향을 최대한 반영하는 것이다(손동현, 2016: 589). 이 점에서 모든 학생이 의무적으로 수강해야 할 공통교육과정으로서 핵심교육과정을 개발·운영해 나가야 한다. 여기서도 기초학문 분야 교수진의 교양교과목 개발과 운영과정에서 능동적 참여와 적극적 협력이 중요하다. 교육의 성패는 결국 교원의 질을 능가할 수 없기에 교육과정의 개발, 실행, 평가, 피드백 등 일련의 과정에서 교양교육 교수진의 열정과 정성이 스며들어야 할 것이다.

셋째, 학생이 하나의 전공(major)을 하더라도 시기적 규제 없이 오직 학생의 의사에 따라 학업을 수행하도록 대학 전체적으로 기반과 분위기를 조성해 나가야 한다(손동현, 2016: 589). 리버럴아츠 교육의 정착을 위해서는 문자 그대로 '리버럴 러닝(Liberal Learning)'이 대학교육 실제에서 구현되어야 한다. 형식적으로는 자유교육(Liberal Education)을 표방하면서도 규제와 의무 위주로 학사가 운영된다거나, 일반교육(General Education)을 전면에 내세우면서도 전문교육이나 직업교육의 그늘에서 벗어나지 못한다면 '인간과 세계에 대한 편견 없는 안목과 다양한 영역의 근본 문제에 대한 문제해결능력'을 길러주려는 자유교양교육의 원래 이념은 한낱 공염불에 불과할 것이다.

LAC로의 제도적 전환과정에서 주의할 점은 늘 그렇듯 급격한 변화는 구성원들의 반감과 저항에 직면할 수 있으므로 최대한 신중을 기해야 한다는 것이다. 대화와 토론은 통합 민주적 합의과정을 거쳐야 하고, 미래의 더 나은 비전을 향하여 구성원들의 발전의지와 지혜를 슬기롭게 모아야 한다.

## 참고문헌

대전대학교 혜화리버럴아츠칼리지(2016). 제4차 산업과 리버럴아츠교육. 혜화리버럴아츠칼리지 2주년 기념 심포지움 자료집.

손동현(2016). 리버럴아츠 교육, 한국 대학교육의 새 지평?. 한국교양교육학회 2016년 춘계전국학술대회 자료집, 577-591.

손승남(2011). 인문교양교육의 원형과 변용. 교육과학사.

손승남(2017). 한국형 리버럴아츠 칼리지(K-LAC)의 가능성 탐색. 교양교육연구, 11(1), 13-37.

이시균 , 권혜자, 권우현 , 이진면 , 전병유, 홍성민 , 김기헌 , 강민정 , 홍현균 , 방글(2015). 중장기 인력수급 수정전망: 2014-2024. 한국고용정보원.

조영태(2016). 정해진 미래. 북스톤.

한국고용정보원(2015). 2014−2024 대학 전공별 인력수급 전망. 한국고용정보원.

한국교양기초교육원(2016). 특별기획 좌담회: 한국형 LAC(K-LAC). 두루네 Vol. 26, 8-27.

한국대학신문(2016. 9. 28.). “프라임사업 선정 21개 대학 ‘순수학문’정원 4105명 줄여”. 한국대학신문.

홍성기, 손승남, 이보경, 임선애(2016). 충북대학교 교양교육혁신안. 연구용역 최종보고서.

Frey C. B., & Osborne M. A. (2013). The Future of Employment: How Susceptible are Jobs to Computerisation?. *OMS working paper*, Oxford University.

Kuzweil, R. (2006). *The Singularity is Near*. (장시형, 김명남 공역. 2007. 특이점이 온다. 김영사)

Readings, B. (1996). *The University in Ruins*. Harvard Univ Press. (윤지관, 김영희 공역. 2015. 폐허의 대학: 새로운 대학의 탄생은 가능한가. 책과 함께)

Roth, M. (2015). *Beyond the University: Why Liberal Education Matters*. Yale University Press. (최다인 역. 2016. 대학의 배신. 지식프레임)

Tubbs, N. (2014). Humanitas, Metaphysics and Modern Liberal Arts. *Educational Philosophy and Theory, 46*(5), 488-498.

Wintrol, K. (2014). The Intrinsic Value of the Liberal Arts: Cicero's Example. *Journal of the National Collegiate Honors Council*. Spring/Summer 2014, 129-134.

Zakaria, F. (2015). *In Defense of a Liberal Education*. W W Norton & Co Inc. (강주헌 역. 2015. 하버드 학생들은 더 이상 인문학을 공부하지 않는다. 사회평론)

카네기 고등교육 분류표 http://carnegiecLAC/LASsifications.iu/definitions.php

제5장

# 유럽 리버럴아츠 칼리지의 최근 동향[1]

## 1. 들어가는 말

리버럴아츠(liberal arts) 개념은 고대 그리스에서부터 시작되었다. 이때 아트(art)는 테크네(techne), 즉 기술을 의미하는 말로 오늘날의 관점에서 보면 실용적인 기술뿐만 아니라 학문이나 예술 등 인간의 다양한 활동을 포함하는 폭넓은 개념으로 쓰였다. 당시 그리스 사회에서 리버럴아츠는 자유시민들의 정신적인 활동에 해당하는 것이었다. 중세로 들어오면서 리버럴아츠는 자유로운 지적 활동으로서 이른바 3학 4과 체제로 정착되어 중세 대학의 7개 기본교과로 자리를 잡게 된다. 여기서 문법, 수사학, 논리학의 3학이 의사소통과 관련된 교과목이라면, 산술, 기하, 천문, 음악으로 구성된 4과는 일종의 수리과학에 해당된다.

이러한 리버럴아츠 체제는 르네상스 시대에 접어들면서 변화를 겪는다. 르네상스 초기에 인문주의 사상이 대두하면서 논리학 대신 역사와 철학, 문학이 포함됨으로써 3학이 인문학 체제로 확대 개편되었다. 이로써 리버럴아츠 체제는 인문학과 과학으로 재구성되고, 그 이후 다소간의 변화를 겪으면

1) 손승남(2019). 유럽 리버럴아츠 대학의 최근 동향. 문화교류연구, 8(2), 49-68.

서 17세기까지 지속되었다. 이러한 리버럴아츠 체제에서 특징적인 것은 그에 속하는 학문들 사이의 차이보다는 서로 간의 연관성이 주목되었다는 점이다(손승남, 2011: 114). 가령 4과에 속하는 산술, 기하, 천문, 음악이 서로 밀접한 관련을 맺고 있을 뿐만 아니라, 3학에서도 철학이 문학과 긴밀히 연결되어 있었다는 점이다.

사실상 근대 유럽의 과학혁명은 바로 이러한 리버럴아츠 교육 체제의 산물이라고 할 수 있다. 그런데 18세기를 거치면서 리버럴아츠 체제는 새로운 도전에 직면하게 된다. 근대과학의 발전으로 인해 학문의 전문화가 초래되었을 뿐만 아니라, 19세기 산업혁명 이후에는 직업의 전문화가 이루어짐에 따라 보편적인 교육보다 전문적인 교육에 치중하게 되면서 리버럴아츠 교육체제가 크게 훼손되었다. 그와 동시에 간과되면 안 되는 중요한 사실은 19세기 이후 유럽에서 리버럴아츠 위주의 교양교육이 대학 이전의 학교교육으로 무게 중심이 이동했다는 점이다.

다른 한편, 리버럴아츠 칼리지(Liberal Arts College: LAC)는 미국 대학의 유형 중 한 범주로 볼 수 있다. 미국 대학이 유럽 리버럴아츠 교육의 전통을 수용하여 미국적 정서와 토양에 맞게 하나의 제도로 정착시킨 것이 바로 리버럴아츠 칼리지(이하 LAC)이다. 미국에서 LAC는 학부교육 중심 대학을 의미하고 이 중에 특별히 직업준비영역을 제외한 교과과정을 가지고 있다(김지현, 신의항, 2017). 예컨대, 법학, 경영학, 교육학, 간호학, 사회복지학 같은 전공교육과정과 대학원과정이 아예 없으며, 아이비리그 스쿨을 비롯한 연구 중심 종합대학과는 아주 극명하게 비교되는 대학의 유형이라고 할 수 있다. 우선 재적학생 규모에서 대부분의 LAC는 1,200명에서 2,200~2,300명의 규모를 가지고 있다. 학생 대 교수 비율도 7대 1로 거대한 연구 중심 대학에 비교해서 손색이 없는 밀착 집중 학생 지도를 표방하는 대학의 유형이다. 이 대학의 경우 대부분 강좌의 수강생 수가 20명 이하이며, 50명 이상의 수강생을 가진 강의의 수는 2%를 넘지 않을 정도로 소규모 수강 인원을 특징으로 한다. 이 대학을 다니는 학생 대부분은 학교에서 제공하는 정주형 칼리지나 기숙사에 주거하므로 생활과 학습이 조화를 이루면서 병행될 수 있게 운영하는 특징을 지니고 있다.[2)]

최근 20년 동안 세계적으로 리버럴아츠 교육과 그것의 제도적 구현으로서 LAC에 대한 관심이 급증하고 있다(Godwin, 2015). 이 중에서도 유럽 각국에서 볼로냐 프로세스 이후 고등교육 개혁의 일환으로 LAC를 새롭게 설립하거나 직업교육 위주의 고등교육 제도에 대한 대안을 마련하고자 하는 열망이 고조되고 있는 점에 주목할 필요가 있다. 이러한 추세와 함께 우리나라에서도 제4차 산업혁명 담론과 함께 리버럴아츠 교육에 관한 논의가 활발해지고 있다(김태경, 2018; 박병철, 2018, 2019; 백승수, 2018; 손승남, 2017a, 2017b). 우리의 대학 현실도 로봇, 빅데이터, 인터넷, 인공지능 등 첨단정보기술이 가져올 변화와 혁신에 따른 교육의 변화가 불가피한 상황에 처해 있다. 대학교육의 고질적 병폐로 지적되고 있는 전공 위주의 획일적인 교육에 대한 한계도 근본적인 혁신을 통해 극복되어야 한다. 지난 몇 년간 ACE 사업 등 교양교육 강화사업으로 대학마다 교양교육의 내용과 체제가 다소 정비되었으나, 그 사업과 정책의 연장선상에서 리버럴아츠 교육과 그것의 제도화 문제로 LAC에 대한 설립과 운영에 관해서는 여전히 불투명한 상태이다.

이 장에서는 유럽에서 발원한 리버럴아츠 교육이 미국에서 LAC로 거듭난 이후 다시 본고장으로 돌아와 새롭게 부활하고 있는 현시점에서 유럽 주요국의 대학 교양교육을 조망해 보고, 유럽 대학에서 제도적으로 구현되고 있는 몇 가시 유형을 살펴본 후 이러한 변화가 한국형 리버럴아츠 칼리지(K-LAC)의 설립과 운영에 줄 수 있는 시사점을 찾아보고자 한다.

---

2) 미국의 LAC는 대개 소규모 대학으로 인문교양 분야의 교육에 집중하며, 주로 미 동북부에 소재한 사립대학인 경우가 많고, 졸업생들은 상위권 전문대학원에 진출하는 특징을 갖는다(https://en.wikipedia.org/wiki/Liberal_arts_education).

## 2. 유럽의 대학 교양교육

유럽 리버럴아츠 교육의 현재 상황을 검토하기 전에 대학교육에서 비교적 오랜 전통을 간직하고 있는 영국, 프랑스 및 독일 대학의 교양교육을 간략하게 살펴보고자 한다.

### 1) 영국

영국 대학에서는 '교양교육'의 개념이 별도로 설정되어 있지 않다. 학생들은 대학 입학과 동시에 직업교육에 초점을 맞춘 전공과목을 학습한다. 대학의 각 학과는 학생들이 원하는 직업에 필요한 교육과정을 구성하여 교육한다. 영국 대학은 대학생이 대학 입학 전 고등학교 교육을 통해 교양에 필요한 지식, 기술, 태도, 가치관 등을 학습했다고 전제한다. 영국의 일반대학에서 교양교육의 변화를 뚜렷하게 감지하기란 쉽지 않다. 그 이유는 영국의 고등교육 체제가 우리에게 익숙한 미국의 고등교육 체제와는 다르기 때문이다. 예를 들어, 미국의 대학은 '교양교육'이 대학교육의 중요한 교육과정으로 구분되어 있고, 교양교육의 목적, 기간, 교과 구성, 교과 내용, 학점 이수 규모 등이 명료하게 제시되어 있는 반면, 영국은 그렇지 않기 때문이다.

이처럼 영국의 교양교육은 전통적으로 고등학교 수준에서 이루어져 왔다. 영국의 고등학교에서 사회생활에 필요한 지식, 역량, 태도 등을 습득할 수 있는 학습 기회를 제공한다면, 대학에서는 주로 특정의 전문 지식에 대한 연구를 강조하는 전통을 가지고 있다. 3년제 학부과정은 교양교육이 없는 전공 중심이다(김운삼, 2008: 72).[3] 따라서 대학은 고등학교 수준에서 이루어지는

3) 더 자세한 내용은 김운삼(2008). 유럽의 교육제도: 영국, 프랑스, 독일의 교육제도를 중심으로. 유라시아연구, 5(1), 67-87을 참조.

교양교육에 근거하여 지식의 폭을 넓히고 그 내용을 다양화하는 수준에서 학생들 스스로가 소위 '교양'에 포함될 수 있는 지식, 역량, 태도 등을 체득하는 학습이 이루어지고 있다.

이러한 일반적 경향과 달리 교양교육과 관련하여 최근의 영국 대학개혁에서 확인할 수 있는 특징은 미국식의 LAC와 유사한 대학이 설립되고 있다는 것이다. 이 대학들은 교육과정 구성에서 인문교양에 초점을 맞춘다. 학부 수준에서의 교양교육을 회복하여 변화하는 시대에 발을 맞추려는 최초의 대학은 윈체스터 대학교(University of Winchester)인데, 2010년에 이미 문학사 학위를 제공하는 교양교육 프로그램을 가동했다. 2012년에는 런던 유니버시티 칼리지(University College London)가 80명의 학생을 대상으로 문학 및 이학사를 통합하는 프로그램을 시작했다. 런던왕립대학(King's College London)도 예술, 인문학, 사회과학 교과를 중시하는 교양 문학사 프로그램을 도입했다. 그와 동시에 인문학에 중점을 둔 새로운 대학도 출현했다. 2016년에는 워릭 대학교(University of Warwick)가 3/4년제 교양 문학사 학위를 시작했는데, 여기서는 구조화된 분과학문의 경로에 덧붙여 초학과적 접근과 문제기반 학습기법에 초점을 맞추고 있다.

스코틀랜드의 경우 4년제 학부 우등학위(Honours degree) 프로그램을 운영하는데, 이 프로그램은 다루는 폭이 넓다. 학사학위의 경우, 학생은 자신이 원하는 특별한 전문 영역을 공부하기 전 처음 2년 동안 서로 다른 분야의 많은 교과를 학습해야 한다. 스코틀랜드에서는 현재 던디 대학교(University of Dundee)와 글래스고우 대학교(University of Glasgow)만이 '교양'학위를 제공하고 있다.

## 2) 프랑스

프랑스 교양교육의 시작은 중세 대학의 자유교과(arts libéraux)에서 비롯되었다. 근대에 와서 18세기 계몽 사상가들은 당시의 교육 이념에 따라 르네상스 인문주의에서 벗어나 논리적이고 비판적인 사고력을 지닌 공화국 시민 양성을 목표로 했다. 19세기 대중교육(éducation populaire)을 표방하며 공교육이 제도화되었고, 이는 일반교육의 성격을 띠면서 점차 교양교육의 성격을 가지게 되었다. 이후 국가 주도의 공교육을 표방하며 교육과정의 구성, 목표, 기능, 과정 수료에 따른 각종 자격증을 국가가 정하게 되었다.

프랑스의 교양교육은 초·중등 교육과정에서 기본적인 시민적 덕성 함양을 목표로 한다(이기라, 2012). 중학교(collège)의 교양교육은 의무교육을 마칠 때까지 필요로 하는 '지식과 능력의 공통 기반'을 학습한다. 공통 기반의 일곱 가지 핵심 능력은 프랑스어, 외국어, 수학 기초 및 과학기술 교양, 정보와 의사소통 관련 일상 기술, 인문교양, 사회 시민적 능력, 자율과 솔선 등이다.

고등교육과정인 리세(lycée) 교육과정부터 계열별(일반과정, 기술과정, 직업과정, 연수과정)로 전문화가 이루어진다. 한편, 대학(université)교육은 전문 직업인 양성을 목표로 하며, 엘리트 양성을 위한 그랑제콜과 대학교육과정으로 나누어진다. 특히 일반 계열의 교육과정은 대학의 교양교육과정과 유사하기 때문에 프랑스의 교양교육은 대학교육과정 이전에 이미 이루어지고 있다(이기라, 2015).

각 계열별 과정 내에 개별 학습 지원(Traveux Personnels Encadrès: TPE)을 두어 전공을 탐색할 뿐만 아니라 자기주도적인 학습 능력과 하나의 주제에 대한 융복합적인 접근 능력을 심어 주고 있다(오정숙, 2005). TPE의 주제는 공통 주제(개인과 집단, 윤리와 책임, 건강과 복지), 문학 계열(주인공과 등장인물, 재현과 실재), 경제·과학 계열(돈, 위기와 발전, 소비), 과학 계열(질료와 형태, 과학 발전과 기술 실현, 척도)에 따라 나누어진다. 각자(혹은 집단으로) 주어진 주제에 따라 다양한 자료를 수집하여 글쓰기를 한다.

### 3) 독일

독일의 경우, 근대 대학의 설립과 전인적 인간 도야이념(Bildung)의 상관성을 고려하는 것이 중요하다. 18세기 대학의 본질을 새롭게 하고 신인문주의적 개혁을 실천하고자 하는 대학들, 가령 괴팅겐 대학교(1737년), 베를린 대학교(1810년)가 새롭게 창설되었다. 이 대학들은 대학 안에서의 자유로운 연구를 보장할 것과 대학교육이 기존 초·중등교육 혹은 직업교육과 차별되는 인문교양교육의 정신을 구현하고자 노력했다. 그 이후 '학문을 통한 교양을 갖춘 전인적 인재 양성'이라는 대학교육의 기본목표가 확고하게 설정되는 계기를 마련하게 되었다. 20세기 들어서면서 산업화에 따른 사회의 수요와 국민의 교육받을 권리가 확대됨에 따른 대학과 학생의 수가 증가하고, 대학은 개방된 대중의 대학으로 변하게 되었으며, 정보화 및 세계화의 영향으로 고등교육의 대중화와 시공간적 확장은 계속되고 있다. 특히 볼로냐 프로세스 이후 1999년 공통 학위 인증 체계의 도입, 2단계(학사-석사) 공통 학위구조, 교수와 학생의 이동성 촉진 등을 포함하는 유럽 각국의 고등교육 시스템을 통합·표준화하려는 담대한 기획을 담아 유럽 최초 대학의 이름을 따 볼로냐 선언이 발표되었다. 그 이후 독일 대학은 전통의 모습을 탈피하여 영미식의 고등교육 체제로 급변하는 계기를 맞게 되었고(손승남, 2017c), 교양교육 위주의 대학교육에서 직업전문교육 위주의 방향으로 교육의 내용이 전환되었다.

독일은 대학 이전에 교양교육이 이루어진다. 김나지움(Gymnasium)의 교육은 대학의 고등교육 수학의 전제 조건으로 각 전공 분야의 대학교육을 받을 수 있는 기본적 식견과 지적 능력을 함양하는 데에 그 목표를 두기 때문에 '자유학예' 교과들로 그 커리큘럼이 편성되는 경우가 많다(손동현, 2016). 독일 대학의 교양교육은 대학마다 특색이 있긴 하지만 다음의 몇 가지를 들 수 있다. 주제 중심 통합 형태의 교양교육과정으로서 링포어레중(Ringvorlesung), 자유선택 교양교육과정으로서 스투디움 게네랄레(Studium

Generale), 우리나라의 교양기초교육과정과 흡사한 기초필수 교양교육과정으로서 옵션 영역(Optionalbereich)이 그것이다.[4] 링포어레중은 오랜 전통을 갖고 있는 독일의 교양교육의 형태로, 매 학기 하나의 주제를 선정하여 여러 학문 분야의 저명한 인사들을 초청하여 팀티칭의 형태로 한 학기 동안 매주 저녁에 공개적으로 진행되는 15~16주에 걸친 강의를 일컫는다. 스투디움 게네랄레는 대학생들에게 자신의 전공영역의 강의뿐만 아니라 다른 과의 강의를 자유롭게 선택할 기회를 제공하고자 하는 교양교육과정 유형이다. 옵션 영역은 현대적인 의미의 교양교육과정으로 체계화한 것으로 우리나라의 '교양기초교육'에 해당된다. 이처럼 독일 대학의 교양교육과정은 각 학문 간 경계를 허물어 여러 학문을 접목한 혹은 여러 학과가 함께 참여하는 학제적(interdisciplinary) 성격을 지니고 있다. 독일의 교양교육과정인 링포어레중, 스투디움 게네랄레의 기본 정신과 옵션 영역을 포함한 교양강좌의 사례에서 볼 수 있듯이 학문 간 통합적 설계에 기본을 둔 강좌가 주를 이루고 있는 점에 주목할 필요가 있다.

## 3. 유럽의 리버럴아츠 칼리지 유형

유럽 지역은 미국 이외에서 진행되고 있는 리버럴아츠 프로그램의 32%를 차지할 정도로 아시아 지역과 함께 LAC가 급성장하고 있다(Godwin, 2015). 자세히 들여다보면 서유럽과 동유럽 지역 간에 발전 양상은 좀 다르다. 서유럽에서는 대학의 리버럴아츠 교육을 표방하는 교육개혁이 볼로냐 프로세스와 긴밀히 연계되어 있다. 즉, 직업교육에 경도되어 있는 최초 학위의 내용을

4) 링포어레중은 독일의 대부분 대학에서 쉽게 발견될 수 있으며, 옵션 영역 사례는 대표적으로 괴팅겐 대학교(https://www.uni-goettingen.de/)와 스투디움 게네랄레 사례는 남부 독일의 뮌헨 대학교(https://www.uni-muenchen.de/)를 참조.

리버럴아츠 교육을 통하여 균형을 잡으려는 의도가 엿보인다. 서유럽의 여러 나라 중에서 리버럴아츠 교육으로 방향 전환을 적극적으로 추진하고 있는 나라는 네덜란드이다. 이곳에서 LAC는 기존의 고등교육에 다양성을 부여하는 매개 역할을 할 뿐만 아니라 평등주의를 기반으로 해 온 고등교육에 다소간의 수월성을 가미하는 현실적 요구를 반영하고 있다. 반면, 동유럽에서 LAC의 출현은 정치적 역학관계와 연계되어 있고, 냉전 이후 새로운 교육철학으로 고등교육의 개혁을 꾀하려는 의도를 여실히 보여 준다.

현재 유럽 자유학예 및 과학대학 협의회(ecolas)에 가입되어 있는 리버럴아츠 교육기관의 수는 38개에 달한다(https://www.ecolas.eu/eng/). 2011년 유럽의 경우 27개로 조사되었으나(van der Wende, 2011) 몇 년 사이에 10개의 교육기관이 새롭게 생겨났음을 알 수 있다. 1886년 그리스의 테살로니키 미국 대학이 사립 교육기관으로 생겨난 이후 유럽에서는 미국 LAC의 분교 형태로 파리, 로마, 스위스 등지에서 새로운 유형의 대학이 설립되었다. 그러다가 점차 유럽 자체의 동인에 의해서 로마, 폴란드, 스웨덴, 네덜란드, 독일, 슬로바키아 등지에 LAC가 세워지게 되었다. 2000년 전후로 네덜란드에서는 사립이 아닌 국가 주도의 형태로 대학을 설립하여 교육의 질을 관리하고 있다.

유럽의 LAC를 몇 가지 유형으로 구분하여 제시하기란 쉽지가 않다. 각 기관마다 생성 배경, 교육 목적, 커리큘럼, 교수법, 전담기관이 다를 것이고, 공립과 사립에 따라 성격이 다를 수도 있기 때문이다. 그럼에도 불구하고 현재까지 파악된 유럽의 LAC는 대략 세 가지로 나누어 볼 수 있다(Abrahám, 2018). LAC 유형, 유니버시티 칼리지 유형, 중급 규모의 대학 내에 리버럴아츠 교육 프로그램을 포함하고 있는 유형 등이 그것이다. 앞의 두 유형의 경우 세계의 많은 학생을 유인하고자 공식 언어를 영어로 하는 경우가 대부분이며, 세 번째 유형의 대학은 대학마다 그 언어가 다르다.

### 1) 리버럴아츠 칼리지 유형

첫 번째 유형은 미국의 대학 유형과 유사한 것으로 그 형식과 내용을 미국에서 차용한 경우가 많다. 미국의 분교와 같은 형태로 설립된 경우 본국의 교육 허가는 물론 미국의 승인을 얻어야 한다. 짐작할 수 있는 바와 같이 이 유형은 프로그램을 구성하고 운영할 때 국가의 간섭을 받지 않아도 되며, 대학이 추구하는 고유의 이념을 구현하기에도 적합하다. 학생 수도 적어서 세미나 위주의 수업을 진행하기 쉽고, 교수 1인당 지도 학생의 수도 많지 않아 개별 지도의 가능성도 그만큼 크다. 미국에서와 같이 이러한 튜터링(tutoring) 제도는 궁극적으로 학생들로 하여금 자기 주도적 학습을 추동하는 원동력으로 작용하게 된다. 교수와 학생이 긴밀한 유대를 유지하면서 학업은 물론 대학생활의 고민과 문제를 대화와 협력으로 해결해 나갈 수 있는 장점도 들 수 있다. 하지만 대학의 규모가 작고, 대학원이 갖추어져 있지 않기 때문에 LAC에서 제공할 수 있는 코스와 전공은 한정될 수밖에 없는 한계가 있다.

첫 번째 유형은 대개 소규모의 사립대학의 형태로 미국의 LAC 설립이념과 흡사하며, 1989년 이후 동유럽과 유럽의 대도시에 설립되었다. 예로 베를린의 바드(Bard) 칼리지, 런던의 베네딕투스 칼리지, 스위스의 플랭클린 아카데미 등이 있다. 이 중에서도 21세기 직업세계의 전환에 따른 학부교육의 혁신을 리버럴아츠 교육에서 찾고자 하는 독일 뤼네부르크 루페나 대학교(Leuphana Universität Lüneburg)를 좀 더 자세하게 살펴보자(https://www.leuphana.de/en/home.html).

독일 뤼네부르크 루페나 대학교는 북부 독일에 있으며, 약 5,500명의 학부생이 재학 중인 중규모의 대학으로 독일 내 리버럴아츠 교육을 표방하는 최초의 공립대학이다. 루페나 대학교의 리버럴아츠 교육을 대학 전체에 확산시키기 위하여 '연구와 교육의 통일'이라는 독일의 대학 전통을 고수하면서도, 동시에 분과 학문의 좁은 전문성에서 벗어나 볼로냐 프로세스 이후 요구되는 개인 역량과 시민 역량을 폭넓게 길러 주기 위한 프로그램을 운영해 오고 있다. 개인적 차원에서 '인간 능력의 조화로운 발달'을 꾀하는 훔볼트(Wilhelm von Humboldt)의 이념에 따라 자기계발과 부단한 자기 혁신을 할 수 있는 기반을 마련해 주고 있다. 미래 시민교육의 차원에서 이 대학은 인류가 당면한 시대적 문제를 국가적 차원은 물론 국제적 차원에서 볼 수 있는 시야를 길러 주고 있다. 한 걸음 더 나아가 직업적 준비를 위해서 학제적 접근을 통해 다양한 삶을 경험할 수 있도록 돕고 있다.

리버럴아츠 교육과정은 크게 다음과 같은 두 가지 방향으로 설계되어 있다. 넓이(breath)에서는 '루페나 학기'가 있어 누구나 학업 시작과 함께 의무적으로 리버럴아츠 핵심 교과를 수강해야 한다. 이들 교과목은 인문학 입문 교과, 지속가능성과 책임에 관한 교과, 인식론과 연구 방법에 관한 교과로 구성되어 있다. 이 과목의 특징은 학제적으로 구성되며, 자기가 선택한 전공의 범위를 넘어선다. 각 과목을 수강한 후 학기말에 일주일간의 콘퍼런스를 개최하여 마무리하게 된다. 넓이를 확장하기 위한 또 다른 방안으로 리버럴아츠 프로그램 내에 '개방 교육과정'을 운영하고 있다. 즉, 학위과정의 상당 시간을 실천적 프로젝트 수행, 외국어 습득, 인턴십 참여 등으로 보내면서 실제 역량을 기르도록 하는 것이다.

깊이(depth)를 위해서 루페나 대학교는 전공과 부전공 제도를 두고 있다. 개설된 학문은 모두 학제적 전공이며, 강의는 영어로 이루어진다. 국제적 학생들이 다수 참여하고 있기 때문에 수업은 자연스럽게 국제적 관점에서 이루어진다. 개설되어 있는 전공으로는 디지털 미디어, 국제 경영 행정, 문화연구, 환경연구, 산업공학, 교수와 학습, 정치학, 법, 경제학, 개별연구가 있다.

요컨대, 루페나 대학교는 현대적 의미에서의 리버럴아츠 교육을 실현하고 있음을 알 수 있다. 그 이유는 배움의 넓이와 깊이의 조화를 꾀하고, 전공의 범위를 넘어서 일반적 교양을 습득하도록 하며, 학생 개개인의 자유와 책임에 기반을 둔 전인교육을 지향하고, 학생들이 사회와 현실의 당면 문제에 직간접으로 참여하면서 시민 역량을 계발해 나갈 수 있도록 도와주기 때문이다.

### 2) 유니버시티 칼리지 유형

두 번째로 현재 유럽에서 가장 널리 선호되고 널리 확산되어 있는 형태가 유니버시티 칼리지 유형이다. 이는 기존의 연구 중심 대학 내에 새롭게 LAC를 새롭게 신설하여 하나의 단과대학으로 구축해 나가는 유형으로 볼 수 있다. 1998년 네덜란드에서 시작되어 유럽 각국으로 퍼져 나가고 있어 향후 귀추가 주목된다. 이 유형은 일반대학 안에 하나의 단과대학으로 자리를 하고 있으며, 자체 교수요원과 학생 기숙사를 구비하고 있다. 대학예산은 국가에서 나오지만 대개 해당 대학을 통하여 배분된다. LAC의 위치는 해당 대학의 캠퍼스 안에 있기도 하지만, 이 대학으로부터 일정한 거리를 두고 자체의 칼리지를 운영하는 경우도 있다. 가장 큰 장점은 대규모 대학의 자원을 끌어 쓸 수 있고, 공간과 대학의 인프라를 쉽게 공유할 수 있다는 점이다. 유럽에서 운영되고 있는 몇 사례를 보면 공통적으로 600여 명의 학생들에게 핵심 코스(core courses)를 집중 이수하게 하는 프로그램으로 이루어져 있고, 대학마다 특성에 맞게 교육 내용을 구성하며, 소수 정예의 세미나 수업으로 진행하는 특징이 있다.

네덜란드에 설립된 여러 유니버시티 칼리지 가운데 헤이그의 레이던 대학교(Universiteit Leiden)를 좀 더 자세히 살펴보자(https://www.universiteitleiden.nl/en). 헤이그의 지리적 위치와 관련하여 제기된 지구적 차원의 도전들이 이 대학의 리버럴아츠 프로그램의 핵심을 이루고 있다. 주지하다시피, 헤이그는 '평화와 정의의 국제도시'라는 명성을 오래전부터 유지해 오고 있다. 이러한 정신적·문화적 유산을 대학의 설립 이념에 담아 레이던 대학교는 대학교육을 통해 평화와 정의, 다양성, 번영, 지속 가능성을 구현하고자 한다.

1575년에 설립된 레이던 대학교를 본거지로 삼아 2010년 레이던 유니버시티 칼리지가 탄생했다. 이는 마치 중세 대학에서 신학, 법학, 의학과 같은 전공에 진입하기 이전에 7개의 자유교과(Artes Liberales)를 철저하게 부과했던 전통을 현대에 되살리려는 노력의 일환으로 볼 수 있다. 이 대학의 설립 배경에는 고등교육의 수월성에 대한 대학과 시의 의견 일치가 있었고, 미국의 LAC의 장점을 적극 수용하려는 네덜란드인의 개방성도 한몫을 했다. 다양한 국적을 지닌 학생들을 받아들여 학제 간 프로그램을 운영함으로써 궁극적으로 단일 학문 위주의 전공교육을 탈피하여 학문의 넓이, 비판적 역량, 인성 계발을 동시에 실현하려는 의도가 프로그램의 배후에 깔려 있다. '더 나은 세계를 위한 지식의 구축(Building Knowledge for a Better World)'이 레이던 대학교의 모토가 된 것은 우연이 아니다.

대학 이념으로 언급한 네 가지 가치, 즉 평화와 정의, 다양성, 번영, 지속 가능성이 대학의 핵심 코스와 연결되어 있다. 학생들은 네 가지 영역에서 제시되어 있는 다양한 과목을 필수로 수강하면서 지구적 도전 과제와 직면하고, 그 이슈들의 복잡성을 이해함은 물론 그 해결책에 관해서도 다양한 관점에서 해결책을 탐구하게 된다. 핵심 코스 이외에도 학생들은 학문에 필요한 기초 역량, 가령 학업 기술(학문적 글쓰기, 통계학, 수학), 철학사, 과학사와 같은 과목을 수강해야 한다. 이러한 교과목이 부과되는 이유는 학문의 기초 역량이 될 뿐만 아니라 자연의 이해, 과학의 특성과 한계를 이해하는 것이 대학교육에서 중요하다고 보기 때문이다.

학문의 깊이를 위해서는 리버럴아츠 분야의 문학사(BA)와 이학사(BSc) 제도가 마련되어 있다. 문학사에서는 인간의 다양성, 세계 정치, 국제 정의에 관한 전공이, 이학사에서는 세계의 공공 의료, 거버넌스와 경제 그리고 개발, 지구와 에너지 그리고 지속 가능성에 관한 전공이 각각 개설되어 있다. 전공 자체가 주제별로 개설되어 있는 점이 독특하며, 이러한 전공을 수학하기 위해서는 그 전공에 필요한 학문의 방법론, 캡스톤 프로젝트(capstone project)를 반드시 이수해야만 한다.

주제 중심의 전공 이외에도 다양한 분야의 부전공 과목도 열려 있다. 즉, 신문방송학, 젠더 연구, 철학, 기업가정신, 심리학이 개설되어 있어 전공과 함께 수학하여 시야를 넓힐 수가 있다. 예술 분야에서 깊이 있는 공부를 하고자 할 경우에는 헤이그의 로열 아카데미에서, 또 법학 분야의 학위를 원하면 레이던 대학교의 법과대학과 연계하여 수학한 후 리버럴아츠 문학사와 법학사를 동시에 취득할 수 있는 길도 열려 있다.

레이던 대학교의 프로그램이 글로벌 시민을 육성하는 데 비중을 두고 있으므로, 교육과정의 지향점은 시민성 향상과 밀접한 관련이 있다. 그러한 역량을 위하여 학생들은 외국어 학습은 필수적이며, 도시와 시민성 관련 강좌를 수강해야 하고, 케냐와 탄자니아와 관련된 국제적 개발 프로젝트나 지역공동체 프로젝트에 참여해야 한다. 시민정신과 사회봉사 역량을 강화하기 위하여 학생들은 헤이그 학교의 다문화 교실에서 학생들을 가르치거나 도시의 교육 정책을 경험하는 시간을 갖는다. 이민자 자녀들이나 도시의 소외된 아이들을 직접 만나고 가르치면서 이들은 시민으로서의 책무와 역량을 생생하게 체험하게 된다.

레이던 대학교의 학생 지원 시스템은 잘 구조화되어 있다. 학사 상담교수제(Academic Advisor)가 있어 한 학기에 한 번 이상 정기적으로 상담을 제공한다. 교과목의 선택에서부터 대학 생활의 애로 사항은 물론 학생들의 진로 문제까지 지원을 아끼지 않는다. 학생 기숙사에서 대다수가 생활하므로 그 안에서 일어나는 문제를 돕고, 상담하기 위해서 별도의 학생생활지도사가 도움을 준다. 이로써 레이던 대학교는 레지덴셜 칼리지의 장점을 살려 다양한 학생이 모여 생활하면서 협동심과 배려심을 배우고, 대학의 배움이 생활로 이어짐으로써 '행하면서 배운다'는 존 듀이의 교육적 이상이 실현되는 효과도 거두고 있다.

### 3) 대학 내 리버럴아츠 칼리지 프로그램 유형

세 번째 유형은 기존의 대학구조를 유지하면서 리버럴아츠 교육 요소를 도입하여 대학의 교육과정과 교수법상의 혁신을 꾀하려는 유형이다. 가령, 이 유형에서는 학과의 체제를 그대로 둔 채 핵심 코스를 만들어 학생들에게 부과하는 형태를 취한다. 교육과정의 다양성을 보장하기 위하여 학과에서 제공되는 코스 중에서 학생들이 선택하도록 한다. 하지만 실제 운영에서는 교실의 수강생이 많아 소규모 학생으로 진행되는 집중 세미나를 하기 어려운 경우도 있고, 수강 인원의 축소나 분반의 확대와 같은 대책은 재정 부담을 가중시키는 원인이 되므로 실현되지 못하고 있다. 내용상의 혁신보다도 교수법상의 변화를 우선시하는 프로그램도 있다. 예를 들어, 강의와 시험으로 이루어지는 전통적인 방식을 그대로 유지하면서도 문제기반학습(Problem-based learning)을 도입하여 수업방법상의 혁신을 꾀하는 것이다. 이러한 유형은 영국과 독일의 몇몇 대학에서 찾아볼 수 있다. 이 중에서도 1960년대 중반 설립된 영국의 워릭 대학교(University of Warwick)의 사례가 교수 방법의 혁신을 통해서 고등교육을 개혁하려는 움직임을 잘 보여 준다(https://warwick.ac.uk/).

탁월한 교수 및 학습만이 대학교육의 질 개선을 보장한다는 신념하에 이 대학은 2000년 들어서부터 대학 내에 고등교수학습센터(Institute for Advanced Teaching and Learning: IATL)와 워릭 국제 고등교육 아카데미(Warwick International Higher Education Academy: WIHEA)를 설치하여 실질적 혁신을 꾀하고 있다. 리버럴아츠 프로그램의 도입도 이러한 노력의 연장선상에 서 있다. 그 방향은 내용적으로 리버럴아츠 교육과 시민교육을 연계하는 것이다. 방법적으로는 강의 위주의 지시적인 교수방법 대신에 학생들이 중심이 되어 당면 문제를 해결해 나가게 하는 문제 중심 접근을 대학교육 전면에 배치시키는 것이다. 학생의 선택을 강조하는 영국의 정책적 흐름

(Browne Report, 2010)과 맞물려 워릭 대학교는 학습자 중심과 동시에 문제 중심의 자유교육이 대학졸업생에게도 많은 도움을 줄 것으로 확신하고 있다.

워릭 대학교의 리버럴아츠 교육은 문제 기반의 교육학적 방법론의 하나로 작동한다. 교육과정 차원뿐만 아니라 실제 강의실에서 그 방법은 문제 중심의 상호 긴밀한 연관을 맺는 사례연구로 구체화된다. 문제해결능력 배양을 위해서는 방법론에 대한 해박한 이해와 비판적 사고능력이 필수적이다. 학위 취득을 위한 논문을 준비하는 과정에서도 학생들은 하나의 문제 혹은 주제를 선택하여 매진하게 된다. 역사, 경제학과 같은 전통적 학문 분야는 물론이거니와 대학의 울타리를 벗어나는 복잡한 문제, 가령 음식 안전, 지구의 지속가능 발전, 사회정의와 같은 주제를 선택하여 연구를 진행할 수 있다. 실제로 2017~2018년에 제공된 핵심 주제 중에서 학생의 대다수가 '사회정의'를 선택하여 수강했으며, 이러한 분과학문의 틀을 넘어선 주제들에 대한 관심이 높다는 것을 알 수 있다.

심화된 연구를 위해 방법론이 중요하므로 그에 대한 체계적 훈련이 이루어진다. 학생들은 자신이 연구에 활용하는 방법에 대하여 비판적 시각을 갖추도록 교육을 받으며, 수시로 새로운 지식 영역에 과감하게 도전할 수 있는 기회를 제공한다. 이러한 비판적 역량과 전문적 능력 개발로 인해 이 대학에서 학습은 능동적 · 반성적으로 이루어진다.

학생 개인의 성장을 위하여 상호 협력하면서 문제를 해결할 수 있는 기회를 다양하게 제공하기도 한다. 튜터와 소규모 학생들이 모여서 함께 일을 하다보면 개인의 강점과 관심을 이해할 수 있고, 장차 사회에서 필요로 하는 의사소통능력, 리더십, 협업능력 등을 일상에서 체득할 수 있도록 도와줄 수 있기 때문이다.

워릭 대학교의 리버럴아츠 프로그램은 첫 학기에 4개의 핵심교과가 주어진다. 예술과 혁명, 과학과 사회 그리고 미디어, 질적 연구 방법, 양적 연구 방법이 그것이다. 전자의 두 주제는 사례연구를 통해 문제 중심 학습을 구현하는 데 초점이 있고, 후자의 두 주제는 방법론적 훈련과 심화를 주목적으로 한다. 핵심 교과와 더불어 첫 학기에 독립 연구를 수행한다거나 디지털 문해 능력과 관련된 자격증을 취득할 수도 있다.

2년 차가 되면 학생들은 선택한 전공이나 전문가 영역의 주제를 심화하거나 주제나 문제 중심 강좌를 수강하면서 내용적 심화와 방법론적 훈련을 지속하게 된다. 이 대학의 독특한 점은 이 시기에 '전문적 의사소통'과 '코칭 실제(워릭 비즈니스 스쿨에서 제공)'에 관한 자격증을 취득하도록 한다. 이를 통하여 학생들은 리더십 기술, 작업장 구조 이해, 전문가적 역량을 기르게 된다. 학생은 누구나 이 시기에 자신이 관심을 가지고 연구한 주제를 공적인 장소에서 발표하거나 공적인 행사에 참여하여 자기를 표현하는 기회를 갖도록 하고 있다.

3년 차가 되면 강의와 실습, 다양한 경험으로 다져진 역량을 발휘하여 문제 중심 기반의 졸업 논문을 써야 한다. 프로젝트의 완성을 위해 리버럴아츠 소속 교수는 물론 전공 소속 교수의 지도를 받게 된다. 이러한 과정을 통해 학생들은 대학과 사회의 다양한 문제를 독립적으로 사유하고, 하나의 문제로 설정하여 학문적으로 접근하며, 궁극적으로 자신의 관점에서 해결책을 제시할 수 있는 역량을 기르게 된다.

교수-학습의 질 개선을 통해 대학교육을 전반적으로 개선하려는 노력의 일환으로 이 유형의 긍정적 효과를 볼 수는 있겠지만, 앞선 두 모형과 같은 근본적인 변화를 기대하기란 힘들 것이다. 리버럴아츠 교육을 표방하는 대학의 유형이 가질 수 있는 최대의 장점은 학과나 전공과 같은 모집 단위의 제약을 받지 않는 선택의 자유이다. 하지만 세 번째 유형에서는 여전히 대학에 들어와서 하나의 전공만을 선택해야 하는 조기 전문화의 폐해가 남아 있다. 대학에 입학하여 하나의 전공에 소속된 후 주어진 교육과정을 따라가다 보면 한 분야에서는 어느 정도 깊이를 더할 수는 있지만, 그 전공 이외의 분야를 접할 기회를 잃게 되어 인식의 지평을 확장할 수 없게 된다. 더욱 심각한 문제는 그와 같은 조기 전문화의 한계를 핵심 코스나 인접 학과에서 제공하는 다양한 코스를 통해서 보상받기가 쉽지 않다는 점이다.

## 4. 나오는 말

21세기 대학의 역사에서 볼로냐 프로세스는 하나의 획기적인 사건으로 기록될 만하다. 이 협약은 에라스무스(D. Erasmus)의 이상대로 유럽 통합에 이어 유럽 대학의 통합이라는 진전을 이루어, 교육은 물론 학문과 연구에서도 명실상부 최고의 전통을 이어가려는 야심찬 고등교육 통합 프로젝트이기 때문이다. 지난 20년 동안 유럽은 협약 국가의 학생들 사이에 보다 자유로운 학문적 교류와 학점 인정, 학부와 석사 과정의 체계화, 대학교육과 직업 세계의 긴밀한 연계 면에서 많은 성과를 거두어 왔다. 하지만 직업 세계 준비를 위한 학위 취득이 강조되고, 학부교육이 석사학위 준비를 위한 예비 기관의 성격을 지니게 됨으로써 학부교육 자체의 내실화라는 짐을 떠안게 되었다.

볼로냐 프로세스 이후 유럽에 리버럴아츠 교육이 폭넓게 논의되고, 실제로 LAC와 프로그램이 활기를 띠는 것은 대학교육의 취업기관화 전략에 맞서 교육 본연의 기본을 지키려는 노력의 일환으로 볼 수 있다. 학부교육 때부터 전공 위주의 지나치게 전문화된 교육내용으로 학부생들을 훈련시킬 것이 아니라, 제대로 된 기초교육과 교양교육을 제공하여 21세기에 필요한 소양과 역량을 길러 주자는 것이다. 현재 유럽의 대학생들이 미래사회의 주역이 되었을 때 필요한 역량은 인성과 창의성을 기초로 하는 소프트 스킬(skills)이다.

- 융합 · 복합 능력
- 평생학습에 대한 열정
- 분석적 사고 및 비판적 사고 역량

• 다차원적 관점에서 문제를 볼 수 있는 역량
• 효과적인 의사소통 역량
• 효율적인 문제해결능력

적어도 유럽에서 리버럴아츠 교육을 지지하는 사람들의 교육철학의 밑바탕에는 일반적이고, 폭넓은 학부교육이 보다 전문화된 석사학위과정을 위한 전제가 되어야 한다는 인식이 깊게 깔려 있다. 학제적 접근과 융합 · 복합 능력은 폭넓은 사고의 확장에 기여한다. 다양한 학문 분야로부터 문제에 접근함으로써 학생들은 본질적인 학문 역량을 습득하게 된다. 그 결과 리버럴아츠 교육을 받은 학생들은 개방적 · 비판적 태도를 지니게 되고, 글로벌과 다문화로 특징지어지는 변화된 노동 세계에서 다양한 사람과 협력할 수 있는 역량을 갖추게 된다. 리버럴아츠 교육이 번성할 수 있는 토양은 실제로 상호존중과 이해가 촉진되는 환경이다. 다양한 국적을 가진 학생과 교수들이 한데 모여 대화를 나누고, 함께 가르치고 배우는 환경은 리버럴아츠 교육을 실현하기 위한 최적의 조건이 된다.

앞서 다룬 유럽 LAC의 유형 검토를 통해 보다 분명해진 사실은 다음과 같다.

첫째, 유럽 LAC의 정신은 '기본으로 돌아가자(Back to Basics)'에서 찾을 수 있다. 사회의 발전과 요청에 따라 전문교육과 직업교육이 갈수록 강조되어 왔지만 그럴수록 더욱더 그 기초로서 일반교육, 기초교육의 필요성이 절박하게 대두되었다. 하지만 교양교육의 튼실한 바탕 위에 전문교육을 부가했던 점은 대학의 설립 초기부터 확립된 오랜 전통이다. 볼로냐 프로세스로 인해 유럽 사회가 직업교육과 고도의 전문교육으로 방향을 선회하는 것에 대한 자성으로부터 리버럴아츠 교육에 대한 인식과 관심이 생겨난 것은 다행스러운 일로 볼 수 있다. 독일의 근대 대학 개혁을 이끌었던 훔볼트도 개혁의 동인을 대학교육이 직업준비기관으로 전락해 가는 당시의 시대상에서 찾았음을 우리는 기억한다. 그가 학문적 도야(Bildung)를 대학이념의 근간으로 삼은 것도 고등교육의 기저에 일반교육, 보편교육, 인격교육이 굳게 자리를 잡아야 한다고 믿었기 때문이다.

LAC가 추구하는 학문적 도야를 위해서는 적어도 두 가지 조건이 구비되어야 한다. 하나는 비판적 사고, 독립적 사고가 가능하도록 인식론적 기반이 다져질 필요가 있다. 즉, 데이터를 수집하여 분석하고, 이를 비판적으로 평가하고, 궁극적으로 데이터를 넘어서 사유할 수 있는 역량이 길러져야 한다. 하지만 인식론적 요소는 학문적 도야의 한 국면일 뿐이다. 인지 역량이 도덕적 역량으로 연결될 때 그 진정한 가치가 발현될 수 있다. 리버럴아츠 교육은 도덕적 경각심을 잃지 않는 지식의 추구와 관련이 깊다. LAC에서 시민의식의 고양과 도덕적 헌신을 하나같이 교육의 목표와 내용으로 삼고 있는 이유가 바로 여기에 있다.

둘째, 유럽 LAC와 프로그램의 특징은 '다양성(diversity)'에서 찾을 수 있다. 우선 대학과 프로그램의 형태에서 그 다양성을 확인할 수 있다. 리버럴아츠 교육 전통이 가장 잘 남아 있는 미국 대학의 경우와 흡사하게 유럽에서도 완결형 단과대학 형식으로 순수 LAC를 표방한 경우가 있는가 하면, 종합대학 내의 하나의 단과대학 형식으로 존재하는 유니버시티 칼리지도 존재한다. 종합대학 체제를 그대로 두고 리버럴아츠의 교육방식을 도입하여 대학혁신을 꾀하는 경우도 있다. 그 다양성은 교육재정의 기반에 따라 사립과 국공립으로 나뉘며, 학생과 교수의 구성 면에서 국제적인가 그렇지 않은가에서도 찾을 수 있다. 교육내용의 제공에서도 핵심교과 위주인 대학이 있는가 하면, 배분 이수로 선택의 자유를 강조하는 대학도 있다. 이렇듯 유럽 내에 존재하는 다양한 LAC와 교육 프로그램의 차이에도 불구하고 이들 사이에서 찾을 수 있는 공통점은 다음과 같다.

- 학사학위를 위한 학부교육
- 직업이나 전문 훈련이 아닌 학문적 도야

- 지식의 인지적 영역과 도덕적 영역의 연계
- 학부단계의 연구와 탐구 정신의 배양
- 대학원 연구와 직업 세계를 위한 준비 단계

마지막으로, 유럽의 리버럴아츠 교육과 프로그램에 대한 연구가 한국의 교양교육에 줄 수 있는 시사점을 제시하면서 글을 맺을까 한다.

첫째, 대학교육의 철학 정립에 관한 시사점이다. 대학이 무엇이고, 어디로 가야 하는가에 대해서는 다양한 견해가 존재할 수 있다(신현철, 2017; Barnett, 2011; Readings, 2015; Roth, 2016; Shunya, 2014).

하지만 분명한 점은 대학이 그 설립 초기부터 고수해 온 전통이 있다. 그것은 전공이나 직업교육 이전에 교양교육을 튼실하게 해 왔다는 점이다. 유럽이 시대적 변화를 수용하여 볼로냐 프로세스 협약을 통해 고등교육 혁신을 꾀하고자 했지만, 그 결과는 대학의 취업기관화와 학부교육의 부실로 이어지고 말았다. 우리의 경우 ACE 사업 등으로 교양교육이 외형적으로 강화되는 듯 보였으나 사업이 끝나자마자 「강사법」이 도입되면서 교양교육이 대학교육에서 뒷전으로 밀리고 있다. 교양교육을 담당하는 강사가 대학의 강단에서 대거 쫓겨 나가는 상황에서 교양교육의 내실화를 기대하기는 힘들 것이다. 대학교육의 기저에 일반교육, 보편교육, 인격교육이 굳건하게 설 때 그 위에 다양한 전공과 직업 관련 교육도 튼실한 열매를 맺을 수 있을 것이다. 우리의 교양교육과 LAC에 대한 논의도 근본적으로 대학의 '본래성 회복'이라는 교육철학을 올바로 정립하는 데서부터 출발해야 할 것이다.

둘째, 유럽 LAC의 다양한 유형이 주는 시사점이다. 미국의 순수한 LAC가 유럽의 토양에서 널리 뿌리를 내리지 못한 것과 같이 우리나라도 사정은 유럽과 다르지 않다. 그렇다면 현재 시행되고 있는 학부 교양교육을 개혁하여 한국형 인문교양교육 모델을 정립할 필요가 있다(조효제, 2013). 대학의 구조조정 결과 폐교된 대학을 국가가 인수하여 하나의 국립 LAC를 설립하거나(백승수, 2018), 싱가포르 사례에서와 같이 국가와 지방자치단체 그리고 기업이 협의체를 구성하여 그와 유사한 대학을 만들 수도 있을 것이다(손승남, 2017b).[5] 하지만 우리나라 고등교육 지형도를 가늠해 볼 때 막대한 예산을 투여하여 새롭게 사립형 LAC를 설립한다는 것은 현실적으로 쉽지 않은 일이다.

그 점에서 네덜란드에서 부각되는 유니버시티 칼리지에 주목할 필요가 있다고 본다. 일반대학 안에 LAC가 들어오면서 대학교육 전체에 시너지 효과를 낼 수 있다. 전공과 전문교육을 주로 하는 대학의 단과대학과는 달리 유니버시티 칼리지에서는 학습자 중심 교육이 주가 되고, 상대적으로 다양하게 제공되는 코스를 통해 유니버시티 칼리지 학생들은 풍부하게 지적 · 사회적 기술을 습득할 수 있기 때문이다. 또한 유니버시티 칼리지에서는 교수와 학생 사이에 긴밀한 상호작용이 이루어지고, 인문학, 사회과학, 자연과학으로 구성된 기초학문 중심의 핵심 코스가 제공되며, 학생들은 정규 교육과정 이외에도 과외 활동이나 지역사회 봉사와 같은 다양한 경험을 할 수 있다.

물론 LAC가 대학의 행정 및 재정상의 감독을 받아야 하기 때문에 운신의 폭에 제약을 받을 수도 있다는 한계도 있다. 이 점에서 무엇보다도 대학총장의 의지, 즉 리버럴아츠 교육에 대한 신뢰와 열정을 지닌 대학지도자의 자세와 태도야말로 유니버시티 칼리지의 성패를 좌우하는 결정적 요인이 될 수 있다. 대학의 전체적인 회계를 책임지고 있는 총장이 유니버시티 칼리지에 충분한 지원을 하고, 새로운 교육을 전폭적으로 지지할 때 새로 설립된 LAC의 성공가능성은 그만큼 더 커진다고 할 수 있다.

전공 위주의 기존 대학교육의 틀을 유지하면서 리버럴아츠 교육과정이나 새로운 교수법을 통해 혁신을 견인하려는 유형은 대학 입학 후 하나의 전공만을 선택해야 하는 전문교육 지향형이다. 한 분야나 전공을 깊게(depth) 탐

5) 이에 대한 사례가 싱가포르에 설립된 Yale-NUS College였다. 하지만 아쉽게도 이 대학은 2021년 신입생 유치를 끝으로 싱가포르국립대학교(NUS)에 합병될 전망이 나오고 있다.

구할 수 있는 장점은 있지만 인식의 지평(breath)을 확장하는 데는 여전히 한계를 지닐 수밖에 없다. 이 경우도 개혁의 성패는 오직 혁신을 이끌어 가는 교수나 강사의 리버럴아츠 교육에 대한 열정과 헌신이 뒷받침되었을 때만 가능하다. 만일 부분적 혁신이 성공하지 못할 때 개혁 이전보다 더 많은 비용이 들거나 비효율적인 결과를 초래할 수도 있다.

## 참고문헌

김운삼(2008). 유럽의 교육제도: 영국, 프랑스, 독일의 교육제도를 중심으로. 유라시아연구, 5(1), 67-87.

김지현, 신의항(2017). 대학의 학부교육: 세계 대학의 우수사례. 교육과학사.

김태경(2018). 21세기 대학의 역할과 리버럴아츠 칼리지: 아키타 국제교양대학이라는 물음. 비교일본학, 44(1), 21-38.

박병철(2018). 리버럴아츠 칼리지의 형성과 발전, 그리고 한국형 리버럴아츠 칼리지의 미래. 교양교육연구, 12(1), 99-121.

박병철(2019). 리버럴아츠 교육과 한국의 교양교육. 교양교육연구, 13(1), 163-180.

백승수(2018). 국립 리버럴아츠 칼리지 설립의 교육적 타당성 고찰. 교양교육연구, 12(5), 231-250.

손동현(2016). 독일 김나지움의 자유교양교육. 월간교육, 2016(12), 160-170.

손승남(2011). 인문교양교육의 원형과 변용. 교육과학사.

손승남(2017a). 한국형 리버럴아츠 칼리지(K-LAC)의 가능성 탐색. 교양교육연구, 11(1), 13-37.

손승남(2017b). 리버럴아츠 교육모델 혁신 사례: Yale-NUS College를 중심으로. 문화교류연구, 6(3), 123-142.

손승남(2017c). 볼로냐 프로세스와 유럽 고등교육권역(EHEA)의 발전 전망. 문화교류연구, 6(2), 123-142.

손승남(2019). 유럽 리버럴아츠 대학의 최근 동향. 문화교류연구, 8(2), 49-68.

신현철(2017). 대학론: 대학을 공부하다. 소명출판.

오정숙(2005). 프랑스 대학에서의 교양교육 현황 및 전망. 인문 교양교육 강화를 위한 학술대회 자료집, 125-131.

이기라(2012). 프랑스 교양교육의 역사와 이념. 춘계학술대회 자료집, 307-319.

이기라(2015). 프랑스 교양교육의 역사와 이념: 인문교양에서 시민 교육으로. 한국교육, 42(4), 5-28.

조효제(2013). 유럽 대학의 교양교육. 안과 밖, 34, 198-214.

Abrahám, S. (2018). Liberal Arts Models in Europe. 2018년 국제학술대회 자료집, 95-

103.

Barnett, R. (2011). *Being a University*. Routledge. (이지헌 역. 2011. 대학은 무엇으로 존재하는가?. 학이당)

Godwin, K. A. (2015). The Worldwide emergence of liberal education. *International Higher Education, 79*, 2-4.

Readings, B. (1996). *The University in Ruins*. Harvard Univ Press. (윤지관, 김영희 공역. 2015. 폐허의 대학: 새로운 대학의 탄생은 가능한가. 책과 함께)

Roth, M. (2015). *Beyond the University: Why Liberal Education Matters*. Yale University Press. (최다인 역. 2016. 대학의 배신. 지식프레임)

Shunya, Y. (2011). 大學とは何か. 岩波書店. (서재길 역. 2014. 대학이란 무엇인가. 글항아리)

Wende, M. v. D. (2011). The Emergence of Liberal Arts and Science Education in Europe. *Higher Education Policy, 24*, 233-253.

괴팅겐 대학교 https://www.uni-goettingen.de/

레이던 대학교 https://www.universiteitleiden.nl/en

루페나 대학교 https://www.leuphana.de/en/home.html

리버럴아츠 교육 https://en.wikipedia.org/wiki/Liberal_arts_education/

뮌헨 대학교 https://www.uni-muenchen.de/

브라우니 보고서 https://en.wikipedia.org/wiki/Browne_Review

에콜라스 https://www.ecolas.eu/eng/

워릭 대학교 https://warwick.ac.uk/

제6장

# 리버럴아츠 교육의 새로운 방향 탐색[1)]

## 1. 들어가는 말

교양교육에서 '교양'이라는 말은 영어의 Liberal Arts를 일본어로 번역한 데서 비롯되었다. 영어의 Arts가 원래 예술과 기술을 의미한다고 했을 때, 이것은 자유로운 예술 혹은 기술, 그것의 체계화로서 학문이나 그것의 전수로서 교육을 종합적으로 나타낸다. 『옥스퍼드 영어사전(Oxford Dictionary of English』(2010)에 등장하는 'liberal'이란 단어에서 가장 먼저 나오는 설명을 보면 다음과 같다.

> 원래 리버럴이란 말은 '자유인(free man)'에게 어울리는 '학예(arts)' 및 '학문(sciences)'적 성향을 지칭하는 통칭어인데, 노예적 혹은 기계적이라는 의미와 반대로 쓰였다. 그러다가 나중에 가서는 '신사에게 걸맞은'과 같이 사회적 지위가 높은 사람들에게 적합하거나 어울리는 상태, 일, 직업을 설명하는 용법으로도 이 단어를 사용했다. ……(중략)…… 리버럴은 지성을 전반적으로 확충하고 다듬는 것을 목표로 삼으며, 기술을 배우거나 전

1) 손승남(2021). 리버럴아츠 교육의 새로운 방향 탐색. 문화교류와 다문화교육, 10(6), 363-384.

문적 직업을 얻는 데 필요한 요건들로만 좁게 한정되지 않는다는 뜻이다.

이처럼 Liberal Arts는 원래 자유인(free man)의 교육을 지칭하는 데서 비롯되었다. 근대까지만 해도 이러한 계급성이 남아 특정 신사(gentlemen)를 위한 교육의 의미로 사용되다가 점차 시민계급의 확산과 함께 그 의미도 만인을 위한 자유교육으로 바뀌게 되었다. 그 이후 계급적 의미가 사라진 대신 점차 기능적 의미가 부각되어 오늘날 자유교육은 인간 마음의 자유로운 계발과 그 성장을 기하는 교육으로 널리 받아들여지고 있다(박연호, 2010; 손승남, 2011; 홍은숙, 2004). 이런 맥락에서 Liberal Arts는 오늘날 전반적으로 전문교육 혹은 기술교육과는 구별되는 교육활동, 즉 사회적 유용성과는 비교적 거리가 먼 인간의 마음이 자유롭게 활동하는 상태에서 이루어지는 교육이라는 말로 이해되고 있다.

국내 대학에서 학부교육 선도대학 육성 사업(ACE 사업)과 대학기본역량진단을 거치면서 교양교육의 강화가 고등교육의 화두로 부각된 이후, 우리 사회에서도 Liberal Arts Education(이하 LAE)과 Liberal Arts College(이하 LAC)에 대한 논의가 활성화되고 있다(박병철, 2019; 백승수, 2018; 손승남, 2017; 한수영, 2020). 기존의 자유교육이나 일반교육 대신 LAE를 새롭게 강조하는 이유는 대학교육의 한 축을 담당해 왔던 교양교육의 오랜 전통을 변화된 세계에서 새롭게 혁신하려는 염원이 담겨 있다. LAC가 등장한 것은 LAE를 담게 될 그릇으로 이전에는 대학의 부속기관의 하나로 교양교육원 수준에 머물렀던 교양전담기구를 하나의 단과대학 수준으로 격상시켜[2] 대학 교양교육을 혁신하겠다는 의지를 표명한 것으로 보인다.

2) 우리나라 대학의 경우 경희대학교 후마니타스칼리지를 필두로 가천대학교 가천리버럴아츠칼리지, 건양대학교 휴머니티칼리지, 계명대학교 타불라라사칼리지, 대구가톨릭대학교 프란치스코칼리지, 대전대학교 혜화리버럴아츠칼리지, 동국대학교(서울) 다르마칼리지, 세종대학교 대양휴머니티칼리지, 인제대학교 리버럴아츠칼리지, 한밭대학교 노마드칼리지 등 다양한 명칭의 LAC가 진화를 거듭하고 있다.

이러한 변화를 환영하면서도 우려되는 부분은 외적으로 화려한 구호나 명칭에 걸맞게 대학이 교양교육에서 실제로 내실화를 기하고 있는지, 또 코로나19와 같은 역사적으로 유례없는 팬데믹 상황과 인공지능, 기후위기와 같은 문명사적 대전환기에 교양교육의 미래 방향성을 제대로 설정하고 있는지의 문제이다. 그래서 우리가 지금 되물어야 할 질문은 "문명사적 대전환기에 인간의 삶과 지구의 번영을 위해 대학 교양교육에서 무엇을 가르쳐야 할 것인가?" "과거의 소중한 교양교육 전통을 어떻게 포스트코로나 뉴노멀 시대에 새롭게 되살릴 수 있는가?"이다.

이 장에서는 LAE의 새로운 방향을 탐색하기 위하여 우선 한국교양기초교육원이 제시한 「교양교육표준안」의 공과(功過)를 검토해 본다. 그 이유는 이 표준안이 리버럴아츠 관점에서 교양교육을 현대적으로 재해석한 내용을 잘 담고 있으면서도 나름의 한계를 드러내고 있기 때문이다. 이어서 표준안을 보완하는 의미에서 인공지능 시대의 공통교양으로서의 '인간학(humanics)'과 새 시대의 리터러시(literacy) 문제를 논한 후 미래사회에 적합한 '뉴리버럴아츠'의 가능성을 조심스럽게 타진해 보고자 한다.

## 2. 한국교양기초교육원의 「교양교육표준안」 검토

한국의 대학교육에서 교양교육이 세간의 주목을 받기 시작한 것은 2010년 전후가 될 것이다. 그 무렵 시행된 ACE 사업은 평가를 연계한 재정 지원 사업의 하나로 출발했으나, 결과적으로 사업의 목적 가운데 하나인 교양기초교육과정 개선 노력을 평가하여 지원하는 데 결정적 기여를 했다. 특히 후속 사업인 ACE+ 사업에서는 전공교육과정을 강조해 오던 기존 관행을 깨고 교양교육과정에 보다 높은 배점을 설정함으로써 교양교육의 중요성에 대한 전반적인 인식을 제고했다(임선애 외, 2016). 최근 들어 대학기본역량진단에서 교

양교육에 대한 배점이 높아지면서 교양교육에 대한 위상과 관심은 그 어느 때보다 높은 편이다.[3)]

비슷한 시기인 2011년 교육부는 대학교육협의회 산하에 한국교양기초교육원(이하 교기원)을 설립하여 '기초교양교육강화사업'을 전개했다. 이 사업은 인문학 진흥 R&D 사업의 하위 사업으로서 전국 대학의 교양교육을 대대적으로 지원하기 위해 시작되었다. 교기원에서는 매년 연구개발 사업, 컨설팅 사업, 교양교육 개선지원 사업, 교양교육 관련 인식제고 사업 등을 활발하게 추진해 오고 있다. 지난 10여 년간 교기원의 성과 중 가장 두드러진 사업은 일반대학과 전문대학을 대상으로 270여 회에 걸쳐 진행된 '교양교육컨설팅' 사업이다(홍성기 외, 2021: 27). 이 사업을 통해 각 대학은 컨설팅 진단 결과를 적극 수용하여 교양교육과정 편성 및 운영, 교과목 개발, 교양교육 전담기구 강화 등에 적극 활용한 것으로 나타났다(홍성기 외, 2021: iv). ACE 사업의 영향으로 교양교육에 대한 관심과 수요가 늘어나더니 3차에 거친 대학기본역량진단을 계기로 대학에서 교양교육 컨설팅이 활발하게 추진되었고, 대학 현장에서 교양교육 전담기구의 위상 강화와 대학 교양교육과정 개편이라는 가시적인 성과로 이어지게 되었다.

이러한 교양교육의 변화와 위상 강화의 배후에서 원동력이 된 것 중 하나는 1995년 교기원에서 야심차게 기획한 「교양교육표준안」이다. 표준안 설정은 자유교육에서 연원하는 교양교육을 정형화된 틀 안에 묶는다는 발상 자체가 모순으로 보일 수 있으나,[4)] 우리나라 대학 교양교육 발전에 실질적으로 기여했다고 볼 수 있다. 표준화과정에서 교양교육 전문가로 구성된 집

3) 이 점은 2018년과 2021년 2, 3주기 대학기본역량진단에서 핵심역량 제고를 위한 교양교육과정 체제 구축 · 운영에 전공교육과 동일하게 7점을 배정한 사실만 보더라도 알 수 있다.

4) 자유로운 정신을 따른다면 대학 교양교육은 대학마다 다르게 운영되는 것이 바람직할 것이다. 다만, 우리나라의 대학교육사에서 볼 때 상당수 교양교과목이 대학교육에서 지향하는 목표와 수준에 미달한 경우가 있어서, 불가피하게 교양교육을 정상화하는 과정에서 최소한의 수준을 유지하자는 취지로 표준안 혹은 표준 모델이라는 명칭을 썼다는 점을 인식할 필요가 있다.

단지성의 작업을 통해서 대학 교양기초교육에 대한 정의(definition)가 명료화되었다. 교기원이 제시한 교양기초교육의 개념정의는 다음과 같다(http://konige.kr/sub02_08.php).

> 교양기초교육이란 대학교육 전반에 요구되는 기본적인 지식 및 자율적 학구 능력의 함양을 포함하여 인간, 사회, 자연에 대한 폭넓은 이해를 바탕으로 올바른 세계관과 건전한 가치관을 확립하는 데 기여하는 교육으로, 학업 분야의 다양한 전문성을 넘어서는 모든 학생에게 요구되는 보편교육이다. 특히 글로벌 정보사회라는 새로운 시대상을 맞아 비판적 · 창의적 사고와 원활하고 개방적인 의사소통을 통해 공동체의 문화적 삶을 자율적으로 주도할 수 있는 자질을 함양하는 교육이다.

교기원은 '교양기초교육'이란 용어를 사용함으로써 전통적으로 3학과 4과를 통해 인간, 사회, 자연에 관한 지식, 즉 철학이나 수학 및 과학을 대학교육에서 전수해 왔던 LAE의 전통을 잘 따르고 있다. 전문 직업교육을 넘어선 '보편교육'에 방점을 찍고 있는 점도 중요하다. LAE는 근본적으로 특정 영역으로 국한된 전문교육이나 직업교육과는 거리가 멀기 때문이다. 변화된 시대에 비판적 사고와 창의적 역량, 의사소통능력을 기르고자 하는 역량도 그 개념정의 속에 잘 포함되어 있다.

이로써 교기원은 자본주의 시장의 풍파와 인문학 위기에서도 분과 전문교육 일변도에서 보편적인 일반교육의 장으로 대학교육의 무게중심을 이동시키는 데 일조해 왔다. 동시에 대학 교양교육 쇄신을 통하여 단순하게 지식을 습득하여 저장하는 교육에서 탈피하여 학습자가 자기 주도적으로 자신의 삶과 미래를 개척하는 지식창출능력을 배양하는 데 기여했다.

「교양교육표준안」을 통해 대학 교양기초교육의 목표를 명료하게 설정한 일도 고무적이다. 그 어떤 교육에서도 출발선상에서 교육의 목표를 명확하게 설정하는 일은 중요하다. 과녁의 목표를 정조준하지 않은 채 화살의 시위를 당긴다면 소기의 성과를 달성할 수 없기 때문이다. 잘 설정된 목표에 따라 LAE에서 길러야 할 능력과 자질도 드러나게 된다. 〈표 6-1〉은 교기원에서 설정한 교양기초교육의 목표 및 함양해야 할 능력과 자질을 정리해서 제시한 것이다.

**표 6-1 교기원의 교양기초교육의 목표 및 함양해야 할 능력과 자질**

| | | |
|---|---|---|
| 교양기초교육의 목표 | 기초교육 | ① 학문탐구를 위한 보편적 문해능력 함양<br>② 비판적 사고능력, 합리적 의사소통능력 함양 |
| | 교양교육 | ③ 인간과 세계에 대한 바람직한 가치관 정립<br>④ 융합적 사고 및 창의적 문제해결능력 함양 |
| | 소양교육 | ⑤ 공동체 의식, 시민정신 함양 교양교육<br>⑥ 심미적 공감능력 함양 교양교육 |
| 대학 교양기초교육에서 함양해야 할 능력과 자질 | | ① 다양한 문해능력: 독해 및 표현 능력, 정보문해능력<br>② 정보 수용능력: 기초적 사고능력, 비판적 사고능력, 분석능력, 사고의 유연성<br>③ 총체적 조망능력: 종합적 사고능력<br>④ 지식창출능력: 창의적 사고능력, 창의적 문제해결능력<br>⑤ 소통과 공감 및 협동 능력: 합리적 의사소통능력, 공감과 협동 능력<br>⑥ 합리적 사고와 감성적 정서를 통합하는 능력 |

출처: 대학 교양기초교육의 표준 모델(http://konige.kr/sub02_08.php).

교기원의 목표 및 능력과 자질에 대한 구체적 설정은 최근 학교교육은 물론 대학교육의 화두가 되고 있는 역량기반교육과 유기적으로 연계될 수 있다. 교육부가 2015 개정교육과정에서 자기관리, 지식정보처리, 창의적 사고, 심미적 감성, 의사소통, 공동체 역량을 미래사회 핵심역량으로 제시한 바와 같이, 교기원의 교양기초교육 목표 및 함양해야 할 능력과 자질은 학교교육의 연장선상에서 대학에서도 핵심역량을 지속적으로 추진할 수 있는 기반을 제공해 준다.

글로벌 차원에서도 교기원의 작업은 시스코, 인텔, 마이크로소프트와 같은 세계 IT 첨단 기업의 주도하에 수행되었던 '21세기형 역량의 교수와 평가 프로젝트(Assessment and Teaching of 21st Century Skills: ATC21S)'의 핵심역량 설정과 궤를 같이 한다. 21세기 역량을 제시했던 OECD나 UNESCO에 비해 이 프로젝트의 장점은 핵심역량의 '범주'를 분명하게 설정하여 제시하고 있다는 점이다. 교육에서 기르고자 하는 역량이 사고방식, 업무방식, 업무수단, 사회성인지를 구분하고 있는 것이다. 교기원의 자질과 역량 또한 교양교육에서 길러야 할 전인적 역량을 비교적 균형감 있게 제시하고 있다고 볼 수 있다.[5]

표 6-2 ATC21S가 제안한 핵심역량

| 구분 | 사고방식 (Ways of Thinking) | 업무방식 (Ways of Working) | 업무 수단 (Tools for Working) | 사회성 (Ways of Living in the World) |
|---|---|---|---|---|
| 역량 | • 창의력<br>• 비판적 사고력<br>• 문제해결력<br>• 의사결정력<br>• 자기주도학습능력 | • 의사소통능력<br>• 협동력 | • 정보분석력<br>• ICT 문해력 | • 시민의식<br>• 인생 및 진로 개척능력<br>• 책임의식 |

출처: 최상덕 외(2011), p. 67.

무엇보다도 교기원이 「교양교육표준안」을 통해 교양교육을 리버럴아츠 차원에서 한 단계 격상시킨 점은 교육의 영역과 세부 내용을 명료화한 점이다. 이 안은 전통적인 LAE를 현대적으로 해석하여 우리나라 실정에 맞게 재구성하고, 교양교육의 실체를 구체화했다(〈표 6-3〉 참조). 이로써 교양교육

5) 교기원 교양교육 컨설턴트를 맡고 있는 필자의 경험으로 볼 때 우리나라 대학의 경우 대학기본역량진단의 여파로 대부분 역량기반교육을 지향하고 있으나, 실제로 적지 않은 대학에서 역량의 범주를 균형감 있게 설정하고 있지 않거나 범주오류를 범하고 있다. 그럴 경우 대학교육에서 특정 역량에 쏠림 현상이 발생할 수 있고, 21세기에 정작 중요한 핵심역량을 놓치는 경우가 생길 수 있다.

컨설팅과정에서 표준안의 영역 구분과 세부 내용은 대학 교양교과목 적합성 여부를 판정하는 중요한 기준으로 작용했다(하병학 외, 2019).

**표 6-3 교양교육 영역별 세부 내용**

<table>
<tr><th>대영역</th><th colspan="3">세부 영역</th></tr>
<tr><td rowspan="6">[가]<br>기초교육<br>영역</td><td colspan="3">① 사고교육 영역: 논리학, 수리 · 통계적 사고, 비판적 사고, 창의적 사고</td></tr>
<tr><td colspan="3">② 정보문해교육 영역: 소프트웨어 문해(Literacy)</td></tr>
<tr><td colspan="3">③ 의사소통교육 영역 I (한국어)</td></tr>
<tr><td colspan="3">④ 의사소통교육 영역 II (영어)</td></tr>
<tr><td colspan="3">⑤ 의사소통교육 영역 III (기타 외국어)</td></tr>
<tr><td colspan="3">⑥ 수학 및 기초과학교육 영역</td></tr>
<tr><td rowspan="10">[나]<br>교양교육<br>영역</td><th>A형: 주제별 영역 분류</th><th colspan="2">B형: 학문 분야별 영역 분류</th></tr>
<tr><td>① 자연 및 과학</td><td rowspan="4">인문학</td><td rowspan="2">① 문학 · 예술</td></tr>
<tr><td>② 기술의 본성 및 성과</td></tr>
<tr><td>③ 인간의 본성 및 조건</td><td rowspan="2">② 역사 · 철학 · 종교</td></tr>
<tr><td>④ 문화현상과 현대문명</td></tr>
<tr><td>⑤ 사회적 현실</td><td rowspan="4">사회<br>과학</td><td rowspan="2">③ 정치학 · 경제학</td></tr>
<tr><td>⑥ 역사적 현실</td></tr>
<tr><td>⑦ 인륜성 탐구와 도덕적 추론</td><td rowspan="2">④ 사회학 · 문화학 · 심리학</td></tr>
<tr><td>⑧ 종교적 가치</td></tr>
<tr><td>⑨ 미적 가치</td><td>자연<br>과학</td><td>⑤ 수학, 물리학, 화학, 생물학, 지구과학(또는 수학, 물질과학, 생명과학으로 구분)</td></tr>
<tr><td rowspan="4">[다]<br>소양교육<br>영역</td><td colspan="3">① 신체적 체험교육</td></tr>
<tr><td colspan="3">② 정서적 체험교육</td></tr>
<tr><td colspan="3">③ 사회적 체험교육</td></tr>
<tr><td colspan="3">④ 교시 구현/신입생 정착/학생지도</td></tr>
</table>

출처: 대학 교양기초교육의 표준 모델(http://konige.kr/sub02_08.php).

다양하게 분화된 교양교육의 내용을 범주화해서 일목요연하게 제시하기란 쉽지가 않다. 그럼에도 불구하고 교기원은 교양교육을 큰 틀에서 기초교육, 교양교육,[6] 소양교육이라는 대영역으로 나누고, 그 안에 시대와 대학이 요구하는 교육내용을 체계적으로 담아 「교양교육표준안」을 마련했다. 대학 입시 등으로 전인교육 실현에 난점이 있는 대학 초년생을 위해 '소양'교육을 대영역에 포함시킨 것은 유럽이나 미국과는 다른 한국적 LAE만의 독특한 측면이라고 본다. 교양교육 영역을 주제와 학문으로 나누어 대학 특성에 맞게 선택할 수 있도록 제시한 것도 심도 깊은 숙고의 산물로 볼 수 있다.

이처럼 우리나라 교양교육을 리버럴아츠 관점에서 새롭게 정립한 교기원의 「교양교육표준안」은 우리나라의 대학교육에 풍성한 자양분을 제공해 왔다고 할 수 있다. 다만, 표준안 입안 당시와 현재 상황이 많이 달라져 그동안 표준안 적용에서 드러난 미비점이나 입안 당시 예상하지 못하고 간과했던 점을 수정 · 보완해야 할 시점이 도래한 것으로 보인다.

최우선적으로 입안 당시의 '글로벌 정보사회'라는 세계 인식을 이제는 제4차 산업혁명, 포스트코로나, 심각한 기후변화와 같은 담론으로 확대 · 전환할 필요가 있다. 교양교육의 목표와 능력 및 자질에 관한 내용에서도 보완이 요청된다. 미래의 교양교육과정은 교과학습 영역과 기능의 차원을 넘어, 학습자의 모든 학습경험이 역량 개발과 연계될 수 있는 방안이 마련될수록 좋을 것이다(손승남 외, 2021). 역량 개념이 총체성과 통합성을 특징으로 하는 만큼 현재와 같이 지식과 기능 차원에만 머무를 것이 아니라 자세와 태도, 가치로까지 이어져야 할 것이다.

OECD와 달리 UNESCO(1996)는 '알기 위한 학습' '실행하기 위한 학습' '함께 살기 위한 학습' '전인적 발달을 위한 학습'을 미래 학습의 전략으로 제시했다. 이 관점은 학습자의 핵심역량을 학습능력, 실행능력, 공감능력, 민주 ·

---

6) 이때의 교양교육은 가장 본원적 의미에서 심화교양과 균형교양을 의미한다.

세계시민 역량과 긴밀하게 연계하고 있어 학습자의 태도와 가치로까지 승화시킬 수 있는 가능성이 크다. 시민교육, 가치교육이 LAE에서 부각되는 이유는 미래의 교양교육에서 삶의 불확실성의 증가와 함께 윤리와 가치역량, 행동과 실천 역량이 더욱 강화되어야 한다는 데서 찾을 수 있다. 다가올 시대의 교양교육의 목표 설정에서 개인, 지역사회, 국가, 인류의 지속가능한 발전을 위한 토대를 구축하는 일은 갈수록 중요할 수밖에 없다.

교양교육의 내용 설정과 관련해서 재고(reconsideration)해 볼 문제가 남아 있다. 대영역에서 기초교육은 상당 부분 리터러시교육과 연관되어 있으나 현재의 정보문해력만으로 충분한가에 대한 문제를 제기할 수 있다. 시대 변화에 따라 다양한 기능문해력(functional literacy)이 요구되는 현실에서 표준안의 리터러시 개념은 확장될 필요가 있다고 본다. 기초교육 영역 안의 수학 및 기초과학교육(Basic Sciences and Mathematics: BSM) 영역과 교양교육 영역 안에 들어 있는 자연과학과의 충돌도 문제로 지적될 수 있다. 표준안의 원안과 달리 실제 대학 교양교육과정에서 이 세부 영역은 충돌하고 있으며, 혼재되어 운영되는 경우가 많다.

교양교육 영역에서도 주제별 세부 영역과 학문 분야별 영역을 친절하게 구분하여 안내하고 있지만, 실제 교양교육과정 운영에서는 주제와 학문이 뒤섞인 경우가 많으며, 어느 한 세부 영역으로의 쏠림 현상도 종종 발생한다(하병학 외, 2019). 교양교육은 원칙적으로 '기초학문'을 근간으로 해야 한다는 교기원의 기본 방침이 있으나 실제에서는 엄밀하게 지키기 어려운 측면이 있다. 가령, 인문사회과학에서 '법학' '경영학'이나 자연과학에서 '공학'의 위치가 애매모호하다. 원칙에 따르면 이들은 모두 응용학문에 속하지만 대학마다 이들 관련 교과목을 교양교과목으로 당연하게 개설하는 경우가 많다. '기업가 정신' 관련 교양교과목도 판단하기 어려운 과목 중 하나이다. 이 과목이 응용학문인 경영학과 연결되어 있다고 본다면, 엄밀한 의미에서 교양교과목에 속할 수 없으나 제4차 산업혁명이라는 시대 상황과 맞물려 대부분의 대학에서 이 과목을 교양교과목으로 개설하고 있는 형편이다.

소양교육은 일종의 인성교육에 비견되는 영역인데, 이러한 유형의 교육을 고등교육에서 교과목을 설정하여 제공하는 일이 적절한가에 대한 견해가 있을 수 있다. 현재와 같이 체험교육 위주로 교과목을 구성할 경우 소양교육은 비교과로 전락할 소지가 많으며, 실제로 교양교육 컨설팅에서도 실기 위주의 예체능 교과목은 문제를 노정해 왔다. 교양과 무관한 취업과 창업 관련 교과목을 소양교육 영역에 대거 포함시키는 경우도 흔하다. 이처럼 소양교육은 '소양'이라는 개념 자체는 물론 영역의 정체성이 의심을 받고 있고, 소양교육의 범주 안에 대학 내 온갖 잡다한 교과목군이 자리를 잡고 있는 고질적인 문제가 발생하고 있다(이연주 외, 2020: 6-7).

## 3. 새로운 리버럴아츠 교육의 가능성 탐색

교기원이 「교양교육표준안」을 통해 우리나라 대학의 교양교육을 리버럴아츠 관점에서 새롭게 정립하여 교육의 질을 향상시키는 데 일조했으나, 그동안의 사회문화적 변화를 고려할 때 개선의 여지는 여전히 남아 있다. 이에 다가올 미래의 LAE 방향과 내용을 설정하는 데 도움이 될 만한 두 가지 아이디어[7]를 중심으로 새로운 가능성을 논의해 보고자 한다. 물론 이 절에서의 논의가 교기원의 표준안이 안고 있는 문제를 한꺼번에 해결할 수 있는 방책이 될 수는 없으나, 하나의 이정표의 구실을 할 수 있을 것으로 본다.

7) 그 하나는 인공지능 시대의 고등교육과 관련된 것이고[Aoun, J. E. (2017). *ROBOT-PROOF: Higher Education in the Age of Artificial Intelligence*. 김홍옥 역(2019). AI 시대의 고등교육. 에코리브르], 다른 하나는 뉴노멀의 철학과 관련된 것이다[김재인(2020). 뉴노멀의 철학. 동아시아].

## 1) AI 시대의 공통교양으로서의 '인간학'

커즈와일(Kurzweil, 2006)은 엄밀한 양적 데이터를 기반으로 미래사회를 예측한 결과 머지않은 장래에 '특이점'이 몰아닥칠 것을 예견했다. '특이점'은 미래에 기술 변화의 속도가 빨라지고 그 영향이 매우 깊어 인간의 삶이 더 이상 되돌릴 수 없는 단계까지 변화되는 시기를 말한다. 그는 현재의 기술 발전 속도로 볼 때 2029년 정도면 인간과 거의 흡사한 AI가 만들어질 것으로 보았다. AI를 탑재한 기계인간 혹은 인간기계가 호모 사피엔스를 능가하는 일은 시간 문제라는 것이 그의 관점이다. 이처럼 AI가 비약적으로 발전하게 된다면 신생인류는 기억이나 학습량에서 인간의 지능과 능력을 수십억 배 능가할 것이며, 인간의 통제권 밖으로 벗어나 지금으로서는 상상할 수 없는 일들이 발생할 수 있다. AI가 인간 지능을 넘어설 것이라는 전망은 인류에게 심각한 위기이자 도전이 아닐 수 없다.

AI의 비약적 발전은 "인간이란 어떤 존재인가?" "인간은 어디로 갈 것인가?"와 같은 인간 존재의 근본 물음(문동규, 2017; 손화철, 2016)을 새롭게 제기한다. 2000년대 중반 이후 트랜스휴먼과 포스트휴먼 담론(박충식 외, 2021; 신상규 외, 2020; 이종관, 2017; 홍성욱, 2019; Braidotti, 2015)이 부쩍 우리 학계를 강타한 것도 이런 흐름과 무관하지 않다. 현재 인류는 의생명과학기술과 AI의 결합으로 인간의 신체를 넘어 마음과 뇌를 개조하는 단계로까지 나아가고 있다. 하지만 인간 향상(enhancement)은 주체의 자율성 침해, 삶의 의미와 가치 훼손, 향상 기술의 위험성과 불확실성, 사회정의, 향상의 자발성 등과 같은 심각한 윤리적 문제를 야기한다(김동창, 2017: 36).

여기서 우리가 던져야 할 물음은 인간성의 본질에 관한 것이다. 외적 변형이나 대체를 통해서 새롭게 태어난 존재를 여전히 인간으로 볼 수 있는가, 그 존재를 고유성 혹은 존엄성을 지닌 존재로 간주할 수 있는가 하는 문제 등이다. 우리가 인간인 것은 그 어떤 것으로부터 대체 불가능하다는 엄연한 사실에서 근거를 찾을 수 있다. AI 인간 혹은 인간 AI가 어떤 형태로 진화를 거듭할지는 더 지켜볼 일이지만, '특이점'을 적시한 상태에서 우리가 미래 교육을 어떻게 대비해야 할 것인가는 명약관화한 것으로 보인다.

이 점에서 로봇으로 대체될 수 없는 인간 고유의 교육을 설파하고 있는 아운(Aoun, 2019)의 인간학(humanics) 제안은 의미가 크다. 로봇과 AI가 급진전을 이뤄 무인자동화 시스템이 정착한 미래사회로 진입할수록 우리는 로봇 프루프(robot-proof)임을 증명하지 않으면 안 될 것이다. 기계나 로봇으로 대체 불가능한 인간 고유의 능력을 계발하기 위해서는 로봇공학(robotics)에 버금가는 새로운 학문 분야가 필요하다. 기존의 인간학 혹은 인류학(anthropology)과 달리 그가 'humanics'라는 개념 틀을 선보인 이유는 인간 고유의 특성인 창의성과 정신적 유연성을 길러 줄 수 있는 독립된 학문이 미래사회에 필수불가결하다고 보았기 때문이다. 인간에 버금가는 능력을 갖춘 로봇이나 인간 능력을 훨씬 능가하는 AI와 노동 시장에서 경쟁 혹은 협업을 해야 하는 상황에서, 인간은 이전과 다른 고등정신 능력을 구비하지 않으면 안 될 것이다.

내용 면에서 새로운 인간학(humanics)은 새로운 문해력(new literacy)을 필요로 한다. 전통적으로 읽기, 쓰기, 셈하기(3R's)와 같은 기초문해력은 인간의 의사소통과 협업에서 중요한 구실을 해 왔다. 문자를 통해 서로의 생각과 아이디어를 나누고, 숫자를 통해 세계에 대한 양적 이해와 교류가 가능했으며, 과학에 눈을 뜨면서 자연에 대한 이해의 폭이 깊어졌다. 하지만 디지털 사회로의 전환과 AI의 획기적인 발전으로 우리가 사는 세계는 더욱 복잡성과 불확실성의 미로 속으로 빠져들게 되었다. 기존의 문해력만으로는 더 이상 의사소통은 물론 상호 협력하기 어려운 시대가 된 것이다. 디지털 AI 시대에 맞는 새로운 문해력은 이런 맥락에서 이해 가능하다. 디지털 시대의 새로운 문해력은 기술적 문해력(technological literacy), 데이터 문해력(data literacy), 인간 문해력(human literacy)과 같은 세 가지이다(Aoun, 2019: 94-103).

첫째, 기술적 문해력이다. 우리는 디지털 사회의 기반이 되는 기술적 · 공학적 원리와 배경에 관한 지식을 필요로 한다. 컴퓨터도 하나의 기계라고 본다면, 이를 잘 다루기 위해서 기본적인 메커니즘과 사용법을 잘 숙지하는 일이 필수적이다. 컴퓨터적 사고(computational thinking)를 위해서는 디지털 시대의 공통 언어인 코딩(coding)에 대한 이해가 선행되어야 한다. 코딩은 알고리즘을 선정한 프로그래밍 언어의 명령으로 변화하여 작성하는 일을 말한다. 오늘날 C언어, 자바, 파이선 등 컴퓨터용 언어로 프로그램을 만드는 일은 고등교육은 물론 학교교육에서도 상식이 되어 가고 있다.[8] 컴퓨터가 초기에는 하드웨어에 집중했다면, 갈수록 소프트웨어 활용능력이 더욱 중요해지고 있다. 제4차 산업혁명을 추동하는 인공지능, 빅데이터, 사물인터넷, 지능형 로봇 등이 모두 코딩을 기반으로 하는 정보통신기술을 근간으로 하기 때문이다. 이러한 코딩이 하나의 리터러시가 되어야 한다는 말은 특정 컴퓨터 관련자를 위한 기초 역량을 넘어 만인을 위한 공통 언어로 자리매김할 수 있도록 교육해야 한다는 의미를 담고 있다.

둘째, 데이터 문해력이다. 오늘날 정보통신기술은 융합 시대를 앞당기고 있다. 모바일과 SNS 그리고 각종 미디어가 활성화되면서 각종 데이터와 정보의 양은 이전과는 비견할 수 없을 정도이다. '데이터 문해력'은 인쇄매체는 물론 SNS, 사진, 동영상에서 생산되는 데이터와 정보를 해독하고 맥락을 이해함으로써 다양한 콘텐츠에서 새로운 의미를 발견하는 데 많은 도움을 줄 수 있다. 구글을 포함한 미국의 정보통신 기업 대부분이 미래사회의 금광이라고 불리는 데이터 산업에 뛰어든 일은 우연이 아니다. 빅데이터 안에서 무수히 많은 데이터 상호 간의 상관관계를 파악하여 유의미한 결과를 찾아내고, 인간 행동이나 미래를 예측하는 데 유용하게 활용하고 있다. 인간의 소비패턴 파악에서 바이러스 확산 유형에 대한 진단에 이르기까지 데이터 분석과 예측

---

8) 영국은 2014년부터, 우리나라는 2018년부터 학교교육에서 코딩을 의무화하고 있다.

의 힘은 끝을 가늠하기 힘들 정도로 인간 사회에 깊숙하게 파고들고 있다.

하지만 데이터 분석에서 단순한 상관관계에 머물러서는 안 될 것이다. 인간 삶과 행위의 총체적 맥락을 거대한 체계 안에서 파악할 수 있는 역량으로 이어질 때 데이터 문해력은 그 진가를 발휘할 수 있다. 이러한 문해력은 인문학의 차원을 한 단계 높은 차원으로 끌어올릴 수도 있다. 디지털 아카이빙(digital archiving)을 통하여 축적된 인문학 관련 정보들을 정교한 빅데이터 기술로 분석한다면 인문학의 새로운 지평이 열릴 수 있을 것이다(문상호, 2015: 58). 구글은 빅데이터 분석 기술인 엔그램뷰어(Ngram Viewer)를 개발하여 이 세상에 존재하는 모든 책을 스캔하여 디지털화하겠다는 야심 찬 계획을 추진 중이다. 엔그램뷰어는 양적 데이터에 기반하여 특정 언어, 개념, 문화 현상의 경향성을 체계적으로 파악할 수 있게 해 준다. 언어와 문화, 역사에 대한 독특한 접근법으로 인해 이들은 자신들의 방법을 컬처로믹스(Culturomics)로 명명하길 주저하지 않는다(Erez & Baptiste, 2014). 이처럼 빅데이터 접근에서 첨단기술과 인문학이 접목하여 의미를 창출한다면 데이터 문해력은 분명 인간과 세계를 이해하는 새로운 창(window)의 구실을 할 것이다.

셋째, 인간 문해력이다. 아무리 디지털 시대가 발전한다고 해도 근본적인 물음은 "인간이란 무엇인가?"에서 찾을 수밖에 없다. 인공지능의 발달로 인간과 기술의 구별이 사라지고, 신의 영역으로 간주되었던 인간의 생로병사에 획기적인 변화가 실제로 온다면 이전의 인간 이해만으로 미래의 문제를 해결할 수 없을 것이다. 복제 기술의 발전으로 맞춤형 아기의 출산, 불치병의 해소, 노화의 방지가 현실이 되어 가고 있다. 인간과 기계의 경계가 모호해져 인간기계, 휴머노이드, 기계인간, 사이보그가 당당한 지구상의 존재로 자리를 잡아 가고 있다. 이럴 경우 지구상에서 호모 사피엔스로서의 인간 지위는 어떻게 될 것인가에 대해 심각하게 묻지 않을 수 없다.

인간 문해력은 인공지능의 비약적인 발전과 이에 따른 인간의 존재론적 물음과 함께 더욱 요청되고 있다. 만일 인간 신체의 일부분을 향상시켜 모든 역량이 증강된 존재를 여전히 인간의 범주에서 바라볼 수 있는가 하는 쟁점이 생길 수도 있다. 인간과 기계의 혼종(hybrid)은 인간의 정체성을 밑바닥에서부터 흔드는 대사건으로 볼 수 있다. 인간의 신체적 · 정신적 능력을 향상시키려는 인간의 노력이, 결국은 우리가 이제까지 지켜 왔던 인간성의 본질을 심각하게 훼손할 것이라는 사실을 쉽게 짐작할 수 있다. 인간은 그 어느 것으로도 대체할 수 없다는 대체 불가능성에서 인간존엄성을 찾았던 인류는 인공지능이 초래한 초유의 사태에 대비해야 할 것이다. 더군다나 '특이점'이 기정사실화되어 기계가 인간의 지능을 압도하게 된다면, 문제의 심각성은 이전과 다른 양상을 보일 것이다.

인공지능과 같은 첨단기술의 발전에 따른 일자리 문제와 새로운 불평등의 문제도 인간 문해력에서 다루어야 할 핵심 사안이다. 로봇과 인공지능이 인간의 일자리를 대체할 때 인간의 노동과 소득 창출은 모든 인류의 문제가 될 것이다. 낙관적으로 볼 때 미래의 일자리 문제는 귀족사회에서처럼 인간이 주인 역할을 하고, 로봇이 노예가 되어 힘든 일을 대신해 주는, 그리하여 인간은 이전보다 훨씬 많은 여가를 얻게 되는 방향으로 전개될 수도 있다(백종현, 2017). 하지만 다른 각도에서 볼 때 미래사회는 양극화가 더욱 심화될 것이다. 하라리(Harari, 2017)가 지적한 바와 같이, 포스트휴먼 시대에는 자본이 아니라 데이터 혹은 알고리즘 소유 유무에 따라 지배층과 피지배층이 갈릴 가능성이 높다. 현재에도 경향성을 보이고 있듯이, 데이터 기술과 분석능력을 보유한 전문가 집단과 기업은 미래에도 세계 시장을 지배할 것이고, 그러한 능력을 소유하지 못한 개인, 집단, 국가는 소위 '무용자 계급'으로 전락하여 빈익빈의 늪에서 허덕일지도 모른다. 자본주의의 최대 모순인 '부익부 빈익빈'은 미래사회에도 새로운 차원에서 전개될 것이 분명하다. 미래의 양극화는 'AI 격차'로 나타날 것이다.

## 2) '뉴리버럴아츠'의 가능성과 한계

우리가 새로운 리버럴아츠를 논해야 하는 이유는 인간 삶의 조건이 근본적으로 변했다는 사실에서 찾을 수 있다. 현재의 변화를 추동하는 역사적 변곡점으로 팬데믹, 인공지능, 기후변화를 꼽을 수 있다.

훗날 미래의 역사가들이 21세기를 서술한다면 코로나19(COVID-19)와 같은 감염병이 역사적 사건의 중심에 위치할 것이다. 모든 사건은 전조가 있듯이 팬데믹 또한 이전에 감지되었다. 2002년 사스, 2009년 신종플루, 2015년 메르스 그리고 2019년 마침내 코로나19는 전 인류를 강타하며 팬데믹의 정점을 찍었다. 코로나19의 다양한 변종의 출현을 보면, 백신과 치료제 개발 소식에도 코로나19가 쉽사리 종식되지 않을 것이라고 전망해 볼 수 있다. 어쩌면 인류는 감염병이 주기적으로 반복되는 엔데믹(endemic)의 불편한 조건 속에서 살아가야 할지도 모른다.

인공지능만 보더라도 미래는 그리 낙관적이지 않다. 몇 년 전 한국고용정보원(2017)에서 주요 직업 400여 개를 놓고 인공지능과 로봇 기술 등으로 직무 대체 가능성을 분석한 결과, 단순 반복적이고 정교함이 떨어지거나, 사람들과 소통이 상대적으로 적은 직업들의 미래 전망이 어둡게 나타났다. 콘크리트공은 인공지능이나 로봇으로의 대체 확률이 99.9%에 달해 1위에 올랐고, 정육원 및 도축원, 고무 및 플라스틱 제품 조립원, 청원경찰, 조세행정 사무원 등의 순으로 대체 확률이 높았다. 택배원도 대체 확률이 10번째로 높은 직업에 올랐고, 부동산 컨설턴트 및 중개인 역시 대체 확률이 99% 수준으로 14위에 올랐다. 이밖에 통상 전문직으로 분류되어 온 손해사정인, 일반의사, 관제사 등도 자동화에 의한 직무 대체 확률이 상대적으로 높게 나타났다. 일자리의 미래를 조망해 볼 때 결국 전문 기술직에 대한 수요는 증가하는 반면, 단순 직무의 일자리는 갈수록 설 자리를 잃게 될 가능성이 높다. 인간의 육체적 노동과 나아가 정신적 노동마저도 대체되어 가는 상황에서, 인류는 로봇과 인공지능의 맹공에 대처할 혜안을 마련해야 하는 중차대한 과제를 떠안고 있다.

뜨거워진 지구로 인해 인간은 물론 지구상에 존재하는 모든 생물이 생존에 위협을 느끼고 있다. 지구온난화는 폭염, 혹한, 태풍, 산불과 같은 자연재해를 유발하고, 연쇄적으로 전염병, 식량 부족, 기후 난민, 해수면 상승, 생태계 파괴를 초래하고 있다. 2019년 마침내 기후위기비상행동은 지난 100년간 지구 온도는 1도 상승시켰고, 1.5도를 넘어설 때 지구의 평형이 깨진다는 강력한 경고를 하기에 이르렀다(http://climate-strike.kr/). 앞으로 10년 이내 지구의 온도가 0.5도가량 상승한다고 예상해 볼 때 변화된 조건에서의 인류의 삶은 상상만 해도 끔찍할 정도이다.

이러한 조건에서 우리가 포스트코로나 뉴노멀을 사유해 보는 일은 의미가 있다. 뉴노멀은 "시대의 변화에 따라 형성된 새로운 경제적 표준이나 새롭게 보편화된 사회, 문화적 상황"(김기봉, 2020)을 일컫는 말이다. 코로나19 이후 뉴노멀이 급부상한 것은 경제 분야에 제한적으로 나타나던 대전환이 일상은 물론 사회, 문화 분야 전반으로 확장되었기 때문이다. 코로나19 확산을 예방하고자 시행했던 일련의 조치와 제도, 가령 마스크 착용 의무화, 사회적 거리두기, 자가격리 등의 강력한 방역 조치에 따라 일상이 급진적으로 바뀌었고, 대면에서 비대면 서비스로의 전환, 언택트(untact) 문화의 확산으로 사회문화적 대전환이 일어났으며, 노동, 고용, 산업 구조 전반에서도 이전에 상상할 수 없을 정도의 변환(transformation)이 현실화되었다(김재인, 2020).

코로나19를 겪으면서 분명해진 한 가지 사실은 우리가 이전 시대로 회귀할 수 없다는 것이다. 팬데믹, 인공지능, 기후변화는 모든 것이 연결되어 있다는 평범한 진리를 일깨워 준다. 인간과 지구, 인간과 기계, 인간과 생태계가 분리되어 돌아가는 것이 아니라 놀라울 만큼 서로 영향을 미치고 있다. 과학과 기술만 하더라도 그 파급 효과는 경제, 사회, 문화, 정치로 연결되며 인간 생존과 삶의 질에 결정적 영향을 미친다. 기술과 공학은 한편으로 막대한 경제적 부를 가져다주지만, 다른 한편으로 무수한 사회 문제, 환경 문제, 윤리 문제 등을 야기한다. 인류가 닥친 문제의 해결에서도 이전의 잣대와 표준을 사용해서는 안 될 것이다. 보다 창의적이고 혁신적인 사고와 행동만이 당면한 문제를 해명하고, 미래를 구원할 수 있을 것이다.

뉴리버럴아츠가 거론되는 이유는 기존의 리버럴아츠로는 현재와 미래의 당면 문제를 해결하기 어렵고, 교육내용과 접근에서 이전과는 다른 새로운 발상이 시급하기 때문이다. 새로운 시대 조건에서도 전통적 인문학은 여전히 확장성을 지닌다(김재인, 2020: 191). 전통적 인문학이 문 · 사 · 철로 대변된다고 할 때, 리버럴아츠에서 강조한 3학 4과는 여전히 길러 올 샘물로 간주될 수 있다. 다만 3학에서 말하는 문법 · 논리학 · 수사학이 기존의 문 · 사 · 철과 비교적 잘 연결되지만 4과는 오늘날 새로운 해석과 재정의(redefinition)가 필요하다.[9] 4과에서 말하는 산술, 기하학, 천문학, 음악은 다양한 영역과 범주가 섞여 있어 다소 혼란스럽다. 우선 교양의 기초교육으로 강조되는 수학의 중요성을 상기할 필요가 있다. 앞서 시대에 맞는 리터러시를 설명하면서 '코딩'과 '컴퓨터적 사고'를 언급한 적이 있는데, 그 기저에 수학적 역량이 자리하고 있음을 상기할 필요가 있다. 오늘날 천문학은 이전의 시대에 비해 후퇴한 느낌이지만, 대신에 자연과학(물리학, 화학, 생물학, 지구과학)이 인간 사유와 교양의 기초를 튼실하게 받치고 있다. 음악을 포함한 예술 영역은 자유로운 사고와 창의성 신장을 위해서 중요하다. 그 점은 오늘날 과학교육이 과학(Science), 기술(Technology), 공학(Engineering), 예술(Art), 수학(Mathematics)의 요소를 망라하여 융합교육(STEAM)을 지향하고 있는 것만 봐도 알 수 있다. 인간의 문제해결과정에서 상상력과 창의력은 해결의 열쇠 역할을 하는데, 여기서 결정적인 역할을 하는 분야가 음악과 같은 예술이라는 점을 알 수 있다.

9) 김재인(2020: 191)은 사과(四科) 안에 '수학, 자연과학, 예술, 공학, 사회과학'을 포함시키고 있다.

이렇게 본다면 뉴리버럴아츠에서 새롭게 제안된 부분은 사회과학과 공학 분야가 된다. 사회과학 중에서도 기초학문으로 간주되는 정치학, 경제학, 사회학, 문화학, 심리학 등이 대부분 근대 이후의 산물이라 이전의 리버럴아츠에는 포함되지 않았다. 하지만 공동생활을 하는 인간과 사회의 모든 현상을 체계적으로 연구하는 사회과학은 인문학 및 자연과학과 함께 인간과 세계를 탐구하는 이론적 · 경험적 틀을 제공하고 있어 인간 교양의 고양에서도 필수적인 역할을 하는 것으로 간주된다. 다가올 시대에도 좁게는 인간의 심층 심리에서부터 넓게는 인간이 산출한 모든 문화를 아우르는 방대한 영역을 섭렵해 나가는 데 사회과학이 제 기능을 다할 것으로 본다.

다만, 공학을 뉴리버럴아츠에 포함할 때에는 신중한 논의가 필요하다. 공학이 새롭게 리버럴아츠로 거듭날 수 있는 이유는 그것이 융복합적 사고와 창조를 가능하게 하는 데서 찾아야 할 것이다. 교양교육 현장에서 널리 퍼져 있는 오해 중 하나는 기술과 공학이 인간 삶 전반에서 커다란 영향을 미치기 때문에 전공을 넘어 교양교과목으로 가르쳐야 한다는 주장이다. 그 영향에는 물론 경제적 부의 창출을 꼽을 수 있다. 첨단산업을 주도하고 있는 컴퓨터공학, 전자공학, 에너지공학, 나노공학, 우주공학 등이 하나의 교양교과목으로 개설되기 위해서는 적어도 직업교육이나 전문교육의 좁은 틀에서 벗어나 보편적 · 일반적 견지에서 교육과정이 구성되어야 한다. 교과내용의 구성에서는 전공에서 다루는 개념과 연습 방법을 답습할 것이 아니라 어떤 기술이나 공학적 현상이 갖는 맥락(context)을 다양한 관점에서 제시하는 일이 중요하다. 가령, 인공지능만 하더라도 자바나 파이선과 같은 컴퓨터 언어만을 가르칠 것이 아니라 인공지능의 다양한 개념, 역사에서부터 인간과 기계의 결합, 정치, 경제, 사회, 문화적 파급 효과 등을 다양한 각도에서 조명할 수 있을 때 교양으로서 공학의 의미가 충족될 수 있을 것이다. 인공지능의 시대에 어떻게 개인의 이윤과 국가의 부를 창출할 것인가에 대한 고민도 중요하지만, 우리가 진지하게 묻고 따져야 하는 것은 경제적 유용성이 아니라 우리 삶에 인공지능이 어떤 도움을 주는가의 문제이다. 우리는 인공지능이 삶과 사회에 도움이 될 수 있는 길을 찾아내고, '신뢰할 수 있는 인간 중심의 인공지능' 건설을 견인해야 한다(김재인, 2020: 198).

이와 같은 뉴리버럴아츠가 제도적으로 정착하기 위해서는 교육제도 개선, 특히 교육과정의 재구조화가 필요하다(김재인, 2020: 202). 여기서 제안된 세 가지 교육과정[10]은 참신하지만 파격적이며, 실현가능성에서는 재고의 여지가 있다고 본다.

첫째, 대학 이전 교육에서 모든 것의 기초가 되면서도 오랜 시간의 숙련이 필요한 수학과 자연과학을 강조하자는 취지에 공감이 간다. 그렇다고 해서 문과를 전부 폐지하자는 주장에는 쉽게 동의하기가 어렵다. 어떤 교육이라도 '인간 능력의 조화로운 발달'을 벗어나 전인교육을 실현하기는 어렵기 때문이다. 중등교육의 문과교육이 지나치게 잡다한 지식을 전수하는 것이 문제라면, 가장 핵심이 되는 '철학'으로 좁혀서 문과의 기초교육을 강화하는 방안을 고려해 볼 만하다. 물론 이것이 가능하기 위해서는 우리 사회의 고질병 중 하나인 대학입시 제도의 혁신이 뒤따라야 한다.

둘째, 대학 학부교육을 전공교육 대신에 뉴리버럴아츠 위주의 교양교육으로 하자는 제안은 일리가 있다. 대학이 오늘날 엘리트교육의 속성을 떠나 대중화 단계에 진입한 지 오래이고, 그 성격도 점차 만인을 위한 보편교육, 평생교육 차원으로 변모하고 있는 점을 감안해 볼 때 학문과 직업을 준비하기 위한 기초・교양・소양 교육을 대폭 강화하는 일은 유의미한 일로 여겨진다. 우리나라 일부 대학에서도 이미 모든 신입생을 대상으로 교양교육을 시행하고 있는 것은 좋은 징조로 볼 수 있다. 학부교육 전 과정을 고전 위주의 교양교육으로 실시하는 미국의 세인트존스 칼리지의 경우만 보더라도 그 효과성

---

10) 첫째, 중등교육과정에서 문과를 폐지하고 수학과 자연과학을 모든 학생에게 필수 공통과목으로 가르쳐야 한다. 둘째, 대학의 학부교육은 뉴리버럴아츠를 중심으로 이루어져야 한다. 셋째, 전문지식과 기능은 대학원에서 떠맡아야 한다.

은 입증되고 남음이 있다.[11] 이 또한 학부교육을 4년에서 3년으로 축소하고, 학위 제도를 개선하는 등 적지 않은 법적·제도적 개선을 전제로 실현 가능하다.

셋째, 본격적인 전공교육, 직업준비교육을 대학원에서 실시하자는 제안도 나름 의미가 있다고 본다. 학부 단계에서 뉴리버럴아츠 교육으로 인문, 사회, 자연과학의 기초가 되는 탄탄한 지식과 교양을 쌓고, 창의적인 문제해결의 다양한 사고 실험과 현장 체험을 한 후 진정으로 자신의 소질과 적성에 맞는 전공(major)을 찾아 교육의 최종 단계에서 연구에 집중하는 구조는 개인의 역량을 증진하고, 국가의 경쟁력을 제고하는 데 도움이 될 것이다. 개인이든 국가든 간에 교육의 힘은 결국 대학원의 연구 성과, 즉 창조력에 달려 있다. 무한 경쟁 시대에 어느 한 분야, 어느 한 주제를 천착해서 유의미한 성과를 창출하기 위해서는 학부 교육 이후의 단계를 주도면밀하게 설계하는 데 역량을 집중할 필요가 있다. 미국의 대학이 세계 최고의 경쟁력을 유지할 수 있는 비결은 바로 대학원교육의 내실화와 경쟁력에 있음을 분명하게 인식해야 한다. 다만, 대학원교육이 연구와 개발(R&D)을 지향하고 있는 이상 연구 분야에서는 심도 있는 연구를 뒷받침하기 위해 기초학문 분야에 지속적 관심과 전폭적 지원이 있어야 하고, 개발 영역에서는 대학, 기업체, 국가와 지방자치단체 등이 협업으로 시너지를 낼 수 있는 환경을 조성해 나가야 할 것이다. 우리나라가 선진국의 위상을 지켜 나가기 위해서는 대학원교육이 선진국의 연구 성과를 따라가는 데 더 이상 급급해서는 안 되며, 이제부터라도 우리의 강점을 찾아 세계를 선도해 갈 수 있는 선도자(first mover), 시대의 변화를 견인할 수 있는 국면전환자(game changer)가 되어야 한다.

---

11) 세인트존스 칼리지 졸업생의 약 70%는 대학원에 진학한다. 졸업 후 박사학위를 받은 학생 수는 미국 전체 대학 상위 2%에 달하며, 약 10%는 로스쿨에 진입한다. 4년간 고전을 치열하게 공부한 만큼 모든 대학에서 이들 졸업생에 대하여 연구의 기초가 탄탄하다는 점을 인정하고 있다(http://inews.ewha.ac.kr).

# 4. 나오는 말

이 장에서는 현재의 대학 교양교육 담론을 지배하고 있는 리버럴아츠 교육의 새로운 방향을 조심스럽게 조망해 보고자 했다. 인공지능, 팬데믹, 기후위기로 촉발된 포스트코로나 뉴노멀 시대에 대학 교양교육의 방향을 새롭게 설정하는 데 일조할 수 있기를 바란다.

이 장을 한국교양기초교육이 제시한 「교양교육표준안」의 공과를 검토하면서 시작한 이유는, 그것이 우리나라 대학의 교양교육 전반에 미친 파장이 그만큼 컸기 때문이다. 최근 교육부의 대학역량진단이 대학가의 초미의 관심사가 되면서 전공교육에 대한 교양교육의 비중 강화와 함께 대학마다 교양교육의 방향성에 대한 고민은 깊어지고 있다. 표준안에 따른 교양교육 컨설팅이 일반화된 현 시점에서 표준안 자체에 대한 검토는 시의적절한 것으로 보인다.

「교양교육표준안」의 목적과 내용 등을 검토해 본 결과, 전통적인 리버럴아츠 교육의 현대적 계승이라는 차원에서 몇 가지 논의점이 발견되었다. 표준안의 가장 큰 특징은 넓은 의미의 교양교육 영역을 기초교육, 교양교육, 소양교육이라는 영역으로 구분하고, 그 내용을 기초학문의 성과를 기반으로 구성하도록 한 점이다. 여기서 미래지향적으로 좀 더 숙고해 볼 사안은 기초교육에서 기초의 성격과 범위를 어떻게 규정할 것인가, 교양교육이 반드시 전통적 의미의 기초학문에만 근거를 두어야 하는가, 대학교양교육 안에 인성교육과 유사한 형태의 소양교육을 계속 포함시켜야 하는가 등의 문제이다.

표준안의 기초교육이 리터러시 교육을 다수 포함하고 있으나 변화된 사회에서의 그것을 충분하게 담고 있는지는 미지수이다. 교양교육이 기초교육에 근간을 두어야 한다는 당위론을 내세우고 있지만 시대의 변화에 따라 종래의 기초학문과 응용학문 사이의 구분도 분명치 않을 뿐만 아니라 융복합 시대에 그와 같은 엄밀한 구분이 장애가 되는 경우가 발생하고 있다. 가령, 공학이라는 학문 분야와 '기업가정신'과 같은 교양교과목이 그와 같은 경우이다. 공학은 응용학문이지만 오늘날 과학과 기술의 총화로 간주되며, 디지털 시대에 모든 사람에게 디자인 역량과 메이킹 역량이 요청되는 것만 보더라도 만인의 교양이 되었음을 부인하기 힘들다. '기업가정신'과 같은 교과목도 그 자체는 응용학문인 경영학이나 공학에서 강조되는 과목이지만 내용을 어떻게 채우느냐에 따라서 융복합적 교양교과목이 될 수 있다. 왜냐하면 그 안에서 얼마든지 철학, 사회학, 경제학, 문화학, 심리학 등의 다양한 인문사회과학적 배경에서 혁신과 윤리 등이 다루어질 수 있기 때문이다. 소양교육에서 강조하는 예술, 체육, 사회봉사와 같은 체험학습을 교양교육의 범주에 두고 학점을 부여할 것인지도 고민해 보아야 할 문제의 하나이다. 물론 이러한 사안들은 시간을 두고 사안별로 정교화 작업이 필요하다고 본다.

이 장에서는 다만 교양교육표준안의 한계와 관련지어 인공지능 시대의 공통교양으로서의 새로운 '인간학(humanics)'과 새 시대의 리터러시 문제를 논하고, 미래사회에 적합한 '뉴리버럴아츠'의 가능성과 한계를 시론적으로 살펴보았다. '인간학'에서 제시한 디지털 시대의 리터러시는 충분히 고려할 만한 가치가 있는 것으로 보인다. 인공지능 시대에는 정보와 데이터 해독능력 차원이 아니라 인간과 기계의 새로운 관계 설정이나 한 걸음 더 나아가 '포스트휴먼 리터러시'(박휴용, 2020) 차원으로까지 리터러시 개념이 확장될 필요가 있다.

인간 삶의 조건 변화와 뉴노멀 시대의 등장에 따른 리버럴아츠 교육 내용과 제도 혁신에 대한 아이디어도 충분히 고려할 만한 가치가 있다. '뉴리버럴아츠' 아이디어는 우리 교육의 현주소를 돌아보고, 다가올 미래를 준비하는 예비적 고찰의 시금석이 될 것으로 보인다. 다만, 중등교육에서 문과를 폐지한다거나 학부교육을 3년으로 하여 모든 학생이 뉴리버럴아츠 교육을 받게 해야 한다는 급진적 제안은 실현 가능한 측면에서 좀 더 정교한 설계와 전략이 필요할 것이다.

끝으로 한 가지 덧붙이고 싶은 것은 불확실한 미래를 대비하기 위해서 미래 문해(futures literacy)[12]를 리버럴아츠 교육의 기초에 포함시켰으면 하는 바람이다. 앞으로 코로나19와 같은 질병 문제, 인구 문제, 생태 문제, 과학기술의 질주 문제 등이 자주 그리고 심각하게 발생할 것으로 예측된다. 이를 선제적으로 대응하기 위해서는 아직 경험하지 못한 미래를 현실에서 미리 가늠하기 위한 상상력과 리터러시가 요청될 것이다. 변화된 삶의 조건에서 이러한 리터러시야말로 포스트코로나 뉴노멀 시대를 살아갈 교양 있는 시민 주체가 갖추어야 할 핵심역량이 될 수 있을 것이다.

12) 미래가 현재에 존재할 수 있는 한 가지 방법은 미래를 예측해 보는 것이다(Miller, 2018).

## 참고문헌

김기봉(2020). 포스트코로나 뉴노멀과 신문명 패러다임. 철학과 현실, 126, 105-130.

김동창(2017). 인간 향상의 윤리적 쟁점과 도덕교육적 의미. 윤리교육연구, 44, 25-58.

김재인(2020). 뉴노멀의 철학. 동아시아.

문동규(2017). 인간의 인간다움: 교양교육의 지향점: 휴머니즘에 대한 하이데거의 사유를 중심으로. 범한철학, 87(4), 141-167.

문상호(2015). 엔그램뷰어를 이용한 인문학의 빅데이타 사례 연구. 예술인문사회융합 멀티미디어논문지, 5(6), 57-65.

박병철(2019). 리버럴아츠 교육과 한국의 교양교육. 교양교육연구, 13(1), 163-180.

박연호(2010). 자유교육의 전통에서 본 하버드대학의 교양과정 개혁. 교육사상연구, 24(2), 41-69.

박충식, 이영의, 고인석, 천현득, 정재현, 신상규, 목광수, 이상욱(2021). 인공지능의 존재론. 한울아카데미.

박휴용(2020). 포스트휴먼 리터러시: 개념 및 범주, 이론적 기반, 그리고 교육의 방향. 리터러시 연구, 11(1), 11-55.

백승수(2018). 국립 리버럴아츠 칼리지 설립의 교육적 타당성 고찰. 교양교육연구, 12(5), 231-250.

백종현(2017. 10. 19.). 포스트휴먼 시대와 휴머니즘, 플라톤 아카데미 TV. 지혜의 향연 강좌 시리즈. https://www.youtube.com/watch?v=6gWkhCg6QqI에서 2021. 10. 05. 인출.

손승남(2011). 인문교양교육의 원형과 변용. 교육과학사.

손승남(2017). 한국형 리버럴아츠 칼리지(K-LAC)의 가능성 탐색. 교양교육연구, 11(1), 13-37.

손승남(2021). 리버럴아츠 교육의 새로운 방향 탐색. 문화교류와 다문화교육, 10(6), 363-384.

손승남, 김인영, 송하석, 이재성, 최예정(2021). 고등교육에서의 역량기반 교육과 핵심역량. 교양교육연구, 15(1), 11-30.

손화철(2016). 인공지능 시대 인간의 자리. 윤리학, 5(2), 55-80.

신상규, 이상욱, 이영의, 김애령, 구본권, 김재희, 하대청, 송은주(2020). 포스트휴먼이 몰려온다. 아카넷.

이연주, 이동욱, 유지성, 전종혁(2020). 대학소양교육의 현황과 과제. 한국교양기초교육원. 연구보고서.

이종관(2017). **포스트휴먼이 온다**. 사월의 책.

임선애, 지현배, 김지용, 강성배, 서민규(2016). 학부교육 선도대학 교양교육 성과진단 연구. 연구보고서. 한국교양기초교육원.

최상덕(2020). 역량기반교육의 의미와 대학 역량교육의 방향. 한국교양기초교육원 고등교육혁신포럼 토론자료.

하병학, 김혜영, 손승남, 장미숙, 전경애, 홍석민(2019). 교양교육 컨설팅 사업 성과분석 및 개선방안 연구. 연구보고서. 한국교양기초교육원.

한국고용정보원(2017). 2017 한국직업전망. 한국고용정보원.

한수영(2020). 인문교양교육의 서구적 전통과 변용: 12세기 〈철학의 여왕과 리버럴아츠 7과목〉 도상을 중심으로. **교양교육연구**, 14(2), 11-22.

홍성기, 최병문, 임선애, 박병철, 정효진(2021). 기초교양교육 강화사업: 성과분석 및 중장기 사업설계 연구. 연구보고서. 한국교양기초교육원.

홍성욱(2019). **포스트휴먼 오디세이**. 휴머니스트.

홍은숙(2004). 자유교육 전통의 역사적 고찰: 자유교육의 새로운 방향 모색. **교육과정연구**, 22(4), 1-25.

Aoun, J. E. (2017). *ROBOT-PROOF: Higher Education in the Age of Artificial Intelligence*. (김홍옥 역. 2019. **AI 시대의 고등교육**. 에코리브르)

Braidotti, R. (2013). *The Posthuman*. (이경란 역. 2015. **포스트휴먼**. 아카넷)

Erez, A., & Jean-Baptiste, M. (2014). *Uncharted Big Data As a Lens on Human Culture*. (김재중 역. 2015. **빅데이터 인문학, 신격의 서막: 800만 권의 책에서 배울 수 있는 것들**. 사계절)

Harari, Y. N. (2017). *Homo Deus: A Brief History of Tomorrow*. (김명주 역. 2017. **호모 데우스: 미래의 역사**. 김영사)

Kuzweil, R. (2006). *The Singularity is Near*. (장시형, 김명남 공역. 2007. **특이점이 온다**. 김영사)

Miller, R. (2018). Futures Literacy: transforming the future. In R. Miller (Ed.).

*Transforming the future: Anticipation in the 21st century*(pp. 1-12). Routledge.

Oxford University Press (2010). *Oxford Dictionary of English.* (3rd ed.). Oxford University Press.

UNESCO (1996). *Learning: The Treasure Within, Report to UNESCO of the International Commission on Education for the 21st century(The Delors Report)*. UNESCO.

기후위기비상행동 http://climate-strike.kr/

대학 교양기초교육의 표준 모델 http://konige.kr/sub02_08.php

이대학보 http://inews.ewha.ac.kr/

제3부

# 대학 인성교육과 고전교육

제7장

# 대학 인성교육의 교수학적 고찰[1)]

## 1. 들어가는 말

교육은 본디 인성을 함양하는 과업이다. 인성은 인간성, 사람됨, 품성 등 여러 방식으로 풀어쓸 수 있을 것이다. 인류의 스승이라 불리는 페스탈로치(Pestalozzi)는 마음(heart), 손(hand), 머리(head)를 고루 기르는 삼육(三育)을 내세워 이들 요소가 인간성 함양을 위해 중요함을 강조했다.[2)] 신인문주의자인 훔볼트(W. v. Humboldt) 또한 자신의 도야론(Bildungstheorie)에서 도야[3)]를 '인간성의 조화로운 발달'로 설명하면서, 인간의 교육에서 정의적 · 신체적 · 인지적 능력(Kraft)의 고른 발달에 힘써야 함을 역설했다. 교육의 역사에서 볼 때 교육은 곧 인성교육이며, 그 교육은 궁극적으로 인간이 타고난 능력을 조화롭게 발달시키는 일임을 알 수 있다.

그럼에도 불구하고 조화로운 인간성의 발달을 지향해야 할 교육은 역사의

1) 손승남(2014). 대학 인성교육의 교수학적 고찰. 교양교육연구, 8(2), 11-41.

2) Pestalozzi, J.-H. (1978). Wie Gertrud ihre Kinder lehrt und Ausgewählte Schriften zur Methode. Schöningh, 147.

3) 도야라는 개념은 독일어 Bildung을 우리말로 옮긴 것이다. 도야를 본격적으로 거론한 독일의 학자인 훔볼트(1980)가 이 개념을 '인간의 조화로운 발달'로 풀어 쓰고 있는 점을 감안한다면 이 개념은 인간 형성, 인격이나 품성 도야의 개념으로 옮기는 것이 적합하게 보인다.

질곡 속에서 자신의 본래 길을 잃고 파행으로 내달려 왔다. 주지주의(主知主義)가 교육의 전반적 풍토를 지배하면서 교육 본래의 모습을 상실하게 된 것이다. 물론 인간에게 지식과 인지적 능력의 개발은 분명 중요한 교육적 과업 중의 하나이다. 하지만 여기서 문제가 되는 것은 인간성을 구성하는 다양한 요소 가운데 교육이 어느 특정 분야로 지나치게 치우치는 기형적 상황이다. 비판이론가 아도르노(Th. Adorno)가 탁월하게 묘사한 바와 같이, 우리는 어쩌면 '절반의 교육(Halbbildung)[4)]'의 시대에 살고 있는지 모른다.

주지주의의 극단적 형태인 입시 위주의 교육에 가위눌린 우리나라의 학교 상황에서 인간성 함양이 제대로 이루어지길 기대하는 것은 연목구어(緣木求魚)나 다름없다. 입시제도는 경쟁을 조장하고, 교육을 수단시하는 분위기를 조성하여 교육의 본래 목적인 인간성의 조화로운 발달을 저해해 왔다. 입시에서 빚어진 교육적 병폐는 이루 헤아릴 수 없을 정도이다. 가령, 입시 중압감으로 인한 자살, 가출, 청소년 비행, 학교폭력, 집단따돌림은 그 심각성을 잘 보여 준다. 우리의 경우 도덕이나 윤리 교과수업에서 인성교육을 실시해 오고 있지만 도덕 점수와 인성의 긍정적 상관을 믿는 사람은 드물다. 매 정부에서 하나의 시책으로 제시하는 다양한 인성교육 정책[5)] 또한 그다지 큰 효력을 발휘하지 못하고 있다.

그렇다면 대학의 인성교육 실정은 어떠한가? 이제까지 인성교육에 관한

---

4) 비판철학자 아도르노는 『계몽의 변증법』(1947), 『부정의 변증법』(1966)에서 오만한 근대의 이성을 고발했고, 인간과 사회를 조종하려는 관료제, 교육, 문화산업을 신랄하게 비판했다. 1959년 독일 사회학자 대회에서 아도르노가 발표한 「절반의 교육이론」은 "절반의 교육이 어떻게 계몽된 교육을 통해 해방의 교육에 도달할 수 있는가?"(이종하, 2005) 하는 해방의 가치와 이념을 제시하고 있다.

5) 교육개혁위원회(1995). 세계화 · 정보화를 주도하는 신교육체제 수립을 위한 교육개혁방안. 제2차 대통령 보고서, 1995. 5. 31. 문민정부의 5 · 31 교육개혁 조치 이후 각종 폭력, 살인, 강간 등과 같은 사회적 병리현상의 근본원인을 인성 부재의 교육에서 찾으려는 노력과 입시 위주의 주지주의 교육의 폐해를 더 이상 방치할 수 없다는 자성에서 실천 위주의 인성교육 강화 정책이 시행되었다. 학교폭력이 기승을 부리던 2012년 「학교폭력근절 종합대책」에 따라 장단기 인성교육 정책이 수립되었고, '인성교육 우선 수업 강화' 쪽으로 정책의 방향이 쏠리게 되었다.

논의는 대부분 초등과 중등의 학교교육과 관련되어 왔다고 해도 과언이 아닐 정도로 대학의 인성교육에 대한 논의는 드물다. 대학교육에서의 인성교육에 대한 연구가 있기는 하지만, 시론적(試論的) 논의 수준에 머물고 있고,[6] 인성교육 활성화에 초점을 두거나 인성교육 프로그램의 개발과 효과 검증을 다룬 연구가 몇 편 있을 뿐이다.[7] 교육의 궁극적 목적인 인성의 발달과 자아의 실현이 평생의 과업임에도 불구하고, 인성교육은 대학 이전의 학교교육에서만 강조되었던 셈이다. 이러한 생각의 배후에는 학교에서 지식교육과 인성교육의 기초를 쌓고, 대학에서 전문교육과 직업 준비교육을 해야 한다는 논리가 강하게 깔려 있다. 발달단계상[8] 성인이 된 대학생에게 인성교육의 책무를 부과하거나 인성지도를 하는 일을 낯설게 여겨 온 대학의 교육풍토도 그러한 경향을 부추긴 것으로 보인다.

하지만 사회의 급격한 변화와 입시 위주의 교육적 병폐로 인해 인간 능력의 조화로운 발달이 날로 어려워지는 현실에서 학교교육을 마친 대학생에게 인성교육을 체계적으로 제공해야 할 필요성은 더욱 커지고 있다. 사회가 너무 빠르게 변하면서 세계의 변화에 대한 교육받는 주체의 대응능력이 현저하게 떨어지고, 입시로 인해 제대로 '성장'할 기회를 놓친 미숙한 '성인'들이 대학에 들어와 적지 않은 혼란과 방황을 겪고 있기 때문이다. 이러한 경향성이 어제오늘의 일은 아니지만 현재의 상황은 그 수준에서 심각성이 더하다.

6) 김우창(1996). 윤리, 도덕, 인성: 대학의 인성교육. 서강인문논총, 5, 3-52; 박이문(1996). 教育理念과 人性教育: 대학에서의 인성교육은 가능한가?. 서강인문논총, 5, 53-72.

7) 김태현, 노명래(1998). 순천향대학교의 인성교육 방안 연구. 인문과학논총, 6, 5-49; 양혜련(2006). 대학의 인성교육 활성화 방안 연구. 한국여성교양학회지, 15, 1-28; 이영애(2006). 대학 중도탈락자 예방을 위한 인성교육 프로그램 개발. 한국동서정신과학회지, 9(1), 95-104; 이주희, 최명선, 박희현(2009). 대학생을 위한 인성 교육 프로그램의 효과. 인간발달연구, 16(2), 205-220.

8) 성인 초기에 해당되는 대학생의 경우 콜버그(L. Kohlberg)의 도덕성 발달이론에 따르면 법과 질서의 테두리 안에서 개인적 의무를 다하고자 노력하는 시기이며, 에릭슨(E. Erikson)의 심리사회적 발달이론에 따르면 청소년기에 확립된 자신의 정체성(identity)을 토대로 친밀감 대 고립감, 다시 말해서 타인과의 조화에 성공하면 친밀감이 형성되지만, 그렇지 못하면 정서적 고립감을 느끼고 타인과의 접촉을 회피하는 시기에 해당된다.

이러한 상황에서 우리가 대학의 인성교육과 관련하여 던져야 할 질문은 다음과 같다. 대학교육에서 인지적 · 정서적 · 심미적 · 신체적 능력의 조화로운 발달이 이루어지고 있는가? 바람직한 인간성 함양을 위해 대학은 개인적 덕성과 사회적 시민성의 조화를 추구하는 교육을 실시하고 있는가? 날로 치솟는 대학등록금과 갈수록 높아지는 청년실업과 같은 시대의 걱정과 불안감 속에서 대학생의 정신건강은 제대로 지켜지고 있는가? 성년 초기의 대학생들이 과연 인생의 비전과 방향을 설정하고 대학생활을 영위하고 있는가?

교육이 미성숙한 인간을 부단히 성숙(成熟)으로 이끄는 지난(至難)한 과업이라고 할 때, 대학생의 조화로운 인성 발달과 올바른 인격 형성을 위한 인성교육은 대학에서도 체계적으로 실시되어야 한다. 그 체계를 세우는 방법은 여러 가지가 있을 것이나, 이 장에서는 교수학(Didaktik)[9]의 원리와 방법에 따라 대학 인성교육의 방향과 틀을 정립해 보고자 한다. 논의를 명료화하기 위하여 교수학의 원리에 따라 인성교육의 목적, 내용, 방법, 평가의 순서로 방향과 실천방안을 구체적으로 논해 보고자 한다.

## 2. 대학 인성교육의 교수학적 검토

대학 인성교육을 교수학적으로 탐구하기 위해서는 교수학(Didaktik)에 대한 이해가 선행되어야 한다. 교육이나 수업이 목적, 내용, 방법, 평가와 같은 일련의 교육과정(educational process)으로 구성되어 있듯이 교수학 또한 교육의 전체 과정과 밀접한 연관을 지니고 있기 때문이다. 우리의 경우 교수학을

9) 독일어 Didaktik은 교수법 혹은 교수학으로 번역될 수 있다. 교수법으로 번역할 경우, 원어의 의미가 축소될 수 있다는 판단하에 교수학이란 용어를 사용한다. 독일어 Didaktik은 가르치고 배우는 교육활동의 전 과정에 대한 학문적 탐구와 실천을 포괄하는 광의의 개념이다. 이에 관해서는 Kron, F. W. (2000). *Grundwissen Didaktik. 3. Aufl*. Muenchen & Basel을 참조.

교육심리학이나 교육방법 및 공학 분야에서 혹은 교육과정이나 교수-학습 이론에서 주변적으로 다루지만, 교수학은 역사와 전통에서 보나, 교사교육과 교육실천의 관점에서 보나 교육의 본질적인 과업인 '가르치고 배우는 일'을 대상으로 한다는 점에서 교육학의 핵심 주제에 속한다.

교육학 내에서 교수법은 그 어느 분과학문에도 종속되지 않으면서, 특히 왜, 무엇을, 어떻게 가르칠 것인가에 대한 교육의 본질적 · 실천적 문제를 다루기 때문에 대학에서 인성교육을 담당하는 사람들에게도 실질적인 도움을 줄 수 있다. 대학 인성교육에 대한 교수학적 탐구는 다음과 같은 질문을 해명하는 데 도움을 줄 수 있다.

- 왜 대학 인성교육인가? 대학 인성교육의 궁극적인 목적은 무엇인가?
- 대학 인성교육의 내용 혹은 프로그램을 어떻게 구성할 것인가?
- 잘 구성된 인성교육의 내용을 어떤 방법으로 가르칠 것인가?
- 인성교육의 전체적 과정을 어떻게 평가하고 피드백할 것인가?

### 1) 대학 인성교육의 목적

앞에서 교육은 본디 인간성의 조화로운 발달에 기여한다는 점을 밝혔다. 대학 인성교육의 궁극적 지향점도 교육의 근본 목적과 다를 수 없다. 대학의 인성교육은 개인적 관점에서는 각 개인마다 타고난 내적 고유성과 능력을 최대한 발휘하도록 도와야 하며, 사회적 관점에서는 자신을 둘러싼 이웃과 더불어 사는 공동체에 기여할 수 있는 그런 인간을 형성하는 데 일조해야 할 것이다. 사회의 급격한 변화와 더불어 교육적으로 좀 더 관심을 기울여야 할 부분은 피교육자의 현재 사회에 대한 대처능력과 다가올 미래사회에 대한 준비능력의 배양이다.

> 교육을 책임지고 있는 학부모, 교사, 사회구성원들은 현재의 사회 문제나 다가올 미래사회의 문제를 자라나는 세대들에게 알게 하고, 느끼게 하고, 경우에 따라서는 실천할 수 있도록 고무하고 조장해 줄 필요가 있다.[10]

교육이 단순히 사회의 변화에 수동적으로 반응해 나가는 자세를 취할 것이 아니라 변화하고 있는, 또는 앞으로 변화될 사회 문제들을 수업에 적극 반영하여 성장하는 세대에게 가르쳐야 한다는 것이다. 빛의 속도로 변화하는 현대사회에서 자신의 고유한 주체성을 지켜 나가면서 세계의 변화에 능동적으로 대처하며, 한 걸음 더 나아가 동시대인들과의 공생(共生)을 위해서는 다음과 같은 기본능력이 구비되어야 할 것이다.[11]

- 자기규정능력(Selbstbestimmung): 누구나 자신의 삶의 관계나 타인과의 관계에서 자신의 위치를 명확히 설정할 수 있으며, 다양한 직업적 · 인종적 · 종교적 입장 가운데 자기 자신만의 관점을 정립할 수 있다.
- 공동참여 및 책임 능력(Mitbestimmung): 우리의 공통적인 문화 · 사회 · 정치적 관계의 형성에 참여하여 함께 가능성과 대안을 찾고자 노력하며, 자신의 언어와 행위에 대한 책임을 질 수 있다.
- 연대능력(Solidaritaet): 앞에서 제시한 개인의 자기규정능력과 공동참여 및 책임 능력은 사회적 연대능력과 연계 속에서 그 본래적 가치가 실현될 수 있다. 더불어 사는 공동체의 한 구성원으로서 억압받거나 소외받은 자들의 편에 서서 그들의 입장을 대변하고, 경우에 따라서는 어려운 사람들을 위해 싸울 수 있다.

---

10) Klafki, W. (1991). *Neue Studien zur Bildungstheorie und Didaktik*. 2. erweiterte Aufl. Beltz, 9.
11) 앞의 책, 52.

현재와 미래의 정합성을 고려해 볼 때 대학의 인성교육은 적어도 궁극적으로 실현해야 할 가치로서 자율 · 배려 · 연대를 포함시켜야 할 것이다. 인성교육의 지향점이 개인의 인격적 도야에서부터 사회 · 국가 · 인류의 차원으로 확대되어 나간다는 점에서 클라프키(Klafki)의 인격도야론은 충분히 현재성을 지니는 것으로 보인다. 인간성의 도야에서 자신의 삶을 가꾸고, 자신의 삶에 대해서 책임을 지는 주체의 양성은 중요한 교육적 과업이다. '공부'와 '수양'을 힘주어 강조했던 동양적 사유와 전통도 사람됨의 기초가 바로 자기의 몸과 마음을 잘 가꾸고 다스리는 데 있었다는 점을 역설해 준다.

인성교육에서 개인의 성장과 완성이 중요하다고 해서 교육의 개인적 차원을 자신의 삶 속에 안주하거나 파묻히는 이기적 개인주의나 자아도취로 좁게 해석해서는 안 될 것이다. '나'라는 존재 못지않게 타인도 중요하며, '나'의 존재는 더불어 사는 타인과 함께 비로소 온전히 성장하며, 궁극적으로 완성될 수 있기 때문이다. 우리는 누구나 타인과의 관계망 속에서 자신의 의미를 찾고 확인할 수 있다. 더불어 살아갈 수 있는 능력은 나의 권리를 소중히 여기듯 타인의 삶을 소중히 여길 줄 아는 마음가짐에서 비롯된다. 이렇듯 타인에 대한 배려와 공동체적 삶에 참여하는 일은 인성교육의 중요한 요소가 된다.

타인에 대한 관심과 배려는 한 걸음 더 나아가 나보다 못한 어려운 처지에 있는 사람들을 이해하고, 경우에 따라서는 그들의 권리나 생존권을 위해 불의에 맞서 과감히 싸울 수 있는 연대능력으로 고리가 이어질 때 진정한 의미가 드러날 수 있다. 연대성의 강조는 오늘날과 같이 부정의와 불평등이 사회 구석구석에 도사리고 있는 현실에서 볼 때 그 어느 때보다 절실하다. 경제 불평등, 인권 유린, 생태계 파괴는 몇 가지 예에 불과하다. 각 개인의 연대의 손길을 요청하는 곳은 삶의 모든 영역에 널리 퍼져 있다.

요컨대, 대학 인성교육의 궁극적 목적은 자기 자신과 타인(공동체)에 대한 '배려'와 한 걸음 더 나아가 사회적 불의와 불평등에 당당히 맞서는 '정의'의 역량을 길러 주는 데 두어야 한다.[12]

## 2) 대학 인성교육의 내용

대학 인성교육을 어떻게 채울 것인가에 관해서는 논자마다 의견이 다를 수 있다. 필자는 인성교육을 '인간성 함양'이라는 대전제하에서 교육학 전통에서 오래전부터 강조되었던 세 가지 요소, 즉 지 · 덕 · 체를 중심으로 논의를 전개해 나가고자 한다. 다만 그 순서에서 인간의 몸을 보존하고 육성하는 근본으로서 체육을 최우선으로 삼고, 마음과 덕성의 계발을 담고 있는 덕육을 지향한 다음, 몸과 마음의 수양이 이루어진 연후에 지적 훈련과 지성의 계발이 이루어져야 한다는 입장을 견지한다. 지성의 전당이라는 대학의 장에서도 몸의 단련과 마음의 수양이 이루어질 수 있는 시간과 공간은 여전히 부족하며, 대학입시에서 벗어난 대학생의 경우 직업훈련이나 취업 준비로 인해 제대로 지성을 연마할 기회를 갖지 못한 채 사회로 진출하는 안타까운 일이 반복되고 있다.

그렇다면 대학 인성교육의 내용을 어떻게 구성할 것인가? 대학 인성교육의 내용에는 우선 자신의 삶을 사랑하며, 타인을 이해하고 배려하며, 소외받은 자의 삶에 적극적으로 참여 · 연대할 수 있는 능력을 길러 줌과 동시에 민주사회의 건전한 구성원으로서 소양을 갖추기 위한 민주시민교육, 다문화 시대에 필요한 소양과 자질을 갖게 하는 상호문화교육 등이 총체적으로 고려되어야 할 것이다.[13] 가속적으로 변하는 사회와 글로벌 시대에 인성교육의 방

---

12) 인성교육에서 추구해야 할 가치 덕목 혹은 인성역량으로 '배려'와 '정의'를 설정했을 때 그 안에 인성의 하위 요소로서 포함될 수 있는 내용을 구체적으로 제시해 보면 다음과 같다. 배려의 요소로는 자기존중, 타인존중, 관용, 책임, 협력, 공감, 수용 등을, 정의의 요소로는 대화와 소통 능력, 문제와 갈등 해결능력, 헌신, 준법, 공정 등을 고려해 볼 수 있다.

13) 학교 인성교육의 내용을 다섯 가지 영역으로 범주화하려는 시도는 손승남(1999). 21세기를 대비한 인성교육의 철학적 구상. 한독교육학연구, 4(1), 67-84 참조. 학교 인성교육에 초점을 둔 이전 시도와 달리 이 논문은 그간의 사회 및 교육적 변화 상황을 반영하여 대학 인성교육의 내용을 재구성하고 있다.

향도 결국 나와 타인, 사회와 국가, 나아가 인류의 차원까지 확대되지 않으면 안 되기 때문이다.

### (1) '몸'교육: 건강한 '몸'의 보존과 육성 그리고 성교육

체육은 단순한 교과를 넘어 건강한 몸의 육성과 보존이라는 관점에서 신체를 단련하고 몸을 가꾸는 교육, 건강교육, 보건교육, 성교육의 차원으로 확대해서 이해할 필요가 있다. 섭생, 영양, 운동, 수면 등 성인 초기에 건강한 몸의 보존과 습관의 형성은 아무리 강조해도 지나치지 않다. 소위 인간 수명 100세의 '평생학습 시대'에서 지속적으로 성인 초기에 건강의 기초를 다지는 일은 중요하다. 하지만 우리나라 대학생의 경우 학업, 성적, 취업, 미래에 대한 걱정과 스트레스, 지나친 음주문화와 다이어트 과다나 부족[14] 그리고 운동 부족의 열악한 상황에 처해 있다 보니 '몸'의 보존과 육성이 그리 녹록치 않다. 몸이 건강하게 유지되지 않는다면 인성교육이 궁극적으로 지향하는 '인간성의 조화로운 발달'을 기대하기란 힘들 것이다. 대학에서도 이성의 도야 못지않게 몸의 도야가 중요함을 프로그램의 개발과 활용을 통하여 대학생에게 적극적으로 인식시키고, 교육할 필요가 있다.

건강한 몸의 보존과 육성이라는 '몸'교육의 연장선에서 현대사회 성문제의 심각성을 인식시키고, 실생활에 도움이 되는 성교육을 실시해 나가야 할 것이다. 욕망과 탐닉으로 인해 야기된 성적 쾌락주의는 인간의 육체와 정신을 파괴하며, 건전한 사회의 지탱을 어렵게 만든다. 대학생 성범죄가 갈수록 늘어가고 있는 현실[15]은 대학 인성교육에서 성과 관련된 '몸'교육이 얼마나 중

14) '대학내일20대연구소(20slab)'의 연구결과에 따르면, 대학생 10명 중 4명이 뱃살 감량을 고민하고 있는 것으로 나타났다. 인생 초기의 복부비만이 이후 성인 질환의 원인이 된다는 사실은 널리 알려져 있다.

15) 가령, 국가인권위원회가 2012년 전국 280개 대학을 대상으로 성범죄 건수를 조사한 결과, 2009년 평균 0.6건에서 2010년 0.8건, 2011년 1.2건으로 계속 증가하는 것으로 나타났다(헤럴드 경제신문, 2013. 8. 1.).

요한지를 반증해 주고도 남는다. 더 나아가, 확대된 '몸'교육에서는 성의 남용과 오용으로 빚어진 AIDS의 실상을 알리고, 세기의 불치병이 범세계적으로 확산되고 있음을 대학생들이 인식하도록 해야 한다. 대학 인성교육의 내실화를 기하기 위해서는 그동안 소홀히 다루어 왔던 몸을 가꾸고, 신체를 단련하고, 건강을 유지해 나가는 몸의 육성과 보존의 문제를 모든 교육의 기초로서 제고할 필요가 있다.

(2) '마음'교육: 건전한 정서와 도덕성 함양

복잡다단한 현대사회를 살아가는 현대인에게 피로와 스트레스는 인간성의 발달을 저해하는 요인이 되고 있다. 그래서인지 요가, 명상, 마음의 치유, 힐링(healing)이 시대의 새로운 화두가 된 지 오래이다. 대학 인성교육에서도 이러한 경향성을 비껴갈 수는 없을 것이다. 전통적으로도 '몸'교육과 더불어 마음의 수양과 심성의 도야는 인성교육의 기초가 되어 왔다. 서구의 계몽주의, 실증주의가 우리나라에 유입되면서 수치로 측정하기 힘든 인간의 마음과 정서가 관심 밖으로 밀려나긴 했지만, 인간의 심성을 계발하는 심성교육, 감성을 발달시켜 주는 감성 혹은 정서 교육은 현재의 대학생에게 체계적으로 부과될 필요가 있다고 본다. 우리는 마음의 수양과 공부에 관하여 나름의 전통을 간직하고 있다. 전통적으로 교육의 목적을 마음의 수양과 도덕적 선비정신을 기르는 데서 찾았던 것이다. 좋은 전통을 가지고 있었으나 근대화 과정에서 전통이 무시되고 왜곡되어 창조적으로 계승되지 못한 아쉬움이 남아있다. 우리가 가지고 있는 전통을 인성교육으로 재해석하고 현재의 맥락에서 재창조하는 노력이 현시점에서 절실히 요청된다.

다른 한편, 도덕성의 육성은 앞서 논의한 바와 같이 자라나는 세대에게 올바른 가치를 심어 주는 가치교육, 옳고 바른 삶의 길로 인도하는 도덕교육, 도덕성지수(MQ)의 계발, 사회구성원으로서 떳떳이 살아갈 수 있도록 해 주는 사회성교육과 같은 차원을 두루 아우르는 개념으로 볼 수 있다. 이러한 인간의 선한 본성을 강화하고 일깨우는 일은 개인적으로 전통적인 인격교육론의 수용, 명상이나 서예, 다도 같은 교육의 실천으로 강화될 수 있으며, 사회적으로 집단중심의 단체 수련활동이나 자발적인 자원봉사활동을 통해서도 길러 줄 수 있을 것이다. 다행히 대학마다 대학생 교육봉사와 해외 글로벌 자원봉사활동을 널리 권장하고 지원하는 풍토는 고무적으로 보인다. 이러한 과업을 대학생 개개인의 자발성과 자율성에 맡겨 둘 수 없다면, 지금부터라도 '마음'을 다스리고 챙길 수 있는 프로그램[16]을 대학의 교양교육 차원에서 개발하여 커리큘럼에 적극 반영해 나가거나 비교과 활동에 포함시켜 나갈 수 있도록 해야 할 것이다.

(3) '지혜'교육: 지성과 창조력의 육성

인간의 품성과 성격이 올바른 지식교육을 필요로 한다는 점은 분명하다. 과도한 지식교육 혹은 배운 지식의 오용과 남용이 건전한 인간성의 발달을 저해한다고 하여 지식교육의 가치 자체를 폄하해서는 안 될 것이다. 다만, 지식교육의 성격과 방향을 분명하게 할 필요가 있다. 단순한 지식의 암기와 축적 수준의 지식교육만으로는 조화로운 인간성의 발달을 궁극적으로 꾀하는 인성교육의 이상을 실현하기 힘들기 때문이다. 기억력과 지능지수(IQ)에 의존하는 지식교육이 아니라 21세기에 걸맞은 지혜, 창의력과 고등사고능력의 신장이라는 관점에서 지성의 단련이 필요하다. 뉴먼(Newman)은『대학의 이념(The Idea of a University)』에서 대학이 진정한 의미에서 '지성을 단련'하는 장소가 되어야 한다고 보았다.

16) 대학에서 개발한 마음수양 프로그램은 무엇보다도 다양한 심리적 문제를 겪고 있는 대학인의 고민을 해결해 주고, 삶의 본질에 근본적인 질문을 던지는 시기에 있는 대학인에게 진정한 삶의 의미를 깨닫게 하며, 복잡한 대학생활에서 겪는 온갖 고통과 스트레스로부터 해방되도록 하는 데 일조해야 할 것이다.

> 지성이 적절히 훈육되고 단련되어서 사물을 다른 사물과의 관계 속에서 보고 파악하게 되면, 그것은 각자의 특수한 자질과 능력에 따라 다른 효과를 내면서 힘을 발휘하게 될 것이다. 사람의 경우 대개 그것은 그 특성인 양식(良識)과 침착한 사고와 합리성과 진솔함과 자기 통제력 그리고 견해의 확고함으로 나타날 것이다. 어떤 사람에게는 그것이 발전된 업무 능력, 타인에 대한 영향력 그리고 현명함으로 나타날 것이다. 또 어떤 사람에게는 철학적 사유능력을 발휘하게 할 것이고, 이런 또는 저런 분야에서 두각을 나타내게 할 것이다. 모든 사람에게서 그것은 사고의 어떤 주제이든지 쉽게 투시해서 어떤 학문이나 직업도 수월하게 수행할 수 있게 할 것이다.[17]

뉴먼이 적절하게 지적하고 있는 바와 같이, 대학에서 배우는 지식은 단순한 지식과는 차원이 다르다. 그것은 사물의 관계를 두루 널리 조망할 수 있는 통찰력과 관조하는 방법에 가깝기 때문에, 그 지식과 진리는 수단적인 것이 아니라 그 자체가 목적이라고 볼 수 있다. 대학의 어원에서 볼 수 있듯이, 그것은 인간과 세계 모두를 포괄하는 보편적인 것, 즉 우주(the Universe)를 파악한다는 의미와 상통한다. 이처럼 대학은 광범위한 지식, 비판적인 사고, 사유의 습관, 사회적 교제능력, 사회적 감수성을 총체적으로 발달시키는 자유로운 지성의 공간이 되어야 한다.

다른 한편, 창조력은 다가오는 21세기 정보화사회에 현명하게 대응하기 위해서뿐만 아니라 지구촌 시대의 미래사회에 요구되는 필수적인 능력이기도 하다. 학력보다는 능력이 중시되는 상황에서 개인의 생산적이고 창조적인 아이디어는 개인의 자아실현은 물론이거니와 사회 발전과 국가의 경쟁력 제고에서도 중요하다. 창조성은 인간의 보편성 속에서 찾아야 하기 때문에

---

17) Newman, H. (1852). *The Idea of a University*. Longman & Green & Co, 3-4.

그 본질은 지적능력이나 사고과정과 같은 심리적 요인뿐만 아니라 인간의 신체적 · 심리적 · 정서적 · 사회적인 다양한 성질을 지닌 전인적(全人的) 의미로서의 "인격의 중심 정수"[18]이고 인간의 근본적인 본성이다. 지육(智育)이 진정 의미를 지니기 위해서는 인간의 지성과 고차적 사고능력이 새로운 가치 창조로 연결되고, 개인의 인격적 성장으로 이어질 때 비로소 가능한 것이다.

따라서 변화하는 시대에 지성교육의 참 의미를 캐고, 앞으로 새로운 세기를 대비하기 위한 창조력 신장교육의 방향을 찾는 일이 중요하다. 기존의 단순한 기억력, 암기력 위주의 교육방법에서 탈피하여 다가오는 창조화 시대에 걸맞은 지성과 창조력을 육성하는 방향으로 인성교육의 기본 내용을 재구성할 필요가 있다.

### (4) 민주시민교육: 기초질서교육 및 합리적 의사결정능력 배양

인성의 사회적 확장은 시민성으로 구현된다. 개인의 존재가치는 한 사회의 구성원으로서 당당하게 자리매김할 때 드러날 수 있으므로, 각 개인으로 하여금 사회가 요구하는 여러 가지 가치와 덕목을 두루 갖출 수 있도록 육성해 나가야 한다. 국가와 사회는 건전한 인성을 갖춘 개인에게 민주적 시민의식을 길러 주어야 한다. 이러한 민주시민교육에는 민주주의와 인간존엄성의 원리 체득, 공동체 의식함양교육, 전통예절교육, 기초질서교육, 민주적 절차와 과정의 숙달, 합리적 의사결정능력의 배양 등이 포함될 수 있다.[19]

인간의 존엄성을 인식하고 민주주의 기본 원리를 교육하는 일은 성인 초기에도 지속되어야 한다. 기초질서교육은 이전 발달단계에서 습관적으로 몸에 밴 생활습관과 태도를 굳건하게 하려는 노력이다. 삶에서 기본적으로 중요한 공중질서 지키기, 규범 준수, 타인에 대한 배려, 친절과 봉사정신은 대학

---

18) 이종록, 김택윤(1995). **창조교육이론**. 교육과학사, 20.

19) 손승남(2000). 민주시민의식 고양을 위한 새로운 교육방법의 모색. **한독교육학연구**, 5(1), 81-98.

시기에 더욱 실천적으로 결실을 맺도록 해야 한다. 국토 대탐험이나 해외 탐방, 소외된 지역의 사람들을 돕는 자선 및 봉사활동은 인권과 공동체의식을 함양해 나가는 방법이 될 수 있다. 우리의 전통이나 동양적 가치를 현대에 되살리는 일을 대학에서 구현하려는 노력도 필요하다. '효도법'이 논의되는 시점에서 부모에 대한 효도, 윗사람에 대한 공경의 의미를 되새겨 보고, 겸양과 우애와 같은 덕목의 현대적 의미를 교육하고 실천하는 일도 대학 인성교육의 일부분이 되어야 할 것이다.

결국 민주시민교육의 본질이 민주주의를 몸소 행하면서 배우는 데 궁극적 목적이 있기 때문에 일상적 삶 속에서 산 '경험'을 통해서 그 절차와 과정을 배우고, 점진적으로 대화와 토론을 통해서 문제를 해결하는 습관을 익혀야 한다. 공통의 관심사나 문제를 대화와 토론에 의해서 자발적으로 결정하고 해결하며, 실천에 옮기는 과정에서 합리적으로 의사소통하는 능력과 슬기로운 문제해결능력을 체득할 수 있다.

### (5) 세계시민교육: 국제이해교육과 상호문화교육

지구촌시대의 국제이해교육은 세계적인 안목을 키우는 것으로서 국가 간의 문화적 이질성을 받아들이고, 서로 다른 문화를 이해하며, 정의로운 사회의 창조와 같은 인류의 공동선을 실현하는 데 그 목적을 두고 있다.[20] 국제이해교육은 지구촌 의식의 육성, 인종과 문화의 다양성에 대한 이해 증진, 국제적 의사소통능력의 배양, 인류의 미래에 대한 자각, 세계시민으로서 에티켓과 교양교육 등으로 구체화될 수 있다. 즉, '지구는 하나'라는 인식하에 세계의 기아와 식량 문제, 세계경제, 전쟁과 평화, 자존, 인권, 기술 발전, 환경 등의 문제를 범지구적 차원에서 다룰 수 있다.[21] 국제이해에서 국가 간 평화와

---

20) 유네스코 아시아 · 태평양 국제이해교육원 엮음(2009). 다문화 사회와 국제이해교육. 동녘, 115.
21) 앞의 책, 128-140.

협동, 의존 등의 가치가 기본적으로 중시되긴 하지만 자국의 국가경쟁력을 제고하고, 민족적 자긍심과 주체성을 기르는 일이 반드시 병행되어야 한다. 국제가치의 한국화 못지않게 한국민족과 문화의 우수성을 세계에 널리 알리는 한국적 가치의 국제화는 세계화 시대에 우리가 살아남기 위한 생존전략이기도 하다. 따라서 대학생들이 이러한 세계화 · 국제화의 의미를 제대로 인식하고, 세계의 변화 추세에 적극적으로 대처할 수 있도록 역량을 길러 주는 일은 대학 인성교육의 내용에서 중요한 요소가 된다.

다른 한편, 다양한 인종과 민족, 문화가 유입되면서 '다문화 사회'로의 전환이 갈수록 빨라지고 있다. 단일사회의 전통이 강한 우리 사회의 경우도 북미나 유럽의 국가들과 같이 다문화 사회로 진입하고 있으나, 그로 인해 파생되는 문제점에 대한 대응은 엇나가고 있다. 다문화 사회의 해결책으로 다문화교육이 교육계에서 급부상하면서 '사회통합'에 다양한 정책적 노력을 기울이고 있다. 하지만 그 정책의 대부분은 이주자들에게 우리나라의 언어와 문화, 생활방식을 교육하여 우리나라 사회에 통합시키려는 동화정책이다.[22] 주류문화가 비주류문화를 지배 · 통합하려는 다문화 정책보다는 서로 다른 문화의 차이를 인정하고, 공존을 모색하는 상호문화교육(intercultural education)이 절실하다. 이는 사회와 교육에 대한 인식의 근본적 전환 없이 그 어떤 정책도 실효성을 거두기 힘들기 때문이다. 상호문화적 관점은 적어도 다음과 같은 이점을 지닐 수 있다.[23]

첫째, 국민통합에 기여함은 물론 문화의 차이와 다름을 존중하는 사회적 인식 전환을 도모한다.

둘째, 전체 사회구성원의 인식을 변화시키는 것을 전제로 하는 사회 · 문화적 통합을 궁극적으로 지향한다.

---

22) 정영근(2009). 한국사회의 다문화화에 대한 교육학적 성찰. 교육철학, 44, 121.

23) 오영훈(2009). 다문화교육으로서 상호문화교육: 독일의 상호문화교육을 중심으로. 교육문화연구, 15(2), 27.

셋째, 세계화 시대에 걸맞는 인식과 태도를 기르는 세계시민의 양성을 목표로 한다.

이처럼 다양한 이점을 갖는 상호문화교육이 인종과 문화적 차별을 극복하기 위한 정치교육의 차원으로 승화될 때 세계시민교육의 방향과 연결될 것이다. 미래의 국가 지도자로 성장할 대학생들에게 세계화로 파생된 다문화 사회의 현상과 교육의 방향을 올바로 인식하고, 현존하는 문제들에 대한 합리적인 해결책을 찾도록 교육하는 일은 대학 인성교육의 내용 설정에서 고려되어야 할 주요 사안이다.

### 3) 대학 인성교육의 방법

대학 인성교육의 당면 과제는 가속화되어 가는 사회에서 날로 축소되는 피교육자의 역량을 어떻게 강화하느냐에 달려 있다. 이를 위해선 먼저 자기 몸과 영혼을 돌보고, 자기 내면의 힘을 강화하는 방법을 찾아야 한다. 나아가 자기를 둘러싼 세계의 변화에 능동적으로 대처하고, 글로벌 사회에서 주인으로 당당히 설 수 있는 시민역량을 길러 주어야 할 것이다.

#### (1) 주체역량 강화의 방법

대학입시에 이어 대학입학 후에도 취업 준비로 바쁜 대학생은 자신의 몸과 마음을 돌아볼 여유가 부족하다. 자신의 몸과 마음을 챙기는 일은 개인이 알아서 해야 할 일이므로 각자에게 맡길 수 있을 것이다. 하지만 대학교육의 현실은 개인이 자율적으로 행해야 할 삶의 과제마저 기초가 부실하여 교양이나 전공교과 못지않게 대학에서 의도적으로 개입해야만 하는 상황에 이르렀다.

이에 주체역량을 강화하기 위한 방편으로 신체단련, 영양, 건강, 섭생, 수면과 같은 기본생활습관의 개선과 향상을 목적으로 하는 몸교육, 건강교육, 영양교육, 보건교육, 성교육 등의 프로그램을 대학에서 구체적으로 개발하여 인성 위주의 교양교육이나 비교과 활동 영역에 포함시키는 방안을 생각해 볼 수 있다. 기본적으로 생활 속에서도 기초체력을 강화할 수 있는 방법을 알려 준 다음 실천에 옮기도록 장려하고, 한 가지 이상의 운동에서 특기를 발휘할 수 있도록 일인일기(一人一技) 전략을 활용하는 방법도 고려해 볼 수 있다. 인스턴트 식품, 과식, 폭식의 해로움을 알리고, 자연의 순리를 따르는 조화로운 섭생과 식습관이 얼마나 중요한지를 일깨워 일상에서 실천하도록 유도할 필요가 있다. 저염료, 무농약, 저농약, 유기농 식품을 의식적으로 소비하는 습관을 점차 길러 주는 것도 장차 건전한 가정생활을 영위해 나가는 소중한 밑거름이 될 것이다. 현대인의 건강을 해치는 주범이 스트레스임을 감안하여 상담과 심리검사를 활용해 각종 스트레스에 대처하는 힘을 길러 주고, 과로나 일중독에 빠지지 않도록 일과 휴식, 수면 간의 적절한 조화를 이루도록 도와 주어야 할 것이다. 병의 예방에서도 자연적 치유와 회복의 방법을 자연요법이나 대체 의학의 지혜를 빌려 교육하는 것도 좋은 방법이 될 것이다. 가령, 흔하게 걸릴 수 있는 감기와 같은 질병의 경우에 약국에서 쉽게 약을 처방받을 수 있겠지만 약물의 부정적 효과는 서서히, 언젠가는 반드시 나타난다는 점을 인식하도록 해야 한다. 장기적 관점에서 보면 신체의 고유한 리듬을 깨뜨리지 않고 자연의 순리를 따르는 치유 방법은 얼마든지 찾을 수가 있으며, 우리 몸을 온전히 보존해 나가는 첩경이기도 하다. 사랑, 연애, 성, 결혼 등 성인 초기의 대학생에게 '사랑학'이나 '성교육'은 필수적으로 부과되어야 할 과목에 속한다. 인간의 성에 대한 무지에서 비롯된 대학생의 성희롱, 성폭력과 같은 반사회적 행위를 근절하기 위해서라도 대학의 필수 프로그램으로 체계적인 성교육이 정착되어야 한다. 성교육은 나아가 인권을 담보한 양성평등교육으로, 장차 결혼을 앞둔 성인 초기의 대학생들에게 예비 '부모교육'의 차원으로 확대하여 실시할 필요가 있다.

마음의 치유나 정신의 순화와 같은 인간의 영혼을 돌보는 작업 또한 다양한 형태로 실효성을 거둘 수 있을 것이다. 가장 왕성한 활동력을 보이는 대학생들로 하여금 여유와 여가를 찾도록 자신을 돌아볼 수 있는 기회를 제공할 필요가 있다. 명상, 기도, 참선의 시간을 마련하여 일상에서 자신의 깊은 내면과 영혼을 돌볼 수 있도록 한다거나 학기나 방학 중에 집중캠프를 마련하여 인성 혹은 영성 프로그램을 운영한다면 자기 발견과 탐험의 기회를 줄 수 있을 것이다. 자신의 내면을 돌아보는 일기 쓰기나 지나온 삶을 담담하게 반성하고 새로운 삶을 기획하는 전략으로 자서전 쓰기도 생각해 볼 수 있다. 자전적 글쓰기는 분명 자기반성, 자기치유, 자기발견, 자기창조와 같은 주체역량 강화에 긍정적 효과를 줄 수 있는 요소를 담고 있다. 원만한 대인관계와 미래의 진로 탐색을 위해 다양한 심리검사를 실시하도록 하고, 관련 상담을 통해 자신의 고유성과 정체성을 찾아가는 노력도 장려할 만하다.

무엇보다도 현대사회에서 대학생의 주체역량을 강화하기 위한 장기적이고 지속적인 교육방법은 인문고전교육[24]의 방법이라고 본다. 인문고전교육의 교육방법은 독서, 대화, 토의, 토론, 작문 등 고전을 읽고 말과 글로 표현하는 기술과 방법을 모두 포괄한다. 이 중에서도 책 읽기가 기초이므로 인문고전독서법은 대학생의 핵심 인성역량으로 간주되어야 한다. 독서 프로그램이 성공하려면 독서에서 얻은 최초의 흥미, 다시 말해서 학습자의 개인적인 경험에서 나오거나, 대학에서 제공하는 프로그램에 참여하여 생길 수 있는 흥미가 지속될 수 있도록 독려하는 일이 매우 중요하다. 그 지속성을 보장해 주는 방안이 바로 '계통적 독서'이다. 독서와 사고의 촉진을 가져오는 최초의 계기나 동인(動因)으로 인해 학습자 스스로 꼬리에 꼬리를 무는 독서삼매경에 빠지거나 몰입(flow)의 경지에 이르게 된다면, 그는 분명 세상을 지혜롭게 살아가는 소중한 문화기술을 터득한 것이나 다름없다.

24) 이에 대한 자세한 내용은 손승남(2013). '위대한 저서(The Great Books)' 프로그램을 토대로 본 우리나라 대학 인문고전교육의 방향 탐색. 교양교육연구, 7(4), 449-472를 참조.

### (2) 시민의식 함양 교육방법

아무리 좋은 목적과 내용을 가지고 있다 하더라도 교육방법이 이전의 방법과 차별성을 갖지 못한다면, 시민의식 함양을 위한 대학 인성교육의 소기 목적을 달성하기 힘들 것이다. 시민성교육에서는 학습의 주체가 학습자 자신임을 철저히 인식하고, '행함으로써 배워 나가는(learning by doing)' 학습자 중심의 참여교육이 되어야 한다.

첫째, 대학생의 공동체 참여활동이 다양한 방식으로 촉진되어야 한다. 이러한 활동은 학생들의 자치로 운영되는 동아리 활동, 언론자치 활동, 학생회 간부와 같은 리더십 개발 활동, 취업체험 활동, 사회봉사 활동, 교내외 해외 관련 활동, 문화예술 활동, 해외학술 활동 등 일일이 열거하기 힘들 정도로 많다. 이 중에서도 사회봉사 활동은 대학의 인성교육 방법으로 널리 정착되어 있다. 노인, 장애인, 아동과 청소년의 가정과 시설을 방문하는 사회복지 차원의 봉사는 물론 교육, 환경, 보건, 복지, 의료, 교통, 소비, 문화, 정치와 같은 모든 분야에서 지역사회봉사의 기회가 있고, 국제협력과 난민구호와 같은 해외봉사도 늘고 있는 추세이다. 인성교육 차원에서 대학생의 봉사 활동이 정착되려면 좀 더 심화・확대하는 방안을 마련해 나갈 필요가 있다. 학생들의 선의지 및 자발적 의지에 기반을 둔 봉사 활동을 장려해 나가되, 그 실천력이 미비할 때 학교와 교육자가 적절히 강제함으로써 독려하는 것이 필요하다. 사회봉사를 대학 교육과정의 한 요소로 자리매김하는 일도 중요하지만, 각 학과나 전공 특성에 따라 관련 분야에서 봉사를 의무화하는 방안도 고려할 만하다. 가령, 사범대학 학생의 경우 소외받는 지역의 아동이나 청소년에게 학업지도와 생활지도 봉사를 '교육봉사'라는 과목으로 지정하여 졸업사정에 반영하는 방법이 그 예이다. 학교, 교수, 교직원이 봉사단을 조직하여 대단위로 학생들을 참여시킨다면, 봉사에서 얻는 보람과 함께 인성지도의 효과를 동시에 얻을 수 있을 것이다. 글로벌 시대에 걸맞게 해외봉사단체에 자원하여 다른 나라 사람들의 언어, 문화, 정서를 경험하고 어려움에 처한 사람들을 원조하는 일도 대학생들의 시야를 넓히고, 장차 세계시민으로 성장하는 데 중요한 밑거름이 될 것이다.

둘째, 시민성 함양이 목적인 공동체교육은 결국 공론장(Öffentlichkeit)에 참여하여 자신의 역량을 발휘할 수 있는 민주시민교육으로 나아가야 한다. 민주시민교육은 시민의 참여를 토대로, 시민참여는 시민교육을 통해 이루어진다. 민주주의가 주권재민을 뜻한다면 시민의 자발적 참여는 필수불가결의 요소라고 할 수 있다. 이러한 참여능력은 민주적 학습방법, 다시 말해서 발표와 토론을 통한 세미나 방식에 의해서 고양될 수 있다. 학습자는 일정한 주제에 대해서 자기주도적(self-directed) 학습을 하여 자기를 둘러싼 세계에 대해 문제 제기를 할 수 있다. 자기의 생각이 독단에 빠지지 않도록 학습자는 자신의 독자적인 아이디어나 견해를 시험대에 올려 검증을 받아야 한다. 바로 이러한 이유에서 타인과의 대화 및 토론이 필요하다. 특히 대화 · 토론 수업은 참가자의 인격과 신념을 존중하고, 학습자의 다양성을 최대한 인정하는 분위기에서 진행되어야 한다.

민주주의는 대화, 토의, 토론을 생명으로 한다. 따라서 민주시민교육에서 사회구성원들에게 대화 및 토의 능력을 함양해 주는 일은 최우선의 과제라고 할 수 있다.[25] 이때 중요한 것은 지식이 단순히 전달되는 것이 아니라 다른 사람들과 함께 찾아가는 과정이라는 점을 인식하는 일이다. 절차와 과정의 중요성을 깨닫고, 차이의 인정, 타인의 견해에 대한 진지한 청취, 대화 상대자의 인격 존중, 다수결에 복종, 소수 의견의 존중 등의 민주적 가치를 몸소 배울 수 있는 장이 소집단 토의수업이다. 소집단 토의는 구성원 사이에 상호 인사, 부여된 주제 확인, 사회자 및 발표자 선정, 토론 실시, 발표문 작성, 토론 및 발표 순으로 진행한다.

---

25) 강치원은 원탁토론을 특히 강조하며 진정한 평등과 공정성을 배울 수 있는 최상의 방법으로 간주한다. 강치원(2013). 토론의 힘. 느낌이 있는 책, 251-267.

### 4) 대학 인성교육의 평가

인성교육의 평가에서 가장 주안점을 두어야 할 부분은 인성교육 내용을 가정, 학교, 사회에서 얼마나 '실천'했느냐의 여부를 가늠하는 일이다. 바람직한 덕목이나 핵심역량이 일시적 훈련에 머물고 만다면, 그 또한 무의미한 일이다. 지식과 실천으로 다듬어진 다양한 인성적 요소와 역량이 자신의 인격으로 재통합되어 지속적인 효력을 발휘할 때 그 교육은 소기의 목적을 달성할 수 있기 때문이다. 인성교육의 평가에서 이러한 '지속성'을 고려하는 일도 중요하다.

하지만 실제로 인성교육의 내용과 방법에서 제시한 다양한 방안이나 프로그램 요소를 평가하는 일은 쉽지 않다. 인성 자체를 잴 수 있는가 하는 근본적 문제에서부터 인성교육 평가는 딜레마 상황에 봉착하게 된다. 몸, 마음과 정신의 수련과정을 하나하나 평가 대상으로 삼는다는 생각도 부자연스럽다. 사적 영역에서 대학생 각자가 자발적으로 노력해야 할 부분[26]에 대해서는 어쩔 수 없다 하더라도, 객관적으로 산정할 수 있거나 통제 가능한 인성교육의 노력이나 요소에 대해서는 대학에서 적절한 교육적 개입을 할 필요가 있을 것이다. 가장 좋은 방법은 대학 차원의 '인성교육 평가위원회'를 구성하여 시행된 인성교육을 평가하는 것이다. 즉, 실천 위주의 인성교육의 경우 실천을 양화(量化)하여 객관적으로 잴 수 있는 별도의 평가위원회를 구성해서 학생들의 인성교육 실천사항을 학점으로 인정해 줄 수 있을 것이다.

대학생의 인성교육 실천에 대한 평가에서도 좀 더 새로운 방식으로 접근해 나갈 필요가 있다. 우선 기존의 평가방식이 결과 및 산출 위주였다면 대학 인성평가에서는 과정 자체의 평가에 더 많은 비중을 두어야 한다. 인성교육 수

26) 성인 초기의 대학생의 경우 인성교육의 노력에 대해서 자기 스스로 평가하도록 하는 '자기주도적 평가'능력을 길러 주는 일도 중요하다.

업이나 프로그램에서 실제로 일어나는 교수자와 학습자 사이의 대화나 질의 응답과정, 비판능력의 형성, 문제해결과정 자체에 초점을 두는 것이다. 과정 평가를 뒷받침하려면 교육진행 과정에서의 서술과 대화, 교육적 맥락을 연결한 포트폴리오 작성이 도움을 줄 것이다.

나아가 기존의 평가가 개인 및 경쟁 중심적인 평가방식으로 일관되어 왔다면, 대학 인성평가에서는 집단의 협력과 협동성 자체에 비중을 두어야 할 것이다. 종래엔 개인 간의 능력 차이 자체를 재는 데 평가의 목적을 두었다. 대학 인성평가에서는 한 개인이 집단의 활동에서 자기 능력을 발휘한 정도나 공동체에 공헌한 정도를 더 높이 평가해 나갈 필요가 있다. 다시 말해서, 자기가 속한 집단 전체 구성원의 학습 향상과 정신적 성장을 기준으로 삼는 것이 인성평가의 기본 취지에 더 잘 부합한다.

요컨대, 교육평가는 플리트너(Flitner)가 적절하게 지적한 바와 같이, 교육기관에서의 '정의(Gerechtkeit)의 문제'로 보아야 할 것이다.[27] 평가를 통해 학습자를 정상분포곡선의 어느 지점에 위치하게 하는 것, 그리하여 시험에서 성공한 몇 사람과 실패한 다수를 구분하는 것 이상의 의미를 지니지 못할 때 그 교육은 '정의'로부터 멀어지기 때문이다. 대학 인성교육에서 평가는 가르치는 사람의 일방적인 성적과 석차 매기기가 아니라 가르치고 배우는 과정에서 학생에게 주는 진정한 '도움'과 '피드백'으로 파악되어야 한다. 인성교육이 학습자의 자발성과 자율성 그리고 민주적 시민의식을 함양하는 중차대한 과업이라고 할 때 그 평가도 자발성을 신장시키고, 그리하여 결국 학습자 스스로 자기를 평가할 수 있는 성숙된 역량을 고양하는 방향으로 전개되어야 한다.

27) Flitner, A. (1985). Gerechtigkeit als Problem der Schule und als Thema der Bildungsreform. *Zeitschrift fuer Paedagogik, 31*, 19.

# 3. 나오는 말

대학 인성교육의 목적, 내용, 방법에 관한 교수학적 논의에서 분명해지는 점은 인성교육이 대학생활의 모든 영역에서 총체적으로 실시되어야 한다는 것이다. 즉, 교양교육, 전공교육, 비교과활동을 막론하고 대학의 전체적 교육 프로그램에 인성교육의 요소가 스며들어야 한다는 것이다. 학생들에게 인성교육에 관한 지식을 가르치는 일도 중요하지만, 실천이 뒤따르지 않는다면 그 교육은 공허한 메아리로 남을 것이다. 결론을 대신하여 앞서 제시한 대학 인성교육의 내용과 방법이 구현될 수 있는 몇 가지 방안을 제시해 보고자 한다.

첫째, 교양교육과정의 기초 혹은 핵심 영역에 인성교육의 내용이나 프로그램을 담는 방안이다. 가령, '인성교육론'과 같은 교양교과목을 교육필수과목으로 지정하여 졸업 전에 반드시 이수하도록 한다. 대학의 사정에 따라 한 학기에 2학점 혹은 3학점을 수강하도록 하되, 학점 부여보다는 합격이나 불합격(Pass/Fail)의 평가방식을 도입한다. 대학 차원의 '인성교육위원회'를 구성하여 이 장에서 논의한 교수학적 원리를 반영한 교재를 편찬하고, 이론과 체험학습을 아우르는 교수-학습 지도안을 마련하여 시행한다. 그 내용 안에 몸교육에서 지구촌 시대의 세계시민교육에 이르기까지 다양한 주제가 다루어질 것이므로 다양한 전공의 관련자를 데려와 팀티칭을 하는 것이 바람직하다. 예를 들면, 섭생에 관해서는 식품영양학 전공자를, 민주시민교육에서는 사회교육 전공자를 교수로 초빙하여 수업을 하도록 하는 방안이다.

둘째, 전공교육과정의 교과목이나 수업에서 인성교육을 구현하는 방안이다. 전공교육 자체를 충실히 수행하기도 힘든 상황에서 인성교육의 요구는 자칫 대학의 각 전공교수로부터 반감을 살 수도 있다. 하지만 대학졸업생의 인성 부재를 외치는 기업체나 사회의 볼멘 목소리를 새겨 본다면 전공교육에서도 인성교육의 강화를 고려하지 않을 수 없다. 전공교육과정에서 인성적 요소를 반영할 수 있는 틈새를 찾아 반영하는 전략을 생각해 볼 수 있다. 학과에서 신입생에게 실시하는 새내기 교과목이 있다면, 그 내용을 재구성하여 인성적 요소를 강화해 나갈 수 있다. 이 안에 시간 관리, 건강 관리, 여가 관리와 전공과 연계된 진로 탐색, 사회적 기술 및 에티켓과 같은 자기 관리능력, 사회에서 필요로 하는 기본적 의사소통능력, 팀워크와 갈등 관리능력, 리더십 등을 포함시킬 수 있다. 또한 전공 특성에 맞는 봉사 영역을 발굴해 전공과목에 삽입하여 실시할 수 있다. 가령, 행정학과라면 여러 행정기관에서, 사회복지학과라면 각종 사회복지시설에서, 사범계열의 학과라면 다양한 교육기관이나 현장에서 전공의 특성에 맞는 봉사를 찾아 체험학습을 전개할 수 있다.

셋째, 정규교육과정 이외의 비교과 활동을 통해서 인성교육을 구현하는 방안이다. 대학생의 공동체 참여활동은 동아리 활동, 언론자치 활동, 학생회 간부와 같은 리더십 개발 활동, 취업체험 활동, 사회봉사 활동, 교내외 해외 관련 활동, 문화예술 활동, 해외학술 활동 등 그 가능성이 무궁무진하다. 자원봉사의 중요성이 날로 더해 가는 시점에서 '사회봉사' 과목을 대학 차원에서 필수과목으로 지정하여 졸업하기 전 의무적으로 부과할 필요가 있다. 지구촌 시대를 맞이하여 해외봉사가 늘고 있는 점을 감안하여 대학에서는 국내의 해외봉사단체는 물론 국제적인 자원봉사기구와 연계하여 자원봉사 프로그램을 확대해 나갈 필요가 있다. 기아, 난민, 재활사업에서부터 교육, 의료봉사에 이르기까지 사회와 인류에 공헌할 수 있는 봉사의 체험은 대학생에게 자신감과 불굴의 의지를 심어 줄 것이다.

원만한 대인관계와 미래의 진로 탐색을 진위해 다양한 심리검사를 실시하도록 하고, 관련 상담을 통해 자신의 고유성과 정체성을 찾아가는 노력도 장려할 만하다. 이 점에서 대학 내에 설치된 학생상담센터, 진로정보실, 종합인력개발센터가 다양한 심성계발 프로그램 운영을 통하여 대학생의 주체역량 강화에 기여할 수 있는 가능성은 크다고 본다. 가령, 10회기(1회기 100분)로 구성된 심성계발 프로그램을 개발할 경우 전반부에서 참가자들의 장점이나 잠재가능성을 찾고, 중반부에서 가치관 명료화와 특기적성 활동을 실시한 후 후반부에서는 현재 대학생활에서 당면한 스트레스를 점검하고 자신의 미래 모습을 구체적으로 설계하는 내용으로 프로그램을 구상해 볼 수 있다.

마지막으로, 인문고전 프로그램을 통한 인성교육을 다시금 강조하고자 한다. '고전'은 시공을 초월한 인류문화의 보편적 가치와 인간 경험의 다양한 폭과 깊이를 반영할 뿐만 아니라, 창조적 사유와 지적 성장에 도움을 줌으로써 인간성 형성에 지대한 영향을 끼친다. 인문학의 열기와 함께 우리나라 대학에서도 인문학 프로그램과 고전 읽기 프로그램이 다양하게 전개되고 있다. 이 일이 유행에 그치지 않으려면 대학당국과 대학 도서관이 협력하여 분명한 교육철학을 갖고 추진해 나갈 필요가 있다. '인문학 공부도 돈이 된다.'와 같이 외부에서 추동된 동기에서 인문학과 고전교육이 실시된다면, 그 교육적 효과는 반감될 수밖에 없다. 성과, 성공, 효율성의 가치를 우선시하는 인문고전 프로그램으로 도덕적·개방적·창조적 역량을 갖춘 새로운 인간형을 기대하기란 힘들 것이다. 결국 조화로운 인성을 길러 주기 위한 인문고전교육은 급변하는 세계에 맞서 자신의 주체성을 지킬 수 있는 자율적 인간, 타인과 더불어 살아갈 수 있는 공동체적 인간, 한 걸음 더 나아가 이 땅에서 소외되고 억압받는 사람들에 대한 관심과 배려를 보일 수 있는 연대적 인간, 그리하여 결국 지구상의 생명과 우주의 만물에까지 생각이 미칠 수 있는 지혜로운 인간을 기르는 초석이 될 수 있다.

## 참고문헌

강치원(2013). 토론의 힘. 느낌이 있는 책.

김우창(1996). 윤리, 도덕, 인성 · 대학의 인성교육. 서강인문논총, 5, 3-52.

김태현, 노명래(1998). 순천향대학교의 인성교육 방안 연구. 인문과학논총, 6, 5-49.

박이문(1996). 教育理念과 人性教育-대학에서의 인성교육은 가능한가?. 서강인문논총, 5, 53-72.

손승남(1999). 21세기를 대비한 인성교육의 철학적 구상. 한독교육학연구, 4(1), 67-84.

손승남(2000). 민주시민의식 고양을 위한 새로운 교육방법의 모색. 한독교육학연구, 5(1), 81-98.

손승남(2013). '위대한 저서(The Great Books)' 프로그램을 토대로 본 우리나라 대학 인문고전교육의 방향탐색. 교양교육연구, 7(4), 449-472.

손승남(2014). 대학 인성교육의 교수학적 고찰. 교양교육연구, 8(2), 11-41.

양혜련(2006). 대학의 인성교육 활성화 방안 연구. 한국여성교양학회지, 15, 1-28.

오영훈(2009). 다문화교육으로서 상호문화교육: 독일의 상호문화교육을 중심으로. 교육문화연구, 15(2), 27-44.

유네스코 아시아 · 태평양 국제이해교육원 엮음(2009). 다문화 사회와 국제이해교육. 동녘.

이영애(2006). 대학 중도탈락자 예방을 위한 인성교육 프로그램 개발. 한국동서정신과학회지, 9(1), 95-104.

이종록, 김택윤(1995). 창조교육이론. 교육과학사.

이주희, 최명선, 박희현(2009). 대학생을 위한 인성 교육 프로그램의 효과. 인간발달연구, 16(2), 205-220.

정영근(2009). 한국사회의 다문화화에 대한 교육학적 성찰. 교육철학, 44, 113-137.

Flitner, A. (1985). Gerechtigkeit als Problem der Schule und als Thema der Bildungsreform. *Zeitschrift für Pädagogik, 31*, 1-26.

Humboldt, W. v. (1903). Theorie der Bildung des Menschen. *Werke. Bd. I.* Akademische Ausgade. 282-287.

Klafki, W. (1991). *Neue Studien zur Bildungstheorie und Didaktik. 2. erweiterte*

*Aufl*. Beltz.

Kron, F. W. (2000). *Grundwissen Didaktik. 3. Aufl*,. Muenchen & Basel.

Newman, H. (1852). *The Idea of a University*. Longman & Green & Co.

Pestalozzi, J.-H. (1978). *Wie Gertrud ihre Kinder lehrt und Ausgewählte Schriften zur Methode*. Schöningh.

제8장

# 대학 인성교육으로서 '삶의 치유 프로그램' 개발과 적용 가능성 탐색[1]

## 1. 들어가는 말

20세 전후의 대학생은 인생의 발달 단계로 볼 때 청소년 후기 또는 성인 초기에 해당되며, 이 시기의 신체적 변화는 이전의 시기와는 비교할 수 없을 정도의 심리적 · 정서적 변화를 겪는 과도기이다. 이로 인해 이들은 다양한 정신적 스트레스를 경험하게 되고, 정신건강의 발달에도 적지 않은 어려움을 겪게 된다. 우리나라의 경우 2000년대 이후 대학생이 겪는 스트레스의 양상은 더욱 복잡하고 다양해졌다. 대학 입학 이후 확연하게 달라진 생활환경으로 인하여 대학생들은 학점이수와 학업 문제, 시간 관리, 복잡해진 인간관계, 진로 및 취업, 경제적 문제 등을 고민하게 되고, 이러한 고민들은 잠재적 스트레스의 원인으로 작용한다(문원희 외, 2012). '반값 등록금' 구호에서 볼 수 있듯이 대학생의 경제적 문제는 사회적 이슈가 된 지 오래이고, '무한 스펙시대'에서의 극심한 경쟁은 취업전쟁을 방불케 한다. 이뿐만 아니라 우리나라

1) 손승남, 임배(2015). 대학 인성교육으로서 '삶의 치유(Lebenstherapie) 프로그램' 개발과 적용 가능성 탐색. 교양교육연구, 9(2), 117-144. 이전에 함께 작업한 논문을 이 저서에 실을 수 있도록 허락해 준 임배 박사에게 감사를 드린다.

대학생들은 가족구성원과의 대화 단절, 이성 및 친구 관계에서 스트레스, 불안, 우울, 폭력, 자살생각 등 상당 수준 정신건강의 위험에 노출되어 있다.

실제 성인기에 진단되는 정신과적 장애의 상당수가 이미 청소년기 혹은 성인 초기부터 시작된다(Kim, 2009). 위기의 시대에서 대학생은 지속적인 위협과 도전의 좌절상황과 직면하고 있는 셈이다. 변화된 상황에서 자신의 존재감을 찾지 못할 경우 이들은 직업, 종교, 이념, 가치관, 성역할 등 다방면에서 역할 혼미(role confusion)에 빠질 수도 있다. 후기 청소년기 젊은이의 20~30%는 심한 스트레스를 겪으며, 이를 호소한 젊은이의 50%가 스트레스 때문에 자신의 미래에 대한 막연한 불안을 경험하고 불안장애와 같은 정신건강 문제를 갖는다(Suh, 2011). 더군다나 우리나라와 같이 대학입시라는 억압적 상황에서 자아정체감이 상당 부분 유예되어 있는 경우 입학 후 변화된 환경에서 오는 심리적 문제와 정신적 스트레스는 일반적으로 높다고 볼 수 있다.

이 점에서 볼 때 사회의 급격한 변화와 입시 위주의 교육적 병폐로 인해 교육 본연의 목적인 '전인적 인간발달'의 실현이 날로 어려워지고 있다. 이에 대학은 신입생 시기부터 학생들의 전인적 인간발달에 관심을 가져야 하며, 그들의 인성발달에 도움을 줄 수 있는 프로그램을 제공해 주어야 한다. 왜냐하면 사회가 빠르게 변하면서 세계의 변화에 대한 교육받는 주체의 대응능력은 현저하게 떨어져 있고, 입시로 인해 제대로 '성장'할 기회를 놓친 미숙한 '성인'들이 대학에 들어와 적지 않은 혼란과 방황을 겪고 있기 때문이다. 이러한 경향성은 어제오늘의 일이 아니다. 하지만 지금의 상황은 그 수준이 과거보다 심각해지고 있다.

「인성교육진흥법」(법률 제13004호, 2015. 1. 20. 제정)에 따르면, 인성교육은 '자신의 내면을 바르고 건전하게 가꾸고 타인 · 공동체 · 자연과 더불어 살아가는 데 필요한 인간다운 성품과 역량을 기르는 것을 목적으로 하는 교육'을 말한다. 대학시절은 인간의 발달과 성숙의 과정에서 중요한 시기라고 볼 수 있다. 따라서 대학은 학생들의 체계적인 인성교육 프로그램으로 그들의 전인적 인간 발달에 적극 나서야 할 것이다.

이 장의 목적은 이러한 문제의식을 전제로 대학생의 전인적인 성장과 발달에 기여할 수 있는 인성교육 프로그램을 개발하고, 이를 대학 교양교육의 한 축으로 삼아 실제로 운영할 수 있는 적용 가능성을 탐색하는 데 있다. 이 장에서는 다음과 같은 내용을 다룬다.

첫째, 대학이 위기상황에 처해 있는 대학생들을 파악할 수 있는 심리검사 도구를 검토한다. 대학생의 정신건강을 설명하는 이론으로 '소진(burnout)' 개념과 관련 이론을 검토한 후 이를 측정할 수 있는 도구로서 매슬릭 소진 측정도구(Maslach Burnout Inventory: MBI)와 간이정신진단검사(KSCL95)를 살펴본다.

둘째, 대학생의 '전인통합치유'를 궁극적 목적으로 하는 대학생 '삶의 치유(Lebenstherapie) 프로그램'을 제안하고자 한다. 전인교육, 도야이론, 통합심신치유를 인성교육의 이론적 근거로 제시하고 이를 바탕으로 대학생 치유 프로그램의 목적과 구성을 구체화한다.

셋째, 대학 교양교육의 현장에서 실제로 활용할 수 있는 실제적인 프로그램을 개발하고, 그 적용 가능성을 탐색해 본다. 실현 가능성이 있는 대학생 4박 5일 '대학생 치유 프로그램'의 개발과 운영 상황을 가상적으로 구성했다.

이러한 시도는 지금의 상황에서 내적·외적 불확실성에 시달리고 있는 학생들을 위한 대학의 새로운 모습과 역할을 제시하며, 더 나아가 대학이 학생들의 삶의 질을 향상하고 미래 가능성을 실현시키는 데 어떤 도움을 주어야 하는지를 구체적으로 제시한다는 점에서 의의를 지닌다.

## 2. 대학생 소진과 측정도구

### 1) 소진 개념과 관련 연구

소진(burnout)은 원래 마약중독자의 육체적 · 정신적 상태를 진단하는 용어에서 유래했으나, 1970년대 중반 이후 인간의 심리적 스트레스로 인한 병리현상을 지칭하는 용어로 정착하게 된 개념이다. 인간이 겪는 스트레스가 심각한 심리적 문제를 유발할 수 있다는 근거에서 프로이덴버거(Freudenberger, 1974)는 '심리적 소진 증후군(psychological burnout syndrome)'이라는 용어를 최초로 사용했으며, 이 개념을 대인봉사와 서비스 직종에 종사하는 사람이 과도한 업무로 인해 육체적 · 정신적으로 피폐하고 에너지가 소모된 상태를 설명하는 데 사용했다(김정희, 김철웅, 2012).

이러한 소진현상은 의사, 사회사업가, 상담가, 간호사, 공무원, 법률가와 같은 다양한 대인서비스 종사자들에게서 나타났으나, 우리나라와 같이 학업 및 진로 스트레스에 노출되어 있는 청소년과 대학생이나 교육활동 침해 및 피해 교원에서도 발견되고 있다(김현수, 2013; 엄기호, 2013; 이상민, 2012; 이영만, 2013).

소진을 측정하기 위한 도구로는 매슬릭과 잭슨(Maslach & Jackson, 1981)이 정서적 소모감, 비인간화, 개인적 성취감의 감소라는 세 가지 하위 요인으로 개발한 매슬릭 소진 측정도구(MBI)를 들 수 있다. 이들과 달리 파인스 등(Pines et al., 1981)은 소모감에 맞추어 신체적 소모감, 정서적 소모감, 정신적 소모감의 세 하위 요인으로 구성된 소진 척도(Burnout Index)를 개발했다.

소진 연구의 선구자라고 할 수 있는 매슬릭은 '장기간의 대인서비스 활동에 종사하면서 심리적 에너지가 과도하게 요구된 결과 극도의 심신의 피로와 정서의 고갈이 중점적으로 나타나는 현상'을 심리적 소진으로 규정했다. 대학생은 감정노동자가 겪는 정도의 소진은 아닐지라도 생활세계의 변화로 인해 정서적인 부담감과 고갈된 감정, 사람들과 작업 수행 시 효능감과 성취감의 저하, 대인관계에서 무감정과 비인간적인 반응을 보일 수 있다. 소진 상태가 지속되면 대학생은 불안, 정신적 장애, 신체적 장애, 그 밖의 다양한 정서적 문제를 겪을 수 있다.

소진을 경험한 사람들은 대개 피로, 두통, 불면증, 식욕 감퇴, 호흡곤란, 위궤양 등의 신체적 증후를 보이고, 그와 동시에 분노, 불안, 무력감, 우울, 낮은 자존감, 의기소침 등의 심리적 증후를 호소하기도 한다(Skaalvik & Skaalvik, 2010; Warrad, 2012). 소진을 겪는 사람은 노력 감소, 독단적이고 권위주의적인 행동 증가, 의사소통 단절, 새로운 아이디어 도입 거절, 인내심 저하, 주변 사람들에 대한 비호의적 태도, 장기 결석 등의 행동을 보이기도 한다(Leiter & Maslach, 1988).

소진은 점진적으로 진행되는 연속적 개념이다. 따라서 소진의 과정을 이해한다면 소진이 심각한 수준에 이르기 전에 개입할 수 있으므로 치유와 예방에 도움을 줄 수 있다. 소진의 일반적 과정을 보면 처음에는 직무에 에너지를 가지고 열성을 다하지만(열성 단계), 시간이 지나 점차 시들해지면서(침체 단계), 여러 난관에 부딪히거나 좌절을 겪게 되고(좌절 단계), 결국 더 이상 자신의 직무에 관심이 없어지는(무관심 단계) 일련의 단계를 거치게 된다(Edelwich & Brodsky, 1980).

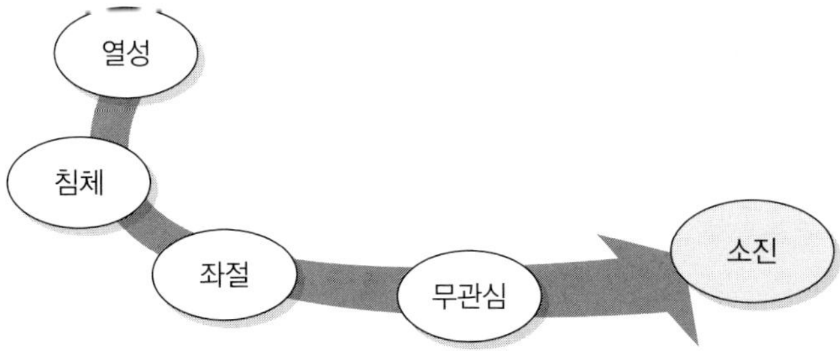


[그림 8-1] 소진의 일반적 단계

출처: Edelwich & Brodsky (1980).

MBI에 따르면, 소진의 세 가지 차원, 즉 정서적 고갈, 비인격화, 낮은 자아 성취감이 순차적으로 진행된다고 했으나 급진적으로 진행된 소진현상이나 소진의 과정을 벗어난 경우를 설명할 수 없는 한계를 드러내고 있다.

이러한 한계를 극복하기 위하여 등장한 골렘뷰스키 등(Golembiewski et al., 1986)의 모델은 MBI의 세 가지 하위 요인에 따라 높음, 낮음의 두 가지 차원을 더하여 8단계로 소진의 발달과정을 설명하는 특징이 있다. 이 모델에 따르면, 1단계는 비인간화(냉담), 개인적 성취감 저하(무능감), 정서적 탈진의 수준이 모두 낮으며, 마지막 8단계는 세 하위 요인 모두 수준이 높은 것으로 간주된다.

[그림 8-2] 골렘뷰스키 등(1986)의 모델 예시

이 모델에 따르면, 급진적인 소진을 경험하는 사람은 높은 수준의 정서적 탈진을 경험한 후(5단계) 세 가지 하위 요인이 모두 소진된 8단계로 발전하거나, 그와 반대로 만성적인 소진 경험자는 먼저 비인간화(냉담)가 증가하고(2단계) 개인적 성취감의 저하를 통해(4단계) 정서적 탈진에 이르게 된다(8단계)고 보고 있다.

**표 8-1 골렘뷰스키 등(1986)의 소진 단계**

| | 1단계 | 2단계 | 3단계 | 4단계 | 5단계 | 6단계 | 7단계 | 8단계 |
|---|---|---|---|---|---|---|---|---|
| 비인간화(냉담) | 저 | 고 | 저 | 고 | 저 | 고 | 저 | 고 |
| 개인적 성취감 저하(무능감) | 저 | 저 | 고 | 고 | 저 | 저 | 고 | 고 |
| 정서적 탈진 | 저 | 고 | 저 | 저 | 고 | 고 | 고 | 고 |

종단 연구(Lee & Ashforth, 1993)를 통해서 밝혀진 바에 따르면, 정서적 탈진이 낮은 비인간화를 불러일으키며, 높은 개인적 성취감이 낮은 정서적 탈진과 관련되고, 개인적 성취가 낮은 비인간화와 연관되며, 높은 개인적 성취감이 높은 정서적 고갈과 연관되는 등 기존의 소진 모델의 결과와 상반된 결과를 보인다. 이처럼 소진현상은 단일한 변인에 의해 규명되기 힘들기 때문에 종단 연구를 근거로 소진의 다차원적 성격을 규명하는 데 노력을 기울일 필요가 있다.

## 2) 대학생 소진 측정도구

### (1) MBI

심리적 소진의 정도를 측정하는 도구로 국내외에 널리 사용되는 매슬릭과 잭슨(1981)의 매슬릭 소진 측정도구를 들 수 있다. MBI는 국내의 연구자들에 의해서 번안된 바 있으며, 이 중 김정휘(1991)와 김두천(1995)의 번역이 비교적 널리 사용되고 있다. MBI는 사람들에 의하여 피로감과 정신적 소모감이 점증되는 정서적 고갈 현상을 측정하기 위한 9문항, 부정적이고 냉소적인 경향의 태도인 비인간화 현상을 측정하기 위한 5문항, 개인이 자신의 목표를 달성할 수 없다고 느끼는 개인의 성취감 상실을 측정하는 8문항 등 총 22문항으로 구성되어 있어 사용하기에 편리하다. 각 문항은 5점 리커트 척도(1=항상 그렇지 않다, 5=항상 그렇다)로 응답하게 되어 있으며, 총점 범위는 22~110점 사이이고, 점수가 높을수록 소진이 높다는 것을 의미한다. 김정휘(1991)의 연구에서 문항별 신뢰도는 정서적 탈진 .863, 비인간화 .792, 성취감 요인 .694로 나왔으며 전체적인 신뢰도는 .867을 나타내고 있어 양호한 편이다.

표 8-2 MBI 심리적 소진 측정도구

| 심리적 소진 하위 문항 | 문항번호 | 계 | Cronbach α |
|---|---|---|---|
| 정서적 탈진 | 1, 2, 3, 6, 8, 13, 14, 16, 20 | 9 | .863 |
| 비인간화 | 5, 10, 11, 15, 22 | 5 | .792 |
| 성취감 요인 | 4*, 7*, 9*, 12*, 17*, 18*, 19*, 21* | 8 | .694 |
| | 계 | 22 | .867 |

*: 역채점 문항

### (2) 간이정신진단검사

간이정신진단검사는 간단하면서도 정신과 관련된 다양한 하위 요인을 분석하는 데 장점이 있다. 이 검사는 드로가티스와 동료들(Derogatis et al., 1976)에 의해 개발된 '간이진단검사 개정판(Symptom Checklist-90-Revision: SCL-90-R)'을 우리나라에서 사용할 수 있도록 김광일 등(1984)이 재표준화한 자기보고식 다차원 증상목록으로 구성되어 있다. 최근에 권선중(2015)은 기존의 SCL-90-R을 현시점의 한국사회와 그 구성원들의 정신건강 환경 및 사회문화적 특성을 반영할 수 있도록 간이정신진단검사II(KSCL95)를 개발했다.

KSCL95는 95개의 문항으로 구성되어 있으며 각 문항은 각각 1개의 심리적인 증상을 포함하고 있다. 검사의 응답자는 오늘을 포함해서 지난 7일 동안 경험한 증상의 정도에 따라 '아니다(0점)'에서 '거의 항상 그렇다(3점)'까지의 4점 평점을 하게 되어 있으며, 점수의 합이 낮을수록 정신건강 상태가 좋은 것으로 해석된다. 또한 이 검사도구는 '정서장애' 영역 9개[우울, 불안, 공황발작, 임소(광장)공포, 강박증, 강박성격, 외상후 스트레스장애, 분노/공격, 신체화] 증상과 '현실적응장애' 영역 3개(조증, 편집증, 정신증) 증상, 기타 영역 5개[자살, 중독, 수면 문제, 스트레스 취약성(대인민감성, 낮은 조절력)] 증상 중 총 17개 증상을 평가할 수 있게 구성되어 있다.

KSCL95은 95문항으로 개인의 거의 모든 정신 상태와 증상을 두루 측정할 수 있고, 20분 정도의 짧은 시간에 검사가 이루어지므로 비교적 손쉽게 사용할 수 있다는 장점이 있다. 대학생의 상처와 소진은 대부분 잠재되어 있는 경우가 많으므로 이들의 정신 상태와 증상을 진단할 수 있는 진단 · 판별 · 지원 체제를 대학 차원에서 구축하여 예방하는 일이 중요하다.

## 3. 대학생 '삶의 치유 프로그램' 개발

### 1) 프로그램 내용의 이론적 근거

이 프로그램의 내용은 독일의 교육철학자 빌헬름 폰 훔볼트(W. Humboldt, 1767~1835)의 인간도야 이론(theory of 'Bildung')과 페스탈로치의 전인교육론에 이론적 근거를 두고 있으며, 이와 더불어 인간의 전인통합치유에 기여할 수 있는 심리학 일반이론, 심리치료, 상담이론, 대체의학, 요가 및 명상, 예술치료, 통합심리학의 다양한 관점을 종합적으로 수용하여 구성된 것이다(강신주, 2013; 엄찬호, 최병욱, 2013; 정혜신, 2013; 조효남, 안희영, 2013; 최훈동, 이송미, 2013; De Botton & Armstrong, 2013; Heidegger, 2003/2010; Wiber, 2000/2008).

최우선적으로 인간도야를 본격적으로 거론한 훔볼트는 '인간성의 조화로운 발달'을 강조하고 있다는 점에서 인간성의 회복과 치유를 위한 기본 관점을 제공해 준다. 그에 따르면, 신체적 · 인지적 · 정의적 · 도덕적 · 사회적 차원의 능력이 조화롭게 발달할 때 인간의 바람직한 인성이 함양될 수 있다. 이처럼 인간도야의 과업이 어느 일면에 한정된 것이 아니고 인간 발달의 모든 영역과 전체적으로 연관되어 있다면, 인간은 지식과 사고력의 배양에도 힘써야 하지만 정서적 · 심미적 · 신체적 측면의 고른 발달에 노력을 기울여야 하며, 성장과 발달의 정점에 있는 대학생에게 그러한 방향으로 나아갈 수 있도록 충분한 관심과 지원을 해 주어야 할 것이다.

동일한 맥락에서 교육실천의 아버지라고 할 수 있는 페스탈로치(Pestalozzi, 1746~1827)는 손(Hand), 마음(Heart), 머리(Head)의 삼육을 내세워 인간의 온전한 삶을 위해서는 전인적 성장과 발달이 중요함을 역설했다. 그는 지식교육에 앞서 수공과 노작을 교육의 기초로 중요시했고, 기분과 정서의 순화 및 도덕적 건전성을 힘주어 강조했다. 그의 명제 '삶이 곧 도야한다(Das Leben bildet)'는 실제 삶 속에서 몸과 체험을 통해 체득하는 공부가 인간성 실현에 기여한다는 메시지를 남기고 있다(Klafki, 1991).

'조화로운 인간성의 발달'과 '전인적 성장과 발달'이라는 교육철학을 바탕으로 삼아 이 연구는 상담과 심리학의 다양한 관점을 통합하여 '삶의 치유(Lebenstherapie) 프로그램'을 개발했다. 프로그램은 대학생의 정신적 발달과 치유 영역을 심리·정서 테라피, 신체 테라피, 인지 테라피 등 3영역으로 구성할 수 있다.

첫째, 심리·정서 테라피는 정서적 소진으로부터 대학생의 심리적 안녕과 정서적 안정을 가져오기 위한 다양한 심리·정서 테라피 기법과 상담으로 내용을 구성한다. 대표적으로 게슈탈트 심리 테라피, 색채 테라피, 도예 테라피, 음악 테라피, 영화 테라피, 차(茶) 테라피, 집단심리상담 테라피, 개별심층상담을 들 수 있다.

둘째, 신체 테라피는 몸의 기력을 회복하고 신체적 안정을 위한 프로그램으로 구성한다. 신체 테라피 내용은 호흡 명상, 힐링 테라피, 댄스 테라피, 삼림욕, 푸드 테라피 등이 있다.

셋째, 인지 테라피는 인간의 근본적인 치유가 결국 사고방식의 변화와 두뇌의 혁신을 통해서 이루어진다는 전제를 바탕으로 구성한다. 여기서는 '에니어그램' '치유(힐링)전문가 초정특강' '인문학과 잘삶'과 같이 상담이론, 교육철학의 관점을 치유와 접목하는 시도가 폭넓게 이루어지게 된다.

## 2) 프로그램의 개요

대학생 '삶의 치유(Lebenstherapie) 프로그램'의 목적은 불확실성과 위기에 처한 대학생들이 스스로 치유할 수 있고, 또한 그들이 전인적 성장할 수 있도록 돕는 데 있다. 이러한 목적은 대학생들이 학교생활을 하는 동안 성인 초기에 직면하는 다양한 불확실성과 스트레스로부터 벗어나도록 도울 뿐만 아니라 궁극적으로 자아정체감과 자신감을 회복할 수 있도록 돕는 것이다. 이를 위해서 세부 프로그램을 심리·정서 테라피, 신체 테라피, 인지 테라피 영역으로 나누어 구성하고, 대학생 치유 캠프를 실시함으로써 치유를 요하는 대학생의 심리·정서적 안정과 더불어, 신체적 리듬 회복 및 인지적 자아존중감·자신감 회복을 돕는다. 결국 삶의 치유 프로그램은 대학생들이 자기애와 자기에 대한 의무를 체득하는 것으로, 인성교육의 기본 범주[2]에 속하는 자기존중 역량을 양성하는 것으로 볼 수 있다.

대학생 '삶의 치유(Lebenstherapie) 프로그램'은 전인적 성장과 치유를 위한 심리·정서 테라피, 신체 테라피, 인지 테라피 세 영역을 모두 포괄하고 있다. 구체적인 프로그램 내용은 강사, 참여 대상의 학년, 실시 기간과 장소 등에 따라 변화를 줄 수 있으나, 세 영역의 조화와 균형은 유지해 나간다. 이때 프로그램 내용 선정의 중요한 원칙 중 하나는 참여 대상자의 흥미와 재미를 유발하고, 삶의 의미를 발견하도록 하여 궁극적으로 자기치유력을 향상시키는 것이다. 세부 프로그램의 내용은 〈표 8-3〉과 같다.

---

2) 한국교육개발원(KEDI)은 자기존중(자기애/자기에 대한 의무)과 타인존중(타인에 대한 사랑/타인에 대한 의무)을 기본 범주로 인성교육 10대 덕목을 분류하고 있다. 10대 덕목은 정직/용기, 성실, 자기존중, 지혜, 자기조절, 배려/소통, 책임/협동, 정의, 시민성, 예의 등이 있다(김영래 외, 2015: 15 재인용).

**표 8-3 대학생의 전인적 성장과 치유를 위한 삶의 치유 프로그램**

| 구분 | 프로그램 | 목 표 | 활동 내용 |
|---|---|---|---|
| 심리 · 정서 테라피 | 게슈탈트 심리 테라피 (Gestalt Therapy) | 스스로 성장하도록 하는 것. 자신의 삶을 성숙하게 헤쳐 나가며 책임감을 갖도록 돕는 것을 목적으로 함 | 욕구와 감정의 자각, 신체자각, 언어자각, 자기 부분 간의 대화 등 |
| | 색채 테라피 (Color Therapy) | 색채감각과 표현 활동으로 소진 학생의 무의식 속에 있는 내적 심상과 퍼스널 컬러를 찾아 심신의 밸런스를 이루도록 도와줌 | 색채분석, 컬러차트, 컬러칩, 퍼스널 컬러 경향성 분석 등 |
| | 도예 테라피 (Ceramic Therapy) | 도예 활동으로 대학생의 내외적 세계 간의 조화를 이루고, 성취감 고취로 자아 성장과 회복에 도움 | 나만의 머그 만들기, 핀칭기법, 롤링기법, 손 물레기법 등 |
| | 음악 테라피 (Music Therapy) | 음악을 단계적으로 사용하여 대학생의 정신과 신체 건강의 복원, 유지, 향상에 도움 | 타악기, 현악기 등 악기 연주, 다양한 음악 장르 감상, 힐링 콘서트 등 |
| | 영화 테라피 (Cinema Therapy) | 심리치료의 수단으로 영화 감상을 활용하여 삶의 문제를 재구조화하고 역할 모델을 제공함으로써 대학생의 심리적 갈등 완화에 도움 | 전인적 자아 성장과 치유 관련 교육영화를 선별하여 심리치료의 수단으로 영화 감상 및 토의 전개 |
| | 차 테라피 (Tea Therapy) | 차 생활의 명상 및 차의 약리적 효과 등을 통하여 대학생의 몸과 마음의 괴로움을 예방 및 완화시키고 긍정적인 삶의 자세를 갖도록 도움 | 다도, 차훈명상, 오감을 활용한 여러 가지 차 치유 활동 등 |
| | 집단심리상담 테라피 (Group Psycho Therapy) | 개인의 사회적 통합의 해결에 필요한 태도와 자기 관리능력을 습득하고 대인관계 기술을 향상시켜 주는 데 도움 | 경청, 공감능력 향상 활동, 자기이해 · 타인이해 활동 등 |
| | 개별심층상담 (SAP) | 개인의 자아개념을 바꾸도록 돕고, 자신의 생활방식과 태도를 이해하고 치유하도록 돕는 상담 | 교육 및 상담 전문가와의 면대면 상담을 통해 소진 상황에 대한 대처능력 강화 |

| | | | |
|---|---|---|---|
| 신체 테라피 | 호흡 명상 (Meditation; Vipassanā) | 뇌에 의식을 집중하는 과정을 통해 중추신경계의 흐름을 원활하게 함으로써 대학생의 온몸 균형을 회복시키도록 도움 | 뇌에 의식을 집중함으로써 혈액을 비롯해 생명에너지(기)순환을 원활하게 만드는 '에너지 호흡법' 활동 등 |
| | 힐링 테라피 (Healing Therapy) | 대학생들이 서로 맨손으로 사랑의 기운을 전달하는 활동을 통하여 서로의 몸과 마음이 정화되도록 도움 | 명상과 이완, 사랑 주기 활동, 사랑의 기운 전달하기 등 |
| | 댄스 테라피 (Dancing Therapy) | 움직임 상호작용을 통하여 대학생의 일상적인 자각과 내부에 존재하는 무의식적인 정신과정을 이해하도록 도움 | 인간 심연의 감정을 끌어내어 댄스 치료사와의 움직임을 통한 상호작용 활동 등 |
| | 삼림욕 (Forest Bathing Therapy) | 삼림이 가득한 산책로를 걸어서 체내 에너지를 활성화시켜 대학생의 심신을 튼튼하게 만들도록 도움 | 산책로(1시간, 30분, 삼림욕 코스 등)에서 산책과 삼림욕 활동 등 |
| | 푸드 테라피 (Food Therapy) | 유기농 자연주의 식단을 통하여 대학생의 심신 건강을 회복하는 데 도움 | 유기농 식단, 자연주의 식단, 자연 발효식품 섭취 등 |
| 인지 테라피 | 에니어그램 (Enneagram) | 자기를 관찰하고 이해하여 궁극적으로 삶의 변화를 유도하는 유용한 프로그램을 활용하여, 영성적 삶으로 안내할 뿐만 아니라 자아통합을 이루는 인생을 지향하도록 함으로써 대학생의 인지치료에 도움 | 자기분석과 자기이해, 자기통찰과 자기개념 자각을 통한 통합적 자기인식 활동 등 |
| | 치유(힐링) 전문가 초청특강 (Special Lectors) | 치유(힐링) 전문가를 초청하여 특강 · 상담을 진행함으로써 대학생의 인지적 틀을 바꾸고 정서적 안정을 꾀함 | 전문가 초청특강, 역할극, 워크숍, 상담 프로그램 운영 등 |
| | 인문학과 잘삶 (Humanities and Well-being) | 자신을 성찰하게 만드는 인문학을 통해 자신과 타인의 잘삶을 이해하는 데 도움 | 인문고전 읽기와 토론을 통하여 자기이해와 성찰을 위한 방향 탐색 등 |

이 프로그램의 특징적 요소 중 하나는 여타의 치유 프로그램과 달리 개별 대학생을 대상으로 실시할 개별심층상담(Students Assistance Program: SAP)이다. SAP는 참여 대학생의 심리적 · 정서적 안정을 원조하기 위한 프로그램으로 학업 스트레스나 소진, 우울증, 취업불안, 우울, 폭력, 자살생각 등 다양한 대학생의 고민과 상처에 대해 교육(치유)전문가와 직접 '상담 및 코칭'을 받을 수 있는 서비스이다. SAP 운영방식은 교육학이나 상담전문가의 주관하에 내담자가 가지고 있는 대학생활에서 오는 각종 스트레스 · 우울증과 같은 심리적 문제, 경제적 문제, 실업과 취업 문제, 성 문제, 대인관계 문제를 대면 · 전화 · 이메일 등 다양한 방식으로 심층상담하고 문제해결의 실천방안을 모색해 나가는 것이다(Henningsen, 1981; Schütze, 1983). 대학생 중 자신이 자발적으로 상담을 신청하는 경우가 드물다면, 프로그램 진행과정에서 상담 대상자를 찾아 개별심층상담을 유도하는 방법도 고려할 만하다.

프로그램에 대한 평가는 세 영역의 프로그램 내용에 대한 만족도를 설문조사한다. 이와 더불어 사전 · 사후 심리진단 프로그램을 활용하여 프로그램의 운영과 치유 관련 프로그램의 효과성을 과학적으로 검증한다. 이러한 프로그램 평가는 추후 지속적인 대학생의 전인적 성장과 치유 프로그램을 발전시키는 데 도움을 줄 것이다.

## 4. 대학생 '삶의 치유 프로그램' 의 적용 가능성

### 1) 대학생 소진 진단 및 판별도구 개발과 지원

'삶의 치유(Lebenstherapie) 프로그램'의 성공적인 적용은 대학생 소진 진단 및 판별도구의 개발과 후속 지원에 달려 있다. 왜냐하면 '삶의 치유 프로그램'은 소진 정도가 높은 대학생에게 선별적으로 지원하고, 이를 효과적으로 지원하기 위한 행정적 조치를 바탕으로 하기 때문이다. 프로그램 운영과 지원은 다음과 같이 일련의 과정을 거쳐 시행할 수 있다.

첫째, 전체 대학생을 대상으로 스트레스와 소진 정도를 파악하기 위한 대학생용 MBI 개발이 시급하다. 교원 소진척도가 널리 개발되어 있으므로 성인 초기 대학생의 발달단계와 특성을 고려해 설문을 수정 및 보완하여 검사도구의 신뢰도와 타당도를 확보해야 할 것이다.

둘째, 진단 검사도구는 대학생들이 손쉽게 접근할 수 있게 운용한다. 대학생용 MBI가 개발되면 스마트폰 시대에 걸맞게 '소진 자기진단 앱'을 개발하여 언제, 어디서나 설문에 응할 수 있는 체제를 갖추는 것이 중요하다. 온라인을 통해서 집적된 진단결과는 대학의 관련 부서에서 성별, 학년별, 단과대학별로 데이터베이스(DB)를 구축할 때 용이하다.

셋째, 소진의 정도가 심한 대학생에게 치유 프로그램을 우선 제공하고, 더 나아가 전문기관과 협력한다. 1차 MBI 검사에서 소진 정도가 심하거나 잠재적 위험군으로 분류된 대학생은 2차로 간이정신진단검사를 실시한다. 이때 소진 대학생이 편하게 설문에 응할 수 있도록 배려하는 것이 중요하다. 다음으로 1차와 2차 검사를 통해 선정된 대학생들에게는 대학 차원에서 치유 프로그램을 제공한다. 치유 프로그램은 소진 대학생들에게 심리적 · 정서적 · 신체적 · 인지적 관점에서 엄선된 내용으로 구성한다.

넷째, 대학생의 치유를 위해서 적절한 캠프 장소를 엄선한다. 프로그램의 성공 여부는 캠프 장소에 의해 결정될 수 있다. 따라서 심신을 치유할 수 있는 장소를 엄선할 필요가 있다. 예를 들어, 대학 자체의 수련원[3]이나 인근의 자연 환경이 잘 구비된 장소에서 프로그램을 실시하는 것이 좋다.

---

3) 치유 프로그램의 장소는 각 대학교의 수련원이 적당하다. 가령, 순천대학교는 지리산수련원과 주암호수련원, 전남대학교는 장성수련원이 있다. 자체 수련원이 없는 대학의 경우 적당한 캠프 장소를 선정한다. 전남 지역의 경우 보성의 복내전인치유센터나 순천시가 운영하는 순천만에코촌 등이 가능하다.

다섯째, 치유 프로그램에서 소진 정도가 심한 학생들이 발견되면 대학 내부 · 외부의 치유 전문기관과 협력한다. 치유 프로그램이 집단적으로 운영되는 과정에서 정작 대학생 개개인의 내면적 고통과 상처를 치유하지 못하고 피상적으로 접근하는 데 그칠 수 있다. 이때 SAP를 실시하고, 그 연장선상에서 프로그램 이후에도 학생들이 수시로 자신의 고통, 불안, 아픔, 상처를 토로할 수 있는 대학 내의 기관을 제공한다. 한 걸음 더 나아가 대학 자체의 노력만으로 대학생의 고민과 심리적 문제를 해결하기 어려운 경우 지역의 전문상담기관이나 병원과 협약을 맺어 스트레스, 불안, 우울, 폭력, 중독증, 자살생각에 관하여 전문치료를 제공할 수 있는 체제를 갖출 필요가 있다. 가장 이상적인 방안 중 하나는 대학 내에 모든 구성원, 대학생, 대학직원, 교원에게 정신건강에 도움을 줄 수 있는 대학생 '감정해우소'와 기관(가칭: 대학치유센터, 대학행복센터 등)을 설립하여 상시적 지원 체제를 구비하는 것이다.

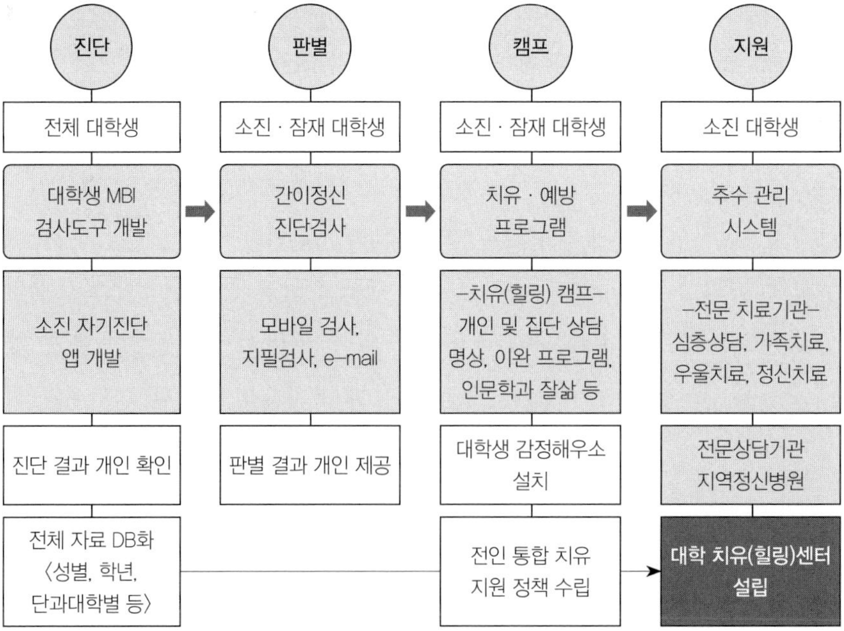

[그림 8-3] 대학생 삶의 치유 프로그램 운영 및 지원 종합시스템

## 2) 대학생 치유 프로그램 가상 사례

### (1) 가상의 치유 프로그램 내용

실제로 4박 5일의 대학생 치유 프로그램이 운영될 경우를 가상해 볼 수 있다. 4박 5일간 치유 프로그램인 '리나센떼(再生) 여행'을 통하여 소진 대학생들을 정신적 · 신체적 고통에서 벗어나도록 함은 물론 소진에서 회복되도록

**표 8-5** 4박 5일 '리나센떼(再生) 여행' 프로그램과 일정표 예시[4)]

<table>
<tr><th>구분</th><th>1일째</th><th>2일째</th><th>3일째</th><th>4일째</th><th>5일째</th></tr>
<tr><td>7:00~7:50</td><td rowspan="2"></td><td colspan="4">기상 및 자유 시간</td></tr>
<tr><td>8:00~8:50</td><td colspan="4">유기농 아침식사(푸드 테라피)</td></tr>
<tr><td>9:00~10:20</td><td>등 록</td><td>삼림욕</td><td>삼림욕</td><td>삼림욕</td><td rowspan="2">소집단 활동<br>및<br>만족도 조사</td></tr>
<tr><td>10:30~11:20</td><td>개강식 및 안내</td><td rowspan="3">에니어그램 2<br>'너와 내가<br>함께하는<br>여행'</td><td rowspan="3">인문학과 잘삶</td><td rowspan="3">게슈탈트<br>심리테라피</td></tr>
<tr><td rowspan="2">11:30~12:50</td><td rowspan="2">에니어그램 1<br>'나를 찾아<br>떠나는 여행'</td><td>소감문 발표</td></tr>
<tr><td>수료식</td></tr>
<tr><td>13:00~13:50</td><td colspan="5">유기농 점심식사(푸드 테라피)</td></tr>
<tr><td>14:00~14:50</td><td>-휴(休)-<br>차 테라피</td><td>-휴(休)-<br>차 테라피</td><td rowspan="3">지리산 온천<br>(지리산 등산)</td><td>-휴(休)-<br>차테라피</td><td rowspan="6"></td></tr>
<tr><td>15:00~16:50</td><td>색채 테라피</td><td>치유 전문가<br>특강</td><td rowspan="2">댄스 테라피</td></tr>
<tr><td>17:00~17:50</td><td>힐링 테라피</td><td>호흡 명상</td></tr>
<tr><td>18:00~18:50</td><td colspan="4">유기농 저녁식사(푸드 테라피)</td></tr>
<tr><td>19:00~20:50</td><td>소집단 활동</td><td>집단심리상담<br>테라피</td><td>영화 테라피</td><td>음악 테라피<br>(힐링콘서트)</td></tr>
<tr><td>21:00</td><td colspan="4">인원 점검 및 취침</td></tr>
</table>

※ SAP(개별심층상담)는 프로그램 운영 중 개별적으로 실시.

4) 이 프로그램은 순천대학교 지리산수련원에서 캠프를 실시한다는 전제하에 구성한 것임.

도와줌으로써, 새롭게 재생된 마음으로 학업에 복귀할 수 있도록 도움을 줄 수 있을 것이다. 4박 5일의 프로그램 내용과 일정을 가상으로 구성해 보면 〈표 8-5〉와 같다.

프로그램 내용은 앞에서 설명한 바와 같이 세 가지 영역의 테라피를 조화롭게 고려하여 구성할 수 있다. 심리·정서 테라피, 신체 테라피, 인지 테라피 프로그램을 심층적으로 구성하여 전인통합치유를 꾀함으로써, 심리·정서 안정, 신체적 리듬 회복 및 인지적 자아존중감·자신감 회복에 도움을 주게 될 것이다. 치유 전문가 특강을 마련하여 대학생의 스트레스와 소진을 구체적으로 회복하기 위한 심화 프로그램을 운영해 나갈 수도 있다. 강사진의 구성과 프로그램 내용은 참여 대상자의 특성을 고려하여 탄력적으로 운영하는 것이 좋다. 또한 소진 정도가 심한 대학생들을 위해서 SAP를 프로그램 운영 기간 중 상설로 운영한다.

### (2) 치유 프로그램의 운영

#### ① 개인정보 보호 및 안전대책

대학생 소진 진단 및 판별 프로그램 조사에서 나온 결과는 개인정보 보호 차원에서 대책이 마련되어야 한다. 조사 결과에 대한 점수와 판별은 담당전문가가 직접 실시하고, 판별 결과는 개인정보 보호 차원에서 담당전문가, 해당 관계자에게만 공개(프로그램 참여 수락용)하도록 조치한다. 아울러 프로그램에 참여하는 전문가, 강사진 및 진행보조원 등 운영진(staff) 전원에게 일정 양식으로 작성된 보안서약서에 자필 서명하도록 함으로써, 개인정보 보호 기초방안을 수립한다. 이러한 조치는 프로그램에 참여하는 대학생의 이름과 소속을 제외한 어떠한 정보도 참여 대학생 및 운영 보조진에 공개되지 않도록 하며, 또한 설문조사 결과에 대한 점수와 판별 결과는 개인정보 보호 차원에서 담당전문가가 보안을 유지하는 것이다. 또한 프로그램에 참여한 대학생이 수행한 내용과 결과 및 사전·사후 심리진단 결과도 개인정보 보호차원에서 담당전문가가 보안을 유지한다.

프로그램 운영 시의 비상사태, 돌발 상황 및 안전대책을 수립한다. 프로그램 운영진은 구체적으로 비상사태, 돌발 상황 및 안전에 대한 '응급안전 대책'을 마련한다. 응급안전 대책으로 프로그램 운영진에 응급안전요원인 간호사, 응급구조사 등 한국보건의료인국가시험원 자격 보유자를 포함시킨다. 또한 안전요원이 각종 응급상황에 주도적으로 대처할 수 있는 시스템을 구축한다. 프로그램 참여 인원이 20~30명 내외인 경우 그들의 안전과 편안함을 위해 4~5명의 운영진을 구성하여 안전을 확보하고 원활한 프로그램 진행이 가능하도록 한다.

② 추수점검 및 환류 시스템 마련

추수점검을 위해서 자체 만족도 설문지를 개발하여 실시하고 결과를 분석해 나간다. 프로그램 실시 전 만족도 조사 설문지를 개발하되, 내용 면에서 프로그램 만족도, 강사 만족도, 시설과 숙박 및 식사 만족도, 재참여 호응도, 동료 추천도 등을 자기보고식으로 체크하도록 한다. 소감문을 자유롭게 기술하는 방법도 환류 시스템 마련에 효과적이다.

프로그램을 실시한 후 6개월이 지난 시점에서 사전에 실시했던 간이정신진단검사(KSCL95) 및 대학생 소진 측정도구(MBI)에 관한 추수검사를 실시한다. 추수 심리진단 결과를 토대로, 스트레스와 소진을 안고 있는 대학생에 대한 정신건강 호전 정도와 치유 프로그램의 실효성을 학문적으로 검증할 필요가 있다.

프로그램 후 실시한 만족도 검사 결과에서 도출된 시사점을 의제로 하여, 판별 진단팀, 캠프 수행팀 및 추후 관리팀과 실행자문 및 참여 강사가 함께 하는 사업자체 평가회를 개최해 나간다. 사업 성과평가는 판별도구 개발, 프로그램 운영, 사업비 관리, 안전 관리 등을 주 내용으로 하여 더 나은 프로그램을 위한 계기로 삼을 수 있다. 사업자체 평가회를 토대로 보다 향상된 차기 치유 프로그램 안이 도출될 수 있을 것이다.

## 5. 나오는 말

대학 인성교육으로서 '삶의 치유 프로그램'이 성인이 된 대학생을 어린아이 취급하는 것은 아닌지 혹자는 반문할 수 있다. 우리나라는 고등교육이 대중화되면서 학업을 중단하는 비율도 증가하고 있다. 왜냐하면 대학생들은 취업에 대한 압박과 학업 스트레스, 대인관계에 대한 어려움, 경제적 곤란 등 대학이라는 공간 안에서 불안하기 때문이다. 대학생들의 불안 수준이 높아질수록 그들은 학업에 전념하지 못하고 결국 학업을 포기하게 된다. 따라서 치유라는 아이디어가 대학에 들어온 것은 일부 학생들이 겪는 이런 불안에 대학이 관심을 갖는 것이다(Banrnett, 2011: 337). 대학은 대학생들의 불안을 완전히 해소시켜 줄 수는 없을지라도 그들의 불안을 완화시켜 학업에 전념할 수 있도록 도와주어야 한다. 지금의 대학은 대학생들을 열띠게 만들고, 새로운 불확실성에 부딪치고, 이와 더불어 살아갈 수 있는 에너지를 공급해 주는 역할을 수행할 필요가 있다(Banrnett, 2011: 342).

대학의 새로운 역할이 대학생들의 인성 발달과 전반적인 삶에 관심을 쏟아야 한다는 점에서, 이 장에서는 대학생의 전인적인 성장과 발달에 기여할 수 있는 인성교육 프로그램을 제시했다. 또한 이 프로그램을 대학 교양교육의 한 축으로 삼아 실제로 적용할 수 있는지 그 가능성을 탐색해 보았다. 대학생이 직면한 다양한 고민과 심리적 문제를 고려해 볼 때, 이 프로그램이 지향하는 '전인통합 치유'라는 궁극적 목적을 실현하기 위해서는 대학당국의 의지와 구성원의 관심이 그 어느 때보다도 절실하다고 본다. 따라서 프로그램의 성공적인 정착을 위해서 고려해야 할 몇 가지 사항을 강조하고자 한다.

첫째, 프로그램 실시 시기에 대한 조율이 필요하다. 프로그램 실시 이전에 준비, 진단, 판별 등의 사전 작업을 고려한다면 학기 중후반이나 방학이 적절할 것이다. 학기 중에 4박5일이나 일주일간 캠프를 실시할 경우 학사 일정의 조정이 필요하다. 이 점에서 이 프로그램의 주관은 교무처에서 하는 것이 바람직하며, 학사관리과와 일정을 사전에 조율을 잘해 나갈 필요가 있다. 학기 중에 실시하기가 어려운 경우 부득불 방학기간을 선택할 수도 있겠으나, 날씨와 참여하는 사람들의 일정을 고려해 볼 때 학기 중에 실시하는 것이 더 효과적이다.

둘째, 치유 프로그램의 장소는 자연과 근접해 있으면서도 그 자체의 치유 효과가 극대화될 수 있는 곳을 선정해야 한다. 정신적 여가와 휴식을 위해서 자연경관이 수려하면서 한적한 곳을 찾는 이유는 장소가 주는 치유 효과 때문이다. 특별한 프로그램이 없더라도 그곳에서는 마음이 저절로 편해지고, 근심과 시름에서 벗어날 수 있다. 그와 더불어 음식과 숙박 시설 또한 치유에 결정적 영향을 미친다. 따라서 음식은 유기농과 자연주의 식단으로 구성하여 자체적으로 '푸드 테라피'가 제공될 수 있도록 하고, 편안한 잠자리도 우선적으로 고려하면 좋을 것이다.

셋째, 운영진의 적절한 구성과 팀워크의 중요성이다. 이 프로그램의 총괄 책임자는 사전준비에서부터 대학생 소진의 진단과 판별, 캠프 실시, 보안 및 안전대책에 이르기까지 프로그램 전체를 숙지하고 책임을 질 수 있어야 한다. 팀 구성 시 진단과 판별을 위한 심리전문가 팀, 캠프 운영을 위한 프로그램 운영신, 보안 및 안전대책 팀 등으로 업무를 분장하여 꾸려 나간다면 효율성을 높일 수 있다. 팀 구성원 간의 유기적 협조와 공동 목표의식은 매우 중요하다. 이를 위해서 프로그램에 참여하는 대학관계자, 강사진, 운영보조원, 그 밖의 관계자를 대상으로 전체 사업에 대한 설명회를 개최하여 참여자 모두가 사업의 목적에 공감하고 동참할 수 있도록 해야 한다.

넷째, 프로그램 구성 시 가급적이면 인지 테라피보다 신체 테라피와 심리 · 정서 테라피의 프로그램 시간을 더 배정한다. 대학 수업에서 학생들은 학문적으로 인지적 불균형을 겪게 되고 여기서 지적 갈등을 경험하며 배운다. 하지만 일부 대학생들은 이러한 인지적 불균형을 제대로 소화하지 못할 때 소진된다. 전인통합치유라는 프로그램의 목적을 달성하기 위해서는 신체적 활동을 통해서 자신의 내면을 돌아보게 할 수 있는 프로그램(댄스 테라피)이나, 자신과 비슷한 처지에 있는 타인과 소통을 통해 공감할 수 있는 심리 · 정서 테라피 프로그램(집단심리상담)을 제공해 줄 필요가 있다.

다섯째, 개인정보의 보안과 프로그램 운영에서의 안전대책이 수립되어야 한다. 프로그램의 성격상 개인 신상과 검사 결과에 대한 소중한 정보가 노출될 우려가 있으므로, 이에 대한 보안 대책이 강구되어야 한다. 보안상의 문제는 서약서를 통하여 그 책임 소재를 분명하게 할 필요가 있다. 아울러 모든 분야에서 '안전'이 화두가 된 시점에 적지 않은 참여자가 한곳에 모여 프로그램(캠프)을 실시할 경우 발생할 수 있는 안전사고에 대하여 철저한 대비가 필요하다. 비상상황 발생 시 재난대책 수립과 응급환자 발생 시의 응급대책도 매뉴얼로 확보하여 예기치 않은 사고와 재난으로부터 안전망을 확고하게 해 두어야 할 것이다.

## 참고문헌


강신주(2013). 강신주의 감정수업. 민음사.

강정희, 김철웅(2012). 말라크 소진 측정도구(Maslach Burnout Inventory)의 적용가능성 평가. 성인간호학회지, 24(1), 31-37.

권선중(2015). 간이정신진단검사II(KSCL95) 실시요강. 중앙적성연구소.

김두천(1995). 학교장의 리더십과 교사소진의 관계. 전남대학교 대학원 석사학위논문.

김영래, 강선보, 정창호, 이성흠, 류은영, 이동윤(2015). 인성교육의 방향설정을 위한 개념적 숙고. 한독교육학회 2015 춘계학술대회자료집.

김정휘(1991). 교사의 직무스트레스와 정신 신체적 증상 또는 탈진과의 관계: A형 성격과 사회적 지원의 완충효과를 중심으로. 중앙대학교 대학원 박사학위논문.

김현수(2013). 교사상처. 에듀니티.

문원희, 정길수, 김미자(2012). 대학생의 정신건강 수준과 스트레스, 대처능력 및 대처방식. 보건교육건강증진학회지, 29(3), 103-114.

손승남, 임배(2015). 대학 인성교육으로서 '삶의 치유(Lebenstherapie) 프로그램' 개발과 적용 가능성 탐색. 교양교육연구, 9(2), 117-144.

엄기호(2013). 교사도 학교가 두렵다. 따비.

엄찬호, 최병욱(2013). 인문학의 치유 역사. 강원대학교 출판부.

이상민(2012). 초 · 중 · 고등학생의 학업소진 진행과정 및 경로분석. 집문당.

이영만(2013). 교사의 심리적 소진에 관한 연구동향. 초등교육연구, 26(2), 125-152.

정혜신(2013). 당신으로 충분하다(정신과의사 정혜신의 6주간의 힐링톡). 푸른숲.

조효남, 안희영(2013). 통합심신치유의 통전적 패러다임 모델: Ken Wilber의 AQAL모델을 넘어서. 예술심리치료연구, 9(2), 191-218.

최준동, 이숭미(2013). 나를 넘어선 나. 미디어윌.

De Botton, A., & Armstrong, J. (2013). *Art as Therapy*. Phaidon Press. (김한영 역. 2013. 알랭 드 보통의 영혼의 미술관. 문학동네)

Edelwich, A., & Brodsky, D. (1980). *Burnout: Stages of disillusionment in the helping profession*. Pergamon Press.

Freudenberger, H. J. (1974). Staff Burnout. *Journal of Environmental Issues, 30*,

159-165.

Golembiewski et al. (1986). *Stress in Organizations: toward a phase model of burnout*. Praeger.

Heidegger, M. (2003). *Holzwege*. Klostermann, Vittorio. (신상희 역. 2010. 숲길. 나남)

Henningsen, J. (1981). *Autobiographie und Erziehungswessenschaft*. Neue Deutsche Schule.

Humboldt, W. V. (1903). Theorie der Bildung des Menschen. *Werke. Bd. I. Akademische Ausgabe*, 282-287.

Kim, I. H. (2009). Mental health of adolescents in a community. *Journal of Agricultural Medicine & Community Health, 34*(2), 234-243.

Klafki, W. (1991). *Neue Studien zur Bildungstheorie und Didaktik. 2. erweiterte Aufl*. Beltz.

Lee, R. T., & Ashforth, B. E. (1993). A longitudinal study of burnout among supervisiors and managers: Comparisons between the Leiter, M. P. & Maslach, C. (1988) and Golembiewski et al. (1986) models. *Organizational Behavior and Human Decision Processes. 54*, 369-398.

Leiter, M. P., & Maslach, C.(1988). The impact of interpersonal environment of burnout and organizational commitment. *Journal of Organizational Behavior, 9*, 297-308.

Maslach, C., & Jackson, S. E. (1981). *Maslach burnout inventory(2nd)*. Consulting psychologists press.

Pestalozzi, J.-H. (1978). *Wie Gertrud ihre Kinder lehrt und Ausgewählte Schriften zur Methode*. Schöningh.

Pines, A. M. et al. (1981). *Burnout: From tedium to personal growth*. Free Press.

Ronald Barnett. (2011). *Being a University*. Routledge. (이지헌 역. 2011. 대학은 무엇으로 존재하는가?. 학이당)

Schütze, F. (1983). Biographiforschung und narratives Interview. *Neue Praxis* 3/1983, 283-293.

Skaalvik, E. M., & Skaalvik, S. (2010). Teacher self-efficacy and teacher burnout: A study of relations. *Teaching and teacher education, 26*, 1059-1069.

Suh, K. H. (2011). Relationships between stress, problem-focused coping, upward/downward comparison coping and subjective well-being of college students. *Korean Journal of Young Studies, 18*(8), 217-236.

Warrad, M. I. (2012). *Teacher Burnout: Causes and Projective Preventative and Curative Interventions.* Dissertation. Drexel University.

Wilber, K. (2000). *Integral Psychology*. Shambhala. (조옥경 역. 2008. 켄 윌버의 통합 심리학. 학지사)

# 제9장

# 소양교육의 관점에서 본 퇴계『성학십도』의 재음미[1]

교양교육과정을 어떻게 구성할 것인가의 문제는 교양교육에 종사하는 사람들에게 초미의 관심사이다. 교양교육을 전담하는 국가의 전문기관으로서 한국교양기초교육원이 설립된 이후 그 내용의 구성에 관해서 전문가 협의를 거쳐 2012년 기초교육, 심화교양교육, 비학술적 체험교육, 도구적 실용지식교육과 같이 네 영역으로 구분한 적이 있다. 이 가운데 도구적 실용지식교육은 경제생활, 시민생활, 공공생활, 법률생활, 기술생활 분야의 학문에서 파생된 말 그대로 실용과 응용 지식을 근간으로 한 나머지 적지 않은 논란을 가져왔다. 이러한 영역 구분에 따르면 기초학문의 연구 성과를 기반으로 그 내용을 구성해야 한다는 대원칙이 무너지는 결과가 초래되기 때문이다. 다시 말해서 경영학, 사회복지학, 신문방송학, 행정학, 법학, 공학 등과 같은 응용학문의 지식이 교양교육 영역으로 대거 잠입해 들어옴으로써 교양교육의 본원적 성격을 흐릴 소지가 다분하다. 이러한 문제를 개선하고자 한국교양기초교육원에서 2016년 새롭게 틀을 마련한 것이 현재 우리가 널리 활용하고 있는 교양기초교육의 영역 구성이다(한국교양기초교육원, 2016).

---

1) 손승남, 남기호(2019). 소양교육의 관점에서 본 퇴계 성학십도의 재음미. 교양교육연구, 13(2), 313-330. 이전에 함께 작업한 논문을 이 저서에 실을 수 있도록 허락해 준 남기호 박사에게 감사를 드린다.

여기서 개선된 사항을 보면 기초교육은 별다른 차이가 없고, 심화교양이 교양교육으로 명칭이 바뀐 후 세부 내용을 주제형과 학문영역형으로 나누어 선택을 가능하도록 했으며, 이전의 비학술적 체험교육은 교시교육과 신입생 정착교육을 추가하여 소양교육 영역으로 재탄생했다. 물론 도구적 실용지식 교육은 교양기초교육의 범주에서 제외되었음은 재론의 여지가 없다.

그 사이 기초교육 영역과 교양교육 영역 자체에 대해서는 교양교육 종사자 간에 어느 정도 합의를 이룬 듯하나 소양교육 영역은 그 용어부터가 애매하고, 특히 대학의 교양교육 실무자나 일반 사람들에게는 생소하게 들리는 점 또한 간과하기 어렵다.

이 장에서는 교양기초교육의 세 가지 영역 중 소양교육의 어원과 개념을 점검해 보고, 그 이론이나 사상적 근거를 확대하는 차원에서 우리의 고유한 전통 가운데 퇴계의 작품『성학십도』에 주목하여 해석한 뒤 소양교육의 본원적 의미인 '인간성 함양'에 주는 시사점을 찾아보는 데 그 목적이 있다.

## 1. 소양교육의 참뜻

소양(素養)이란 무엇인가?『표준국어대사전』에 따르면, 소양은 "평소 닦아 놓은 학문이나 지식"을 의미하는 것으로 짤막하게 기술되어 있다. 소양이 있는 사람은 교양이 있는 사람과 동일하게 쓰이며, 음악적 소양이나 기술적 소양이 있다고 할 때는 오늘날 '적성'이나 '역량'의 개념과도 유사한 의미를 지니게 된다. 이처럼 일상적 의미에서 소양교육은 교양교육과 차별성 없이 쓰이며, 적성이나 소질교육과도 차이를 드러내지 못한다. 애매모호한 언어와 개념의 사용이 사고의 명료성을 저해하는 것은 물론 의사소통에서도 지장을 초래한다.

이 점을 의식한 듯 한국교양기초교육원(2016)에서도 소양교육을 "대학에서 학문탐구・기술습득의 궁극적 목적과 가치 실현을 위한 심신의 바탕 및 인성교육"으로 정의를 내린 다음 그 근거로 『논어』의 「팔일」 편에 등장하는 회사후소(繪事後素)의 인성우선론을 제시하고 있다.

그 대목을 좀 더 찬찬히 들여다보자. 자하가 공자에게 시 구절에 대한 의미를 물었다. "'아름답게 웃는 모습, 살짝 움직이는 보조개, 아름다운 눈은 흑백이 분명하니, 흰 바탕위에 찬란한 색깔이로다.'라고 했는데, 무슨 뜻입니까?" 공자가 말하기를 "먼저 흰 바탕을 마련한 다음에야 그림을 그릴 수 있는 것이다[繪事後素]."라고 했다. 이에 자하가 "예(禮)는 나중입니까?" 하고 묻자, 공자가 말하기를 "나를 일으키는 자는 그대로다. 비로소 함께 시(詩)를 말할 수 있게 되었구나."라고 했다.

소양교육의 어원 분석[2]과 관련해서 중요한 부분은 우리가 그림을 그릴 때 흰 바탕(마음과 정서)을 우선적으로 마련한 후에야 그림을 그려 낼 수 있다는 것으로, 주자가 『사서집주』에서 "사람은 좋은 바탕을 갖춘 후 그 위에 문식(文飾)이나 예를 더해야 한다."(주희 집주, 임동석 역주, 2004: 99)라고 해석을 가하면서 인성우선론이 자리를 잡게 되었다. 이는 사람이 무릇 올바른 바탕을 견고하게 한 뒤에 꾸밈이나 치장을 해야 한다는 의미로, 인성교육의 관점에서 본다면 겉모습 이전에 선성(善性)의 보존과 내면의 수양이 중요함을 시사해 준다.

여기서 가장 중요한 단어는 '소(素)'자이다(정민 외, 2011). 이는 원래 흰빛을 나타내며, 생사(生絲)로 짠 명주의 물들이지 않은 본래의 빛깔을 말한다. 그래서 소(素)에는 '바탕' 또는 '본디'의 뜻도 있고 '평상시'의 뜻도 있다. 소양교육이 사람됨의 바탕이나, 평상시 사람이 지니고 있는 재능이나 역량을 의미하는 것도 바로 이 때문이다. 특히 소질(素質)은 타고난 본바탕을, 소재(素材)

2) 이 구절을 오히려 그림을 그릴 때 채색을 먼저 한 후 마지막에 하얀 점을 찍어 그림을 완성했다는 해석도 있다. 종이나 캔버스가 존재하지 않았던 시대상을 고려한다면 이러한 해석도 가능하다고 본다. 다만, 이 장에서는 송대 주희의 해석을 따른다는 점을 밝힌다.

는 예술 작품의 바탕이 되는 재료를 뜻하는 것으로 인성교육의 근거를 고스란히 담고 있다. 소양에서 양(養)자는 기른다는 의미로, 바탕이나 근본을 다지고 굳건하게 한다는 기본적 해석에서부터 양성(養成)에서와 같이 '실력이나 역량 따위를 길러서 발전시킴'으로까지 확대해석이 가능해진다. 그리하여 맹자의 존양(存養)[3]에 이르면 '본심을 잃지 않도록 착한 성품을 기름'이라는 인성교육의 근거와 맞닿게 된다. 여기서 양(養)은 '순리대로 하여 해치지 않음'을 의미한다(주희 집주, 임동석 역주, 2004: 590).

요컨대, 소양교육은 공자, 맹자 그리고 주자의 집주를 더해 정의 내리자면 '마음의 바탕을 기르는 교육'으로 인간의 본성을 보존하고, 함양하는 사람됨의 근본교육이다. 마음의 바탕에 관해서는 원시유학의 재구성을 통해 재탄생한 성리학에서 문제해결의 열쇠를 찾을 수 있다. 왜냐하면 성리학은 인간의 본성이 곧 이(理)라는 우주론(宇宙論)과 그에 상응하여 인간 마음의 본질을 탐구하는 심성론(心性論) 그리고 그 마음을 어떻게 갈고 닦을 것인가에 관한 수양론(修養論)을 요체로 하기 때문이다. 이와 같은 성리학의 핵심 내용과 가르침을 10개의 그림으로 해설을 덧붙여 제시하고 있는 작품이 퇴계의『성학십도』이다. 성리학의 큰 틀에서 이 작품을 천착해 본다면 사람됨을 지향하는 인간성 함양교육에 적지 않은 단서를 얻을 수 있을 것이다.

## 2.『성학십도』의 요체

최근 한형조(2018)는 퇴계의『성학십도』를 독해하면서 그 부제로 '자기 구원의 가이드맵'이라는 멋진 카피라이팅을 선보였다. 인간이 자기 스스로를

3) 이는『맹자』,「진심장구」(상)편 첫 대목에 등장하는 "존기심, 양기성(그 마음을 보존하고 그 성을 배양하는 것"에서 그 근거를 찾을 수 있다(주희 집주, 임동석 역주, 2004: 589).

구원하기 위하여 헤쳐 나아가야 할 길을 제시한 지도(map)라는 의미로 퇴계의 이 작품을 본 것이다. 지도는 지구상의 공간을 일정한 비율로 줄여 특정한 기호를 써서 이를 평면에 나타낸 그림이지만, 가이드맵은 '어떤 목적이나 방향으로 남을 가르쳐 이끎'이라는 지도(指導)의 의미로 정신적 차원에서도 해석이 가능하다. 그리고 퇴계가 말한 성학(聖學)이란 바로 하늘의 도를 알고 자기를 갈고 닦아 유학의 궁극적 목적인 성인(聖人)됨에 이르기 위한 학문이다.

『성학십도』는 퇴계 학문의 발전단계로 볼 때 완숙기에 접어든 시점에 그가 평생을 갈고 닦았던 성리학의 핵심을 일목요연하게 정리한 학문 혹은 강의 개요에 해당된다. 여기서 강의는 어린 선조 임금의 경연을 위해 마련된 것이므로, 아직 미숙한 임금에게 성인이 되기 위한 학문을 어떻게 쉽고 이해가 잘 가도록 가르칠 것인가를 교수학적(didactic)으로 고민한 산물로도 이해해 볼 수 있다.

경연에 나선 노학자가 성군이 되길 염원하면서 만든 작품이지만 이것이 비단 왕이나 세자 교육에만 적용되지는 않을 것이다. 공자가 누차 강조한 바 있듯이, 사람은 누구나 학문과 도를 닦으면 성인군자가 될 수 있으며, 성리학의 모태가 되는 유학이 본질상 실천학문이라는 점을 부인하기는 힘들기 때문이다. 우리가 지금 퇴계의 성학을 다시 마주해야 하는 이유는 바로 여기에 있다. 『성학십도』는 나와 너, 우리 모두의 자기수양, 자기도야를 통한 성찰과 함양의 탁월한 지침서가 될 수 있다.

『성학십도』는 성학에 관한 10개의 그림과 설명을 담고 있다. 이론적 관점에서 제1~5도는 천도와 인륜의 문제를, 제6~10도는 인간의 심성의 뿌리와 마음의 수양 및 실천의 문제를 다루고 있다. 전자가 우주론, 존재론, 도덕철학의 성격을 지닌 것이라면, 후자는 심성론, 실천철학의 성격을 지니고 있다. 내용적 관점에서 볼 때 도설의 중심은 제3도 「소학도」와 제4도 「대학도」에 담겨 있다. 한 인간의 근본적 소양을 기른 다음, 자신의 몸과 마음을 닦아 보존하여, 궁극적으로 자기 이외의 세계, 즉 가족, 이웃, 사회, 국가, 인류로 그 영향을 미쳐 아름다운 세상을 만들고자 하는 열망이 이 두 도설에 담겨 있기 때문이다. 제1도와 제2도는 그 표준과 본원의 구실을 하며, 나머지 제5~10도는 소학과 대학의 실천 및 공적과 연관을 맺는다. 여기서 가장 강조할 사항은 바로 모든 도설의 근저에 '경(敬)'이 자리하고 있다는 사실이다.

제일 먼저 우주에서의 인간 위치와 기원을 다루고 있는 제1도 「태극도」와 장횡거의 서명을 토대로 인간의 소명을 다루고 있는 제2도 「서명도」에서 성학의 존재론적 근거를 제시하고 있다. 주자가 태극을 지선(至善)의 상징으로 궁극적 존재 원리이면서 최고의 가치 개념으로 이해한 바와 같이 퇴계 또한 이를 인간 선성의 도덕적 근거로 간주했다. 태극도의 키워드는 한마디로 '만물화생(萬物化生)'에 들어 있다. 우리는 여기서 인간의 기질과 자질이 각기 다른 만큼, 자기 고유의 타고난 소질을 잘 계발하고 자신의 능력을 발휘할 수 있도록 길러야 한다는 소양교육의 단서를 찾을 수 있다. 특히 퇴계는 주렴계의 「태극도설」에 관한 주자의 언설, 즉 태극의 도를 인간이 어떻게 받아들이고 실천하느냐 하는 여부에 따라 인격적 품계에서 성인, 군자, 소인의 차이가 날 수 있다고 보았다. 이는 '수양'의 문제로 주목하여 자신만의 '경(敬)' 개념을 도출해 내고, 『성학십도』의 열 그림을 관통하는 핵심어로 삼는다. 제2도 「서명도」에서 퇴계는 인간의 소명을 인(仁)의 실체를 밝히고 실현하는 데 있다고 보고 있다. 그것은 구체적 일상에서 효(孝), 자애(慈愛)로 표출된다. 이러한 윤리적 · 도덕적 자아로서의 '나'야말로 세계의 주재자이며, 나를 둘러싼 세계와 만물과 근원적으로 연결되어 있다. 내가 바로 서야 가정, 나라, 천지가 바로 설 수 있으며, "천지만물의 이치가 하나."라는 퇴계의 언설은 그 맥락에서 이해가 가능하다. 그래서 소양교육의 방향으로 나의 존재가치를 귀하게 여길 수 있고, 자신의 인간됨이 얼마나 중요한 것인가를 스스로 인식할 수 있도록 하는 교육이 필요하다.

이어서 성학의 두 기둥인 소학과 대학을 중심으로 일상의 기본교육을 강조하는 제3도 「소학도」와 앎과 실천의 통일을 지향하는 제4도 「대학도」, 주희가 세운 백록동의 학교규칙을 위주로 지식과 실천의 중요성을 강조하는 제5도 「백록동규도」가 등장한다. 제3도 「소학도」는 유학의 교육원리인 하학이상달(下學以上達)의 전형을 보여 주는 실천학으로, 아동기 · 청소년기 일상생활에서 행하는 일을 몸소 익히는 공부로서 소학의 중요성을 잘 보여 준다. 단지 어린이나 무지몽매한 사람들을 위한 학습서나 교육기관으로서의 의미가 아니라 인간됨의 근본과 학문의 입문을 위해 필수적인, 살아 있는 공부가 바로 소학이다. 성리학에서 사람의 바탕과 근본을 바로잡는 교육으로서 소학교육을 그토록 강조했던 이유도 인간으로서의 기본바탕이 마련되지 않는 한 그 어떠한 학문이나 교설도 무의미하다고 보았기 때문이다. 퇴계는 도덕적 규범을 형식적으로 따를 것이 아니라 일상생활 속에서 자신이 행할 수 있는 것부터 자꾸 행하다 보면 그 원리를 알게 되고, 믿음이 생겨 아직 행하지 못한 것도 나중에는 점차 행하게 된다는 점진적 노력을 강조했다. 이렇듯 일상생활에서의 기본예절 공부에 해당하는 쇄소(물 뿌리고 청소하기), 응대(응낙과 손님맞이), 진퇴(나아가고 물러날 때의 인사)의 소학 공부는 오늘날 우리에게 자기 주변 정리정돈, 대인관계의 기본예절, 몸가짐과 인사법의 중요성을 다시 환기해 준다. 이러한 요소들은 현재의 소양교육에서도 기본으로 삼아야 할 예의범절의 요소들이다. 이 점에서 신창호(2018)는 소학을 다룬 글에서 "소학은 인간 삶의 본질적 차원에 대한 깨우침 교육"으로, "소학교육은 가장 우선적으로 근본의 배양에 대한 고민을 교육적으로 담으려고 했다."라고 교육적 함의를 기술하고 있다.

제4도 「대학도」는 사서의 하나인 『대학』의 가르침을 정리하여 설명한 그림이다. 대학은 성인이 된 후 소학에서 익힌 일들이 이치를 궁구하여 배우는 공부로서 깊은 의미를 깨닫게 되어, 그 실천은 보다 더 자발적이고 원숙하게 되며, 그 으뜸은 "사물에는 근본과 말단이 있으며, 일에는 시작과 끝이 있으니, 먼저 해야 할 것과 나중에 해야 할 것을 안다면 도에 가깝다."라고 한 구절을 주자가 "덕을 밝히는 것이 근본이고, 백성을 새롭게 하는 것이 말단이요, 그칠 때를 아는 것이 시작이요, 얻을 수 있다는 것이 끝이다. 그러므로 먼저 할 것이 근본과 시작이고, 나중에 할 것이 말단과 끝이다."라고 해석한 대목이다. 대학의 3강령과 8조목 가운데 퇴계가 가장 힘주어 강조한 부분은 수신(修身)이다. 퇴계는 "모든 사람은 누구나 한결같이 수신으로써 근본을 삼아야 한다."라고 말한다. 왜냐하면 근본이 어지러우면서 말단이 다스려지는 사람은 없기 때문이다. 앎과 행위의 문제에서 주자가 인식방법으로 내세운 격물치지와 수신, 다시 말해서 '거경(居敬)'은 퇴계에서도 큰 학문〔大學〕의 요체(要諦)로 인간성 함양의 근본 문제로 설정된다. 또한 소학의 실천교육은 어릴 때의 순수한 마음을 보존하기 위한 배양의 공부이고, 대학은 그 이치를 깨달아 흔들릴 수 있는 마음을 보존해야 하는 이치를 궁구함으로써 스스로 수양해야 함의 필연성을 인식하고자 함이라 볼 수 있다. 그러므로 소학과 대학의 공부 역시 인간의 소양(본바탕을 기르는)교육에 중점을 두고 있다고 볼 수 있다.

제5도 「백록동규도」는 주자가 백록동서원을 세워 교육을 진흥하고자 후학들에게 남긴 학교규칙에 대한 그림과 설명이다. 인간다운 인간의 교육과 자신의 완성을 지향하는 위기지학(爲己之學)의 풍토가 실추된 현실을 보고, 주자는 과거와 입신양명 위주의 위인지학(爲人之學)을 강력하게 경계하려는 의도로 규칙을 만들어 제자들이 실천할 것을 요청하고 있다. 이는 사람됨의 본바탕은 돌보지 않고 입시와 취업 위주의 교육이 지배하는 요즘의 세태와도 유사한 점이 많다.

제6도 「심통성정도」는 퇴계 심학의 주요 내용, 즉 본성과 감정의 주재자로서 마음의 문제를 다루고 있다. 체용론에서 볼 때 마음의 체가 성(性)이요, 마음의 용(用)이 정(情)이다. 맹자가 말한 인의예지의 사덕은 성이고, 그것이 발현된 측은지심, 수오지심, 사양지심, 시비지심의 사단은 정이다. 퇴계는 마음이 인의지심(仁義之心)을 제대로 통섭하지 못하면, 중용의 상태를 이룰 수 없기에 성이 뚫어지기 쉽다고 말한다. 또 마음이 측은지심, 수오지심, 사양지심, 시비지심을 잘 통섭하지 못하면, 희·노·애·락의 느낌이 표정으로 나타난 상태가 중화(中和)를 이룰 수가 없어서 정이 방탕해지기 쉽다고 했다. 그러므로 사단의 본연지성은 부단히 확충하고, 칠정의 감정은 도덕규범에 맞도록 훈육과 변화가 필요하다. 사람은 누구나 마음을 바르게 하여 자기의 성(性)을 잘 보존하고, 정(情)을 다스려 중화(中和)[4]의 이치에 도달하기 위하여 힘써야 한다. 이처럼 퇴계 심학에서 마음은 리와 기를 결합하고, 성과 정을 통섭하는 주체임과 동시에, 내적으로는 한 몸을 주재하고, 외적으로는 대상과의 관계에서 온갖 변화에 대응하는 다양한 기능을 하는 것으로 파악된다.

제7도 「인설도」는 유교의 근본사상이 담겨 있는 인(仁)에 대한 설명과 그림을 담고 있다. 공자는 '극기복례위인'이라 하여 "자신의 욕망을 극복하여 예로 돌아가면 인을 실현하는 것이다."라고 했다. 자기 자신을 넘어선다는 의미의 극기(克己)는 사욕에 물들기 쉬운 마음을 넘어서야 하며, 분노에 휩싸이기 쉬운 마음을 잘 다스려야 한다는 자기수양의 강력한 메시지를 담고 있다. 주자 또한 "인이란 천지가 만물을 생성하는 마음이며, 사람이 인을 얻어서 마음으로 삼은 것이다. 마음이 겉으로 드러나기 전에는 '인의예지'의 사덕이 갖추어져 있는데, 오직 인만이 사덕을 모두 포괄한다. 그러므로 인은 모든 것을 온전하게 함양하고 길러 통섭하지 아니함이 없으니, 이른바 '생성하게 하는 본성'이라든가 '사람의 이치'가 인의 본체이다."라고 하여 사단 중에서도 인이 으뜸이며, 그것이 발현된 측은지심만이 사단 전체를 관통한다고 보았다. 퇴계는 공자와 주자의 견해를 기반으로 하여 사람이 이 덕목을 몸소 깨달아 보존할 수만 있다면, 모든 선의 근원과 모든 행실의 근본을 깨달아 성인군자의 참된 도를 실천할 수 있다고 보았다.

제8도 「심학도」는 마음공부의 실재와 원리를 잘 보여 준다. 퇴계에 따르

---

4) 중화에서 중(中)은 마음이 대상과 관계를 맺기 이전, 즉 미발의 상태에서 적연부동(아주 고요하여 전혀 움직이지 않음)함을 말하고, 화(和)는 마음이 대상과 관계를 맺은 이후, 즉 기발의 상태에서 모두 절도에 잘 들어맞게 된 것을 말한다.

면, 마음은 한 몸의 주재요, 경은 또 한 마음의 주재이다. 마음이 몸을 통제하고 다스리는 주체라면, 그 마음을 통섭하는 것이 경이라는 의미이다. 그 마음은 씀씀이에 따라 천리를 닮은 도심(道心)과 인간의 세속적인 욕망을 드러내는 인심(人心)으로 드러나게 된다. 이로 인해 인간은 수양해야 하며, 수양의 핵심은 '알인욕존천리(遏人慾存天理)'에 있다. 이는 인간의 욕심을 막거나 줄여 하늘의 도를 잘 보존해 나가는 공부가 필요함을 역설하는 말이다. 그러므로 퇴계는 마음공부에서 한 치의 빈틈도 없이 경에서 벗어나서는 안 됨을 힘주어 강조한다.

제9도 「경재잠도」는 우리가 어떻게 경에 머무를 수 있는가를 숙고하는 그림과 설명을 담고 있다. 내용은 언제나 어디서든 항상 경을 간직하고 살아야 한다는 소중한 말과 실천 항목으로 이루어져 있다. 퇴계는 일상생활에서나 어느 공간에 처해도 오직 마음을 하나로 하여 주위의 변화를 살펴야 한다고 말한다. 이러한 태도를 유학에서는 경에 머문다는 의미로, 거경(居敬)이나 경을 간직한다는 의미로 지경(持經)을 쓴다. 그래서 퇴계는 "일상생활 속에서 보고 느끼는 사이에 몸으로 익히고 음미하며 깨닫고 성찰하여 터득하는 것이 있다면, 경이 성학의 처음과 끝이 됨을 어찌 믿지 않을 수 있겠습니까?"(이황 편저, 최영갑 독해, 2005: 169-170)라고 했다.

제10도 「숙흥야매잠도」는 아침 일찍 일어나고 밤늦게 잠잔다는 뜻으로, 일상에서 경을 적극적으로 실천하려는 의지를 담고 있는 그림과 설명이다. 생활에서 경의 실천을 일곱 개의 영역으로 나누어 설명한다. 숙오(일찍 잠에서 깨어남), 신흥(새벽 기상), 독서(책을 읽음), 응사(일을 대하는 자세), 일건(해가 지기 전까지 부지런하게 노력하는 일), 석척(저녁에도 몸과 마음을 삼가고, 정신과 마음을 가다듬는 일), 겸숙야(낮부터 밤까지 쉼 없이 자신의 정신과 기를 가다듬는 일)가 그것이다. 성인이 되기 위해 선인들이 얼마나 치밀하게 일거수일투족을 살피고 가다듬었는지, 그리고 얼마나 철저하게 자신을 관리해 나갔는지를 알 수 있다. 이러한 선비의 일과표는 시간적으로 아침 일찍 깨어나서 밤늦게 잠들기 전까지 선비들이 얼마나 존양(存養)에 헌신적인 노력을 기울였는지를 단적으로 보여 준다.

## 3. 마음수양과 소양교육

성리학에 근거하여 수양론을 체계화한 인물이 바로 퇴계 이황이다. 중국 유가의 전통에 따라 퇴계는 형이상학적인 이기론(理氣論)에서 출발하여 심성의 보존과 배양을 통하여 인격의 향상을 추구하는 수양론(修養論)으로 나아가고 있다. 이기론이나 수양론은 모두 인간의 마음(心)과 밀접한 연관이 있다. 이기론에서는 마음의 본체를 밝히고자 하며, 수양론에서는 인심과 도심이라는 마음의 두 양상을 분별하여 수양의 근거로 삼는다. 마음의 수양에서는 먼저 선한 마음으로서 양심 혹은 본심을 확인하고, 그러한 마음을 잘 보존해 나간 후 마음 수련의 결과 부동심 혹은 종심을 얻는 것이다(금장태, 2001: 200). 이것을 도식화하면 다음과 같다.

良心 · 本心 → 操心 · 存心 → 不動心 · 從心

〈마음수양의 단계〉

이와 기로 이루어진 인간의 마음은 기질의 차이에 따라 서로 다른 존재의 층위를 보인다. 먹고 마시는 원초적 본능에 따라 사는 금수(禽獸), 이해(利害)는 알지만 의리는 모르는 중인(衆人), 인의를 정밀하게 알고 실천하는 성인(聖人)이나 군자(君子)가 그것이다. 특히 교육받은 인간의 이상형으로서, 성인군자는 하늘로부터 부여받은 천명(天命)을 인지하고 실천하는 사람이다. 퇴계의 『성학십도』는 성군, 나아가 성인군자를 길러 내기 위한 염원을 담은 책으로 볼 수 있다.

인간의 수양은 마음과 천리가 하나가 되는 천일합일의 경지에 도달하는 것으로서, 퇴계는 이를 심여이일(心與理一)로 표현하고 있다. 하지만 인간의 마음이 보편적인 이치를 획득하기 위해서는 전제가 필요하다. 마음이 이와 기 혹은 성과 정으로 결합되어 있는 한 마음의 발동에 따라 선과 악이 될 수 있다. 퇴계에 따르면, "이가 드러나고 기가 순응하는 것이 선이요, 기가 가려서 이가 숨은 것이 악이다."(금장태, 2001: 207 재인용) 퇴계는 선이 이의 발현이며, 악은 기에 의해 이가 은폐된 것임을 분명히 하고 있다. 이처럼 마음이 이와 기로 이루어져 있고, 그 둘이 서로 하나가 될 수 없으며, 기가 언제 어디서나 악으로 변할 가능성이 있기 때문에 기질의 변화가 수양의 최우선 과제로 등장한다.

마음의 수양을 위한 주체의 자각에서 중요한 개념이 경(敬)이다. 퇴계의 철학을 한마디로 '경'의 철학이라고 부르는 이유는 마음의 수양에서 치심(治心), 경(敬), 지경(持敬) 과 같이 '마음가짐'의 문제를 사유의 중심으로 삼았기 때문이다. 퇴계의『성학십도』는 인간성의 바탕을 길러 주는 소양교육의 근저에 도도히 흐르고 있는 경을 상정하고 있다. 경은 주체가 자기 스스로 통제해 나가는 것을 말한다. 체용론의 관점에서 볼 때 경은 마음이 발동하기 이전에는 '엄숙(嚴肅)'이 경의 체(體)요, 마음이 발동한 후에는 '정제(整齊)'가 경의 용(用)이 된다(금장태, 2001: 202). 유가의 전통에 따라 미발 시에는 존양(存養)에 힘쓰고, 이발 시에는 반성과 성찰을 통하여 정사, 선악, 시비를 분별하는 데 게을리하지 않는 것이 경이라고 할 수 있다. 퇴계는 경을 실천하는 두 가지 방법을 들고 있다. 그 하나는 외적 행동을 제재함으로써 마음을 기르는 방법, 다른 하나는 마음을 수양하기 위해서 내적으로 마음을 수습하는 방법이다. 인간의 수양에서 두 가지 요소가 모두 중요하지만, 퇴계는 밖에서 안으로 들어가는 수양법이 더욱 긴요하고 절실한 것임을 강조했다.

두 가지 가운데 한 가지라도 빠져서는 안 되지만, 외적인 행동을 다스

> 려서 마음을 기르는 방법이 더욱 요긴하고 절실하다. 그러므로 삼성(三省),[5] 삼귀(三貴),[6] 사물(四勿)[7]과 같은 종류의 내용은 모두 응대(應對), 접물(接物)에 관해서 말했으니, 이 또한 본원(本源)을 함양(涵養)하는 내용들이다. 만일 이렇게 하지 아니하고 한결같이 마음공부만 주로 한다면 석씨(釋氏)의 견해에 떨어지지 않는 경우가 드물 것이다(『退溪集』, 卷16, 「答奇明彦」).

만일 수양을 한다고 해서 고요함만을 추구하거나 사물을 멀리하는 데 목적을 둔다면 노자나 불교의 수양법과 유교의 수양법이 다를 것이 없다. 마음이 발하기 이전의 고요한 상태와 발한 이후 활동 시의 상태가 일관성을 유지하는 것이 경공부의 핵심이다. 선진유학에서 강조되었던 삼성, 삼귀, 사물과 같은 일상적 실천을 강조하고 있는 점은 퇴계가 단지 내면적 수양방법만이 아니라 수양에서 구체적인 실천과 행동을 중시했다는 것을 단적으로 보여 주는 증거이다. 그는 경을 실천함으로써 마음속으로 깊고 두터운 성품을 함양(涵養)하고, 외적으로는 사람과 일을 마주함에 있어 결코 가볍게 지나치지 말 것과 성찰(省察)의 태도로 일관할 것을 요구한다. 이처럼 경은 안과 밖, 속과 겉을 일관시킴으로써 내적 사고와 외적 행동이 궁극적으로 일치되는 효과로 나타날 수 있다. 경의 '마음씨'를 지니는 것이야 말로 사(思)와 학(學)을 겸하며

5) 『논어』, 「학이」편에서 증자가 한 말로, 나는 하루에 세 가지로 나 자신을 반성한다. "남을 위해 일을 할 때에 충실히 하지 않았는가? 친구와 사귀는 데 믿음으로 대하지 않았는가? 스승에게서 배운 것을 열심히 익히지 않았는가?"

6) 『논어』, 「태백」편에서 증자는 군자가 귀하게 여겨야 할 세 가지를 말하고 있다. "얼굴과 몸가짐은 포악함이나 거만함과 거리가 멀어야 하고, 얼굴빛은 엄숙하게 하여 참됨에 가깝게 하며, 말과 어조는 상스럽거나 도리에 어긋남이 없어야 한다."

7) 『논어』, 「안연」편에서 제자 안연이 스승인 공자에게 인에 대해서 묻자 공자는 사욕을 버리고 예를 회복하는 것이 인이라고 답한다. 이에 안연이 그 조목을 청하자 공자는 네 가지로 답변을 한다. "예가 아니면 보지 말고, 예가 아니면 듣지 말고, 예가 아니면 말하지 말고, 예가 아니면 행동하지 말라."

동정(動靜)을 일관하고 내외(內外)를 합하며 드러남과 은미함을 하나로 하는 길이다(이해영, 1995: 53).

그럼에도 불구하고 경이 어느 순간에 완성되어 저절로 지속되는 것은 아니다. 수양의 과정에 있는 주체가 부단히 노력하고 애써 실천하지 않으면 언제라도 경으로부터 멀어질 수 있다. 그래서 퇴계는 수양의 과정에서의 '단절 없이 반복된 노력[진적역구(眞積力久)[8]]'을 강조하고 있다. 경 공부에서는 올바른 도리가 한 순간도 자신으로부터 떨어지지 않도록 온 몸과 마음으로 체인(體認)[9]하는 것이 중요하다. 거경이 언제나 행위와 실천의 중심에 있어야 한다는 퇴계의 사고는 경이 단지 도가의 무아적 경향이나 불가의 몰아적 경향으로 떨어지지 않게 하는 중대한 의미가 있다. 퇴계가 '사경(死敬)'과 '활경(活敬)'을 구분한 것도 경이 구체적인 실천과 행위 속에서 발현되어야 함을 강조하기 위한 것이다.

경은 본래 불위(不爲), 묵연(黙然), 무위(無爲)의 때를 위해서 있는 것이 아니다. 경은 동정(動靜)을 일관해야 한다. 일이 없을 때에는 주일(主一)에 머물되 나태함이 없어야 하며, 물(物)에 응함에 미쳐서는 수작(手作)이 난잡하지 않아야 한다. 경에는 사경(死敬)과 활경(活敬)이 있다. 만일 주일만을 지키는 경이라면 살아 있는 경이 되지 못한다. 반드시 경과 의를 함께 가지고 이 양자를 끊임없이 순환토록 한다면 안팎이 함께 통하고 밝아질 것이다.[10]

이렇게 본다면 경의 실현이 얼마나 어려운가를 짐작하고도 남음이 있다. 그래서 퇴계는 선현의 지혜를 빌어 『성학십도』의 제9도 「경재잠도」와 제10도 「숙흥야매잠도」에서 시공을 초월하여 일상생활에서 경을 유지하고, 보존하

---

8) 이는 참을 알고 실행하는 것은 하루아침에 이루어지는 것이 아니므로 궁리와 역행에 오랜 시간이 걸린다는 의미를 담고 있다.

9) 체인은 몸소 알아차린다는 의미이며, 유사한 용어로 체찰은 항상 몸소 둘러보고 살펴본다는 뜻이다. 신창호(2010)는 퇴계의 마음공부법을 '함양'과 '체찰' 두 단어로 함축적으로 표현했다.

10) 전목, 「주자학제강」, 『주자신학안』. 정순우(2007). 공부의 발견. 현암사 재인용.

는 방법을 정밀하게 묘사하고 있다. 움직이거나 머무를 때, 겉으로든 안으로든 언제 어느 곳에서나 한 치도 경을 떠나서는 안 되는 가히 초인적인 수행이 필요하기 때문이다. 너무 안으로 머무르게 되면 정적인 심학의 차원에서 벗어나기 힘들고, 지나치게 밖으로 향하게 되면 위인지학(爲人之學)으로 떨어질 위험성이 뒤따른다. 매순간 지경(持敬)의 태도를 유지하기란 초학자나 평범한 사람들에게는 엄청난 고통이 따르는 배움의 과정이다. 퇴계의 경 공부는 그러한 한계를 넘어서는, 지난한 자기수양과 자기구원의 과정으로 볼 수 있다. 그리하여 "참[眞]이 많이 쌓이고 노력이 오래되면 자연히 마음과 이치가 서로 함양되어 모르는 사이에 융회관통(融會貫通)하게 된다."[11]

요컨대, 퇴계는 경을 통해 인욕을 제거하고, 일상에 스며 있는 리(理)를 대면하고자 했다. 그가 경 공부를 통해 도달하고자 한 곳은 자연의 세계도, 신의 세계도 아닌 활물(活物)로서의 생생지리(生生地理)가 흘러넘치는 인간의 세상이다(정순우, 2007: 231). 정주학에서 강조한 격물치지가 아무리 중요하다고 해도, 공부가 생명력을 지니기 위해서는 거경을 통해서 욕망을 제대로 다스리는 일이 선행되어야 한다. 날마다 살아가는 일상의 세계에서 생명력이 넘치는 보편적인 리(理)를 만날 수 있는 것은 오직 매 순간 어느 곳에서도 지경(持敬)의 태도를 잃지 않는 것에서부터 나온다. 퇴계에게서 세상에서 탐하는 부귀와 공명, 입신출세를 향한 탐욕 등을 전혀 찾아볼 수 없는 것[12]은 이와 같은 경 위주의 철저한 소양교육의 귀결로 유추해 볼 수 있다.

---

11) 『퇴계집』, 7권, 「진성학십도차」. 여기서 '융회관통'은 원래 주희, 『주자전서』에서 나온 말임. "举一而三反, 闻一而知十, 乃学者用功之深, 穷理之熟, 然后能融会贯通, 以至于此(한 번 들어 세 번 돌려보고, 하나를 듣고 열을 알고, 배우는 사람은 그렇게 깊이 알려고 힘쓰고, 이치를 모두 터득한 후, 한데 모아 처음부터 끝까지 이해할 수 있을 때까지 그렇게 노력하라)."

12) 『퇴계선생언행록』, 2권, 「기기어묵지절」, "自世俗所好 未嘗經於心(세속에서 좋아하는 바는 한 번도 마음을 스쳐 가는 일이 없었다)."

## 참고문헌

『논어』

『맹자』

『중용』

『대학』

『퇴계집』

『퇴계선생언행록』

금장태(2001). 퇴계의 삶과 철학. 서울대학교 출판부.

리쩌하우(2006). 논어금독. 북로드.

손승남, 남기호(2019). 소양교육의 관점에서 본 퇴계 성학십도의 재음미. 교양교육연구, 13(2), 313-330.

신창호(2010). 함양과 체찰: 조선의 지성 퇴계 이황의 마음공부법. 미다스북스.

신창호(2018). 성리학과 소학교육. 한국교육철학회 편(2018). 교육과 성리학. 학지사, 131-167.

이해영(1995). 이황의 수양론. -성학십도와 경을 중심으로-. 퇴계학, 7, 안동대학교 퇴계학연구소, 49-65.

임동석 역주(2004). (사서집주 언해) 논어. 학고방.

임동석 역주(2004). (사서집주 언해) 맹자. 학고방.

정민, 강민경, 박동욱, 박수밀(2011). 살아있는 한자 교과서 1권. 생활과 한자. 휴머니스트.

최영갑 편(2005). 성학십도, 열 가지 그림으로 읽는 성리학. 풀빛.

한국교양기초교육원(2016). 대학 교양교육 컨설팅 컨설턴트 POOL 워크숍 자료집. 한국교양기초교육원.

한형조(2018). 성학십도, 자기구원의 가이드맵. 한국학중앙연구원출판부.

제10장

# ‘위대한 저서’ 프로그램을 토대로 본 우리나라 대학 인문고전교육의 방향 탐색[1]

## 1. 들어가는 말

인문학 위기에 대한 목소리는 여전한데 여기저기서 인문학의 열기는 점점 고조되어 가고 있다. 스티브 잡스(Steve Jobs)에 의해 인문학에 대한 관심이 증폭되면서 정보공학자와 최고 경영자들의 사고도 바뀌고 있다. 하루가 멀다 하고 서점가의 인문학 관련 서적은 봇물처럼 쏟아져 나온다. 최근 삼성에서 인문학 소양을 갖춘 인재를 뽑아 소프트웨어 개발자를 체계적으로 교육하겠다는 당찬 포부를 밝혀 그 역발상에 사람들이 놀라기도 했다.[2] 다른 한편, 인문학과 고전 읽기를 일반 대중에게 널리 보급하려는 노력 또한 결실을 맺고 있다. 얼 쇼리스(Earl Shorris)가 창시한 ‘클레멘트 코스(The Clemente Course)’가 바로 그것인데, 이 프로그램은 뉴욕에서 시작하여 미국 전역으로 퍼지더니 우리나라에서는 ‘성프란시스대학’으로 잘 안착하여 거리의 가엾은 영혼들을 구제하는 역할을 톡톡히 해내고 있다.[3]

1) 손승남(2013). ‘위대한 저서(The Great Books)’ 프로그램을 토대로 본 우리나라 대학 인문고전교육의 방향 탐색. 교양교육연구, 7(4), 449-472.

2) 이코노믹 리뷰(2013). 삼성, 인문학 소양 갖춘 IT인재 선발. 이코노믹 리뷰, 2013. 3. 13.

3) 성프란시스대학 인문학과정 편(2012). 거리의 인문학. 삼인, 379.

사회적으로 요구되는 인재상이 바뀌면서 대학의 교육 방향도 전공일변도 교육에서 교양/기초교육을 강화하는 방향으로 변하고 있다. 교양 위주의 학부대학의 설립에서부터 대학 내 교양교육 전문기관을 신설하거나 위상을 강화하여 시대적 요구를 적극 반영해 나가고 있다. 최근에는 대학마다 기초교육원을 설립하여 기초교육의 한 방법으로 고전 읽기 프로그램과 인문학 강좌를 대학의 필수과목으로 포함시키려는 움직임이 여기저기서 감지된다. 새로운 프로그램이 제대로 된 모양과 짜임새를 갖추기 위해서는 그와 같은 교육의 역사와 철학을 점검해 보는 것이 도움을 줄 것이다.

주지하다시피, 미국에서는 1900년대 초반에 시카고 대학교를 중심으로 고전 읽기 프로그램을 대학의 교양교육으로 자리매김하려는 운동이 전개되었다. 소위 '위대한 저서(great books)' 프로그램을 만들어 대학의 학부과정에서 실시하고자 했다. 시작과 달리 그 프로그램은 현재 성인들을 위한 기초교육 프로그램으로 전환이 되어 명맥을 유지하고 있지만, 그 효과는 기대 이상이었다. 신생대학이었던 시카고 대학교의 졸업생 상당수가 노벨상을 수상하면서 명문대학의 반열에 이름을 당당히 올릴 수 있었다. 앞서 언급한 고전 읽기 프로그램이 시카고 대학교에서 시작되었지만 오늘날 '위대한 고전'을 활용한 프로그램은 미국 전역의 적지 않은 대학에 영향을 주었다.[4]

이 장에서는 '위대한 저서' 프로그램이 기반으로 삼고 있는 항존주의 교육철학의 문제의식과 이 프로그램의 실제적 구안자이자 추진자였던 허친스(Robert Maynard Hutchins)와 아들러(Mortimer Jerome Adler)의 위대한 저서 프로그램을 검토한 후, 미국 대학에서 위대한 고전을 활용한 인문고전교육이 어떻게 시행되고 있는지를 조망하여 그 공과를 따져 보고자 한다. 마지막으로, 우리나라 대학의 인문고전교육의 발전을 전제로 교수학의 관점에서 향후

4) Cubbage, K. T. (2008). America's Great Books colleges and their curious histories of success, struggle, and failure. *Dissertation*. University of South Carolina, 1-44; Beam, A. (2008). *A great idea at the time: The rise, fall and curious afterlife of the Great Books*. Public Affairs, 1-19.

대학 인문고전교육의 방향을 탐색해 보고자 한다. 왜 지금 다시 고전인가? 어떤 고전을 다룰 것인가? 고전을 어떻게 읽을 것인가? 고전인문교육의 근본 물음에 대한 나름의 답을 찾는 과정에서 그 지향점이 드러날 것으로 본다.

## 2. 미국 대학의 '위대한 저서' 프로그램

### 1) 항존주의 교육철학

항존주의는 항구적으로 존재하는 진리, 즉 영구불변하는 진리를 교육에서 가르쳐야 한다는 신념에서 비롯된다. 항존주의자들은 언제, 어디서나, 누구에게나 통용되는 진리가 있다는 가정하에 개별적 사실 배후에 숨어 있는 원리를 가르쳐야 한다고 믿는다. 그들은 그와 같은 진리가 플라톤, 아리스토텔레스, 토마스 아퀴나스와 같은 고대와 중세의 위대한 사상가들의 저서에 담겨 있다고 주장한다.

미국에서 항존주의 교육철학이 등장한 것은 1930년이지만, 그 뿌리는 그보다 훨씬 이전의 시대로까지 거슬러 올라간다. 이미 17세기 라이프니츠(Leibniz)는 '항존철학(philosophia perennis)'이라는 용어를 사용했고, 그 이후 철학자들은 변화하지 않은 절대적인 진리를 탐구하는 사유 형태를 지칭하기 위하여 그 개념을 사용했다.

현실적으로 볼 때 항존주의가 미국에서 등장한 것은 20세기의 급격한 사회변동과 밀접한 관련이 있다. 자본주의의 급속한 성장은 정신세계와 물질문명과의 간극을 더욱 심화시켰고, 개인은 늘어 가는 배금주의와 황금만능주의 사회 풍토에서 구심점을 잃고 혼란에 빠져 들었다. 격동의 사회에서 개인은 자아의 건전한 성장과 전인적 완성을 위한 안정된 기반과 사상적 휴식처를 요구하게 된 것이다. 불변의 진리에 대한 대중의 갈망과 이에 대한 응답으로서 '위대한 저서' 프로그램은 시대적으로 잘 결합될 수 있었다.

사상적으로 볼 때 항존주의는 이전의 진보주의 교육철학에 대한 반동으로 등장했다. 아동의 흥미를 존중하는 아동 중심 교육에서 시작된 듀이(Dewey)의 진보주의는 실용주의를 교육현실에 접목하려는 교육사상이다. 항존주의 교육철학자인 허친스(Hutchins)는 진보주의의 핵심 개념인 적응, 욕구, 사회개혁의 원리를 정면 비판했다.[5] 허친스는 개인이 속한 사회의 성격을 도외시한 채 개인의 적응만을 강조해서는 안 되며, 듀이가 사용하는 욕구 개념은 그 실체가 불분명한 것으로 보았다. 또 적응과 욕망 개념이 논리적으로 사회개혁과 연결되지 않은 점도 비판의 초점으로 삼았다.

항존주의는 변하지 않은 실체는 오직 인간의 이성이며, 인간이면 누구나 이러한 이성을 지닌 존재로 간주한다. 교육의 과업은 인간의 이성적 능력을 최대한으로 끌어올리는 일이다. 그 과업을 실현하기 위해서는 오랜 기간 동안 진리로 인정을 받은 문학, 철학, 역사, 과학 분야의 저술, 즉 '고전'에서 찾아야 한다. 이런 배경에서 허친스를 비롯한 세속적 항존주의자들은 고대에서부터 인류의 정신사에서 족적을 남긴 주요 고전들을 중심으로 '위대한 저서' 목록을 작성하여 제시했다.

교육의 실제적 유용성과 조급한 직업주의가 학교와 대학으로 널리 퍼져 가던 시기에 항존주의자들은 교육의 중심 과제를 인간, 정신, 본질로 되돌리고자 했다.[6] 그들은 교육이 궁극적으로 '인간을 인간으로 만드는 도덕적 과업'이라는 전제하에 교육의 현장에서 최우선적으로 가르쳐야 할 내용은 수학이나 과학이 아닌 인간 그 자체라는 점을 강조했다. 서구 교양교육의 근간이 되었던 7자유교과와 같은 오랜 전통에서 알 수 있듯이, 인간의 정신을 자유롭게 하기 위한 최선의 방법은 자유로운 교과와 주제들을 제시하여 이에 관해

5) Hutchins, R. M. (1953). *The Conflict in Education in Democratic Society*. Harper and Brothers, 92-93.

6) 안상원(1990). 항존주의 교육사상의 관견. 교육논총, 건국대학교 교육대학원, 23-45.

서 자유롭게 토론하도록 하는 것이다. 고전을 둘러싼 질의응답, 대화, 토론, 비판의 방법은 결국 오래전 소크라테스가 그리스 아테네 청년들을 가르쳤던 방법과 크게 다르지 않다. 다시 말해서, '소크라테스 방법'은 자라나는 세대의 정신을 자유롭게 하는 오래된 교육방법의 하나이다.

### 2) 허친스, 아들러 그리고 위대한 저서 프로그램

1930년을 전후하여 항존주의가 시카고 대학교를 중심으로 세간의 인정을 받을 무렵, 그 움직임은 마치 하나의 밀려오는 잔잔한 파도와 같은 '운동'으로 퍼져 나갔다. 그 중심에는 약관의 나이에 시카고 대학교의 총장에 오른 허친스와 인문적 소양과 탁월한 식견을 소유하고 있었던 아들러가 있었다. 법학 전공자인 허친스가 인류의 소중한 유산인 위대한 고전에 눈을 떠가는 과정도 흥미롭지만, 그 분야에 정통한 인물을 발굴하여 '위대한 저서' 프로그램을 만들고 이를 구체적으로 대학의 교육과정에서 펼칠 수 있도록 온갖 지원과 협력을 아끼지 않은 지도성도 찬사를 받을 만하다. 그 운동이 확산된 것은 허친스와 아들러 외에도 4년제 위대한 저서 프로그램을 도입한 세인트존스 대학교의 바(Barr)와 부캐넌(Buchanan), 위스콘신 대학교의 인문고전교육 프로그램을 한 동안 가능하게 했던 마이클존(Meiklejohn), 컬럼비아 시절부터 아들러와 인문고전교육 확산에 공헌한 반 도렌(Van Doren)의 공로를 언급하지 않을 수 없다.

시카고 프로젝트 이전에도 대학생들에게 위대한 저서의 목록을 만들어 대학의 정규 커리큘럼에서 다룬 첫 시도는 컬럼비아 대학교의 얼스킨(Erskine)의 사례에서 찾을 수 있다. 인문교양 분야에 해박한 지식을 소유하고 있었던 그는 선구적으로 뉴욕에서 대학교 3~4학년을 대상으로 인문고전교육을 실시했다. 그에 의해서 최초로 개발된 60권의 위대한 저서는 컬럼비아 대학교의 울타리를 넘어 시카고 대학교로, 그리고 다시 세인트존스 대학교를 거쳐 노틀담 대학교와 세인트메리 대학으로까지 퍼져 나갔다. 얼스킨의 선구적 작업을 토대로 허친스와 아들러는 브리태니카 백과사전 편찬사업의 일환으로 1952년 마침내 '서구사회의 위대한 저서'를 펴내었고, 그 작업과 동시에 아들러는 위대한 저서에 관통하는 '위대한 사고'를 종합색인집(Syntopicon) 형식으로 발간하여 독자의 고전 읽기 열풍을 북돋았다.

아들러(1989)의 신념에 따르면, 위대한 저서들은 모든 사람의 일반교육, 자유교육, 인문교육의 한 부분이 되어야 한다. 위대한 고전과의 조우는 가급적 이른 시기일수록 좋다. 그리하여 아들러는 청소년을 위한 위대한 저서를 개발하여 이를 교육하고자 하는 구체적인 계획을 「파이데이아 제안(The Paideia Proposal)」(1982)에 담아 발표하기도 했다. 위대한 저서 프로그램의 배후에는 지적 호기심이 왕성하며, 사고력이 개화하기 시작하는 청소년기에 위대한 사상을 접하게 한 후 연속적으로 대학에서 좀 더 심화된 과정을 제공하고, 이러한 지적 열정과 활동을 성인학습 시기까지 지속시키려는 의도가 담겨 있다. 시카고의 인문고전교육 프로그램은 현대적으로 해석하자면 평생학습 프로젝트로 기획된 것임을 알 수 있다.

'위대한 저서' 프로그램은 지적 허영심을 충족시킨다거나 얄팍한 의미에서 '문화적 리터러시'를 획득하기 위한 전략과는 거리가 멀다. 그와는 달리, 그 목적은 고전 읽기를 통한 독자의 일반적인 계몽과 그들의 정신을 자유롭게 하는 자유교육의 고귀한 이상을 실현하는 데 있다. 고전 읽기를 통해 얻을 수 있는 최대의 수확은 이 프로그램에 참여한 사람들이 독서와 사고에 대한 기본적인 지적 기술을 습득할 수 있다는 것이다. 즉, 위대한 저서를 다루면서 독자는 비판적 독서, 진지한 청취, 정확한 발언, 반성적 사고와 같은 기본적인 기술을 터득하게 된다.[7]

고전을 읽는다는 것은 저자의 생각을 그저 있는 그대로 수용하는 작업이

7) Hafner, A. W. (1992). In defense of the Great Books. *The Education Digest, 57*, 7.

아니다. 독자는 보이지 않는 저자와 대화하며 사고의 동질성을 확인하기도 하지만 서로 다른 견해도 찾을 수 있다. 수동적 독서는 책에 대한 타인과의 토론을 통해 좀 더 비판적이며 사고적인 단계로 나아가 수동적 독서로 발전한다. 고전 읽기와 결합된 토론은 지식의 습득과 지적 기술의 발달 그리고 궁극적으로 기본적인 아이디어와 문제에 대한 이해의 폭을 심화시키는 중요한 수단이 된다.[8]

이러한 목적을 달성하기 위하여 서구문명의 근간이 된 위대한 저서들이 선정되었고, 일부 대학에서는 그 저서들이 중핵 교육과정(Core Curriculum)의 주요 내용으로 다루어지기도 했다. 하지만 선정된 위대한 저서들의 대부분이 유럽, 백인, 남성들에 의해서 완성된 작품이라는 점에서 논란의 중심에 서기도 했다.[9] 그 비판을 의식한 듯, 아들러(1989)는 위대한 저서를 '전지구적 문명(global civilization)'과의 연관에서 바라보아야 함을 역설했다. 위대한 저서로 제시된 최소한의 목록들은 시대와 역사의 변천에 따라 수정 · 보완될 수 있다는 것이다. 한 저서의 위대성은 그 시대가 처한 문제와 얼마나 연관성이 있느냐의 여부로 결정되어야 하는 것이지, 그 저서 자체에 부동의 진리가 내재되어 있는 것으로 보아서는 안 된다는 것이다. 만일 이러한 생각을 따른다면 위대한 저서운동은 결코 서구 문명에 관한 하나의 교양과정이 아니며, 제시된 필독서를 그저 학구적으로 연구해 나가는 작업도 아니다. 그것은 오히려 위대한 저서들 안에서 발견될 수 있는 위대한 사고와 문제들을 깊고, 넓게 토론하는 일과 근본적으로 연관되어 있음을 알 수 있다.

---

8) 독고 앤 역(2012). 생각을 넓혀주는 독서법. 멘토, 346.

9) 노현균(2007). '위대한 저서 프로그램'에 대한 문화적 평가: 시카고 대학의 사회사상분과위원회와 컬럼비아 대학의 사례 연구. 영미문학교육, 11(2), 46.

### 3) 미국 대학의 인문고전교육 프로그램

대학교 4년 동안 오직 고전목록으로 교육과정이 채워진 세인트존스 대학교의 프로그램은 1937년 창설 이후 미국 대학의 고전 읽기 프로그램에 적지 않은 영향을 끼쳤다.[10] 이 대학을 모델로 1950년대 캘리포니아 세인트메리(St. Mary) 대학과 토마스 아퀴나스(Thomas Aquinas) 대학이 고전 위주의 교육과정을 운영하게 되었다. 장로교회 계열인 테네시 주의 로도스(Rhodos) 칼리지, 북 캐롤라이나주의 세인트앤드류(St. Andrew) 장로대학, 플로리다의 에커드(Eckerd) 대학, 버지니아 주의 햄프덴-시드니(Hampden-Sydney) 대학 등도 대학 4년 동안 적게는 2개 코스에서 많게는 4개 코스의 위대한 저서를 부과하는 대학이다.

하지만 1960년 들어서면서 미국 대학의 위대한 저서 프로그램은 몇 가지 근본적인 비판에 직면하게 된다. 일부 학자들은 그리스어나 라틴어로 된 원전 대신 번역된 작품으로 읽는 것을 비판했다. 비판론자들은 한 걸음 더 나아가 학부생들이 원전으로 된 작품은 고사하고 번역된 작품이라도 이해할 수 있는 능력이 있는지 의문을 제기했다. 설상가상으로 1960년대 고개를 들기 시작한 포스트모더니즘은 '위대한 고전' 자체에 대한 반감을 노골적으로 드러냈다. 정전과 대서사를 거부하는 포스트모더니스트들이 다분히 엘리트주의적인 위대한 저서를 정면으로 비판한 것이다. 위대한 고전 배후에 숨어 있던 이데올로기, 가령 유럽중심주의, 남성중심주의, 백인우월주의 등도 비판의 도마 위에 오르면서 위대한 저서 프로그램은 새로운 전환기를 맞는다.

다양한 비판을 받은 이후 '위대한 저서' 프로그램에서 발견되는 가장 큰 변화는 명칭 변화이다. 프로그램을 지칭할 때 위대한 저서라는 용어 대신 의도

10) Rule, W. S. (2009). Seventy Years of changing Great Books at St. John's College. *Dissertation*. Georgia State University, 123.

적으로 '인문학(humanities)' '주요 원천(primary sources)' '원전(original texts)'과 같은 명칭을 사용하는 대학이 늘어났다. 이와 더불어 프로그램 운영을 둘러싸고 다양한 논쟁이 전개 되었는데, 이 중 몇 가지 주요 쟁점을 살펴보면 다음과 같다.[11]

첫째, 고전 읽기 프로그램을 단위 학과에서 운영하는 것이 나은지, 아니면 학제적으로 운영하는 것이 나은지에 관한 논란이다. 프로그램을 운영하는 대학들을 살펴보면 전반적으로 위대한 작품을 한 학과나 전공의 시각에서 좁게 다루기보다는 다양한 관점에서 학제적으로 접근하는 경향이 더 강하다. 인간의 경험이 분과학문의 좁은 틀에서 총체적으로 인식되기 힘들다는 점에서 학제적 경향이 더 설득력을 얻고 있는 것이다. 가령, 세인트존스 대학교는 학제적 접근을 활용하여 프로그램을 운영하는 대표적인 사례이며, 다른 대학들도 이와 유사한 방식으로 학제적 운영을 선호하고 있음을 알 수 있다. 이들 대학에서는 위대한 저서와 사상가들을 연대기적으로 구성하여 저학년에서부터 단계적으로 다루는 방식을 선호한다. 이 방식을 변용한 퍼시픽 유니온(Pacific Union) 대학은 연대기와 주제를 결합하여 다루는 코스마다 '영웅' '미덕' '미' '진보'와 같은 독특한 코스 명칭을 부여하고 있다. 어섬션(Assumption) 대학은 인류문명이 시작된 '도시'를 코스 명칭으로 하여 인류의 위대한 정신을 탐구해 나가는 방식을 취하고 있다.

둘째, 저서를 취급하는 방식에서 완전한 저작(full text)을 다루느냐, 아니면 저술 가운데 중요한 부분을 발췌(selections)하여 다루느냐 하는 문제이다. 짐작하다시피, 아우구스티누스의 『신국론』이나 마르크스의 『자본론』을 코스 내에서 전체적으로 다루기란 쉽지 않을 것이다. 이와는 달리 문학작품의 경우 『이방인』이나 『어린왕자』는 정해진 기간 내에 충분히 다룰 수 있다. 이처

11) Casement, W. (1996). *The Great Canon Controversy*. The Battle of the Books in Higher Education. Transaction, 1-39.

럼 다루는 작품의 성격에 따라 작품 전체를 다룰 것인가, 아니면 일부를 선별하여 다룰 것인가의 문제가 결정될 것이다. 가급적이면 위대한 저서의 작품 전체를 차근차근 읽고 해석하도록 훈련시키는 방법이 독자의 탁월성을 신장시키려는 프로그램의 원래 취지에 부합하는 것으로 보인다. 이 경우 독자는 위대한 작품의 다양한 요소를 통해 사랑, 죽음, 미, 민주주의, 노예제도와 같은 다양한 주제를 통합적으로 이해하고 경험할 수 있다. 하지만 주제별로 고전을 재구성하여 운영하는 방법은 시간이 많이 소요되며, 지난한 독서로 인해 자칫 독자가 고전의 독서에 대한 흥미를 잃어버릴 수 있다. 저작의 일부를 발췌하여 제공하는 방법도 주어진 기간 동안 위대한 정신과 사고에 많이 접하게 해 줄 수 있는 이점과 함께 저서의 일부만을 선별하여 제공함으로써 전작의 전체적인 흐름을 놓칠 수 있는 한계를 지닌다. 이 문제는 결국 독서의 깊이와 넓이 사이에서 솔로몬의 지혜를 모아야 할 사안이다. 깊게 읽으면서도 넓은 시야를 갖도록 하고, 넓게 읽으면서도 심화된 독서를 하도록 프로그램 운영의 묘를 살려야 하기 때문이다.

셋째, 위대한 저서 프로그램에 자연과학과 예술 그리고 사회과학의 분야를 어느 정도까지 포함시키느냐 하는 문제이다. 컬럼비아 대학교에서는 위대한 저서 과정과 별도의 미술과 음악과정을 제공하며, 메릴랜드주에 있는 로욜라(Loyola) 대학교에서는 학제적 인문과정과 함께 별도의 학제적 예술과정을 제공하고 있다. 세인트미셸(St. Michael) 대학교와 같이 예술을 인문학과정에 통합하여 운영하는 사례도 볼 수 있다. 자연과학의 경우 오래전부터 세인트존스 대학교에서는 고전적 실험과 함께 자연과학의 저술들을 교육과정에서 다루어 왔고, 미약하지만 보스턴칼리지와 메인, 하노버, 세인트리오 대학교에서도 자연과학의 저술들이 다루어져 왔다. 소위 문화 전쟁(cultural wars) 이후에 나타난 고전 읽기 내용상의 변화는 주목할 만하다. 다문화주의와 포스트모더니즘 논쟁 이후 성, 인종, 계급에 관한 저서들이 위대한 저서 프로그램 목록에 등장한 것이다. 아랍어권의 『오딧세이』에 비견되는 『길가메시 서사시』

가 다문화적 맥락에서 읽기 자료로 활용되는가 하면, 고대 인도의 경전인『우파니샤드』와『바가바드기타』도 활용된다. 여성과 유색인종의 저자, 가령 울스톤크래프트(Wollstonecraft), 쉘리(Schelly), 울프(Woolf), 뒤부아(Du Bois)가 저술 목록에 추가되거나 마틴 루터 킹(King), 아렌트(Arendt), 데리다(Derrida), 푸코(Foucault)와 같은 현대 저자들의 저서도 목록에 이름을 올렸다.

서구, 남성, 백인 중심의 교육내용을 탈피하려는 변화도 몇몇 대학에서 찾아볼 수 있다. 미네소타주의 세인트메리(St. Mary) 대학에서는 8코스 중의 한 코스에 의무적으로 비서구권 고전을 가르치도록 하고, 머서(Mercer) 대학교에서도 마지막 코스를 비서구권 저서 가운데 인종, 계급, 성 문제를 포함시켜 다루도록 하고 있다. 리드(Reed) 대학에서는 '중국문명의 기초', 보스턴 대학교에서는 페미니즘, 인종, 민족 연구, 다문화 연구, 포스트모더니즘과 같은 주제를 포함하여 가르치도록 하고 있다. 위대한 저서 프로그램 대신 명칭을 새롭게 바꾼 경우도 볼 수 있다. 미시시피주 밀삽스(Millsaps) 대학은 코스 명칭을 '세계적 관점으로 본 서구의 유산'으로, 베일러(Baylor) 대학교는 '세계의 문화들'로 변경하여 운영하고 있다. 북 캐롤라이나주 애슈빌(Asheville) 대학교는 비서구권 저작과 인종, 계급, 성에 관한 저작들을 중심으로 '인문학과정'을 편성하여 코스의 마지막 단계에 페미니즘, 동성애 권리, 후기 식민주의, 포스트모더니즘, 생태주의와 같은 주제를 다루는 독특성을 보이고 있다.

## 3. 우리나라 대학 인문고전교육의 방향

시대와 장소를 불문하고 고전에 대한 열망은 지속되어 왔다. 미국 대학에서의 '위대한 저서' 프로그램은 자라나는 세대에게 고전을 가르치는 일이 얼마나 중요한지를 잘 보여 준다. 미국 사례에서 알 수 있는 것은 유사한 프로그램임에도 불구하고 그 형식, 내용, 방법, 운영 면에서 다양한 모습을 띤다는 것이다. 시대의 변천에 따라 개인적 욕구와 사회적 요구를 프로그램에 반영하려는 부단한 움직임도 감지할 수 있다.

우리나라 대학에서도 인문학 열풍을 따라 적지 않은 대학에서 교양교육 프로그램의 하나로 인문학, 독서와 표현, 고전 읽기, 글쓰기와 같은 다양한 과정과 과목을 개설하고 있다.[12] 이는 매우 고무적이며, 앞으로 일시적인 유행이 아니라 이러한 프로그램이 교육과정의 일부로 정착되어 오랜 기간 동안 지속될 수 있도록 노력을 경주해 나가야 할 것으로 보인다. 1920년대 허친스와 아들러에 의해서 시작된 시카고 인문학 프로젝트도 그 이상은 높았으나 당대는 물론 그 이후 시기에도 우여곡절을 겪으며 성장해 왔다.[13] 그 영향을 받은 세인트존스 대학교가 오히려 창시자의 초기 이상을 충실하게 실현해 나가는 대학으로 정착한 반면, 시카고 대학교의 고전 읽기 프로그램은 성인들을 위한 기초교육 프로그램의 하나로 성격이 변모된 것을 볼 수 있다.

미국의 '위대한 저서'를 활용하는 프로그램과 현재 우리나라에서 시행되고 있는 다양한 인문고전 프로그램을 직접 비교해서 논하기란 쉽지 않다. 문화적 차이와 지향하는 가치가 다를 수 있고, 대학의 학제나 교양과정 운영방식에서도 차이를 보이기 때문이다. 이 장에서는 향후 대학 인문고전교육의 올바른 방향을 설정하기 위해 제기될 수 있는 몇 가지 근본 문제를 교수학적 관점에서 논해 보고자 한다.

첫째, 왜 다시 고전인가? 이 물음은 어떠한 명칭과 내용을 사용하든지 간에 고전인문교육의 목적과 지향점을 분명히 해야 한다는 요청을 담고 있다. 교육철학은 흔히 크게는 교육이념에서부터 작게는 교육관을 포함하며, 교육에

---

12) 정인모, 허남영(2011). 고전 읽기를 활용한 수업모형. 교양교육연구, 7(1), 41-74; 이황직(2011). 고전 읽기를 통한 교양교육의 혁신: 숙명여대의 '인문학 독서토론' 강좌를 중심으로. 독서연구, 26, 517-548.

13) Beam, A. (2008). *A great idea at the time: The rise, fall and curious afterlife of the* Great Books. Public Affairs, 1-19.

서 기르고자 하는 바람직한 인간상을 제시하는 역할을 한다. 특히 고전교육을 하는 이유에 대한 대학당국이나 교수자의 분명한 교육철학이 전제되지 않는 한 그 프로그램의 장기 지속성을 보장받을 수 없을 것이다. 우리의 경우와 같이 스티브 잡스와 같은 경영 귀재가 인문학을 강조한다거나 삼성과 포스코와 같은 대기업에서 인문학적 소양을 갖춘 인재를 요구한다고 해서 고전을 열심히 공부한다면, 그 열기는 언제든지 쉽게 사라질 수 있다. 교육의 방향 설정에서 더 근본적인 것은 내재적 동기이다. 외재적 동기는 일순간 어떤 행동을 긍정적으로 강화해 줄 수는 있지만, 공부 그 자체에 대한 내적 힘과 의지가 뒷받침되지 않을 때 지속성을 보장하기 힘들다. 만일 "인문학 공부도 돈이 된다."와 같은 얄팍한 상업적 동기에서 인문학과 고전의 공부가 유행하는 것이라면 그와 같은 공부는 분명 방향성에서 의심의 여지가 있다. 성과, 성공, 효율성이 우선시되는 상황에서 인문고전교육이 추구하는 도덕적 · 개방적 · 창조적 인간을 길러 내기란 힘들 것이다. 기능적 인간을 양성하는 근시안적 교육에 당당히 직면하여, 인문고전교육은 급변하는 세계에 맞서 자신의 주체성을 지킬 수 있는 자율적 인간, 타인과 더불어 살아갈 수 있는 공동체적 인간, 한 걸음 더 나아가 자기와 자기 주변의 사람들뿐만 아니라 이 땅에서 소외되고 억압받는 사람들에 대한 관심과 배려를 보일 수 있는 연대적 인간, 그리하여 결국 지구상의 생명과 우주의 만물에까지 생각이 미칠 수 있는 지혜로운 인간을 기르는 초석을 놓을 수 있어야 한다.

둘째, 어떤 고전을 다룰 것인가? 교육내용의 선정은 인문고전교육의 핵심적 사안이다. 허친스와 아들러가 했던 방식대로 일종의 선정위원회를 구성하여 얼마든지 '위대한 고전'의 목록을 작성할 수 있을 것이다. 하지만 그 목록은 독자와 시대의 준엄한 평가를 받아야 한다. 위대한 저서 프로그램 비판론자들이 지적한 바와 같이, 서구 중심, 유럽 중심, 백인 중심, 남성 중심의 가치는 다원화된 글로벌 시대의 가치에 부합하기 힘들다. 우리로서는 동양, 더 나아가 우리나라의 전통과 문화를 담고 있는 고전을 적극 발굴하고, 그동안 소외되었던 소수자의 관점에서 고전의 범위를 넓게 바라보는 시야가 필요할 것이다. 동양과 우리나라의 고전들이 한자어로 작성된 점을 감안한다면, 독서 이전에 언어교육이 병행되어야 함을 알 수 있다. 오랜 고전을 모두 원전으로 읽고 해독할 수도, 또 그렇게 해독해야만 하는 것은 아니다. 하지만 우리말 번역으로 고전을 접하더라도 한자에 대한 기본적인 지식을 토대로 중국과 우리 고전을 접하는 것과 처음부터 우리말로만 공부하는 것은 엄연한 차이가 있다. 글로벌 시대를 살아가는 인재를 기르는 것이 교육의 목적이라면, 적어도 고전 목록들이 그 목적에 맞게 선정될 필요가 있다.

고전교육의 목적은 과거와 현재의 적극적인 대화에서 그 의의를 찾을 수 있다. 이 점에서 죽은 과거의 유산이 아니라 생생한 현재적 가치와 미래에 대한 전망을 찾는 수단으로서 고전의 의미를 살려 나갈 필요가 있다. '위대한 저서'를 활용한 대학 프로그램에서 대개 시행되는 바와 같이 고대의 고전에서부터 근대와 현대로 거슬러 올라오는 연대기적 방법은 어떤 형태의 인문고전 프로그램에서나 무난하게 활용될 수 있을 것이다. 사고의 궤적을 발생의 순서대로 추적해 나가는 방식은 학습자로 하여금 고전에 대한 접근을 용이하게 할 뿐만 아니라 학습의 순서에 따라 고전의 기초를 다져 줄 수 있는 이점을 지닌다. 이 방법이 다분히 전망적(prospective)이라면, 현재에서 과거로 내려가는 회고적(retrospective) 전략을 병행하는 방법도 좋은 대안이 될 수 있다.

이 점에서 독일 교육학자 클라프키(Klafki)가 제시한 '시대적 핵심 문제'에 대한 아이디어는 도움이 될 것이다. 그는 평화, 환경, 불평등, 뉴미디어와 같은 시대의 핵심과제를 교육내용으로 삼아 다가올 세대에게 적극적으로 가르쳐야 한다고 주장했다.[14] 이 주장을 받아들인다면 그 시대를 관통하는 핵심 아이디어를 찾아 그 주제에 맞게 고전의 내용을 다룰 수 있을 것이다. 교육내용이 현재성을 지녀야 하는 만큼, 지금 여기에서 교육을 받는 학습자의 삶에

---

14) Klafki, W. (1995). *Neue Studien zur Bildungstheorie und Didaktik*. Beltz, 56-60.

의미를 부여할 수 있도록 교육내용이 새롭게 구성될 필요가 있다. 가령, 요즘 시대의 화두인 '정의'를 인문고전교육 프로그램에서 다룬다면 왜 지금 이 시대에 정의 혹은 불공평의 문제가 제기되고 있는지를 따져 보고, 역사를 거슬러 가까운 시기에서부터 고대 그리스의 아리스토텔레스 '정의'에 대한 사고를 검토하는 단계로까지 나아갈 수 있을 것이다.

또 다른 시대적 핵심 문제의 하나로, 인류의 오랜 고민거리 중의 하나인 '전쟁과 평화'의 문제는 범지구적 차원의 문제로서뿐만 아니라 국가와 개인의 차원에서도 직간접으로 연결되어 있다. 분단국가의 위협에서 생존해야 하는 우리에게 평화의 문제는 곧 반전 · 반핵과 통일의 문제가 된다. 전쟁과 평화에 관한 다양한 문학고전을 통해서 상상력을 키우고, 칸트의 『영구평화론』과 같은 평화사상의 현재적 의미를 살피며, 다양한 고전적 예술작품을 통하여 전쟁의 참혹함과 비참함을 감성적으로 느끼게 하는 살아 있는 수업을 기획해 볼 수 있을 것이다. 보다 현실적으로 우리 주변에서 발생하고 있는 오염, 자연재해, 환경호르몬, 생명복제와 같은 환경문제나, 보편적 복지, 비정규직 문제, 양성평등, 장애인과 이민자 문제, 사회적 양극화와 같은 불평등과 평등의 문제도 관련 주제를 가진 다양한 고전과 유기적으로 결합하여 주제수업 혹은 문제수업을 진행해 나간다면, 학습자의 흥미를 유발함과 동시에 고전에 생기를 불어넣는 일석이조의 결과를 가져올 수 있을 것이다.

셋째, 고전을 어떻게 읽어야 하는가? 인문고전교육의 교육방법을 제대로 논의하기 위해서는 독서, 대화, 토의, 토론, 작문 등 고전을 읽고 말과 글로 표현하는 기술과 방법을 포괄적으로 다루어야 할 것이다.[15] '위대한 저서' 프로그램도 고전과의 만남을 통한 '위대한 대화'에 궁극적인 지향점이 있었다는 점을 기억할 필요가 있다. 하지만 찬찬히 따져 보면 여러 방법 중 으뜸은 책 읽기에 있음을 알 수 있다. 인문고전의 독서법이 기본소양으로 갖추어진 후

15) 박승억(2011). 하이퍼텍스트 시대의 고전 읽기와 논리적 글쓰기. 철학과 현실, 89, 245-255.

에야 말과 글로 표현할 수 있고, 소위 '위대한 대화'에 참여할 수 있는 능력을 갖출 수 있기 때문이다.

학습도 마찬가지의 경우이지만 독서도 최상의 효과를 기대하려면 학습자의 '자발성'과 '자기주도성'에 근거를 두어야 한다. 대학에서 교양과정 프로그램의 하나로 고전 읽기나 인문고전교육을 실시할 때 외적 강제성(학점, 졸업, P/F와 같은 통과 절차)을 배제하기 힘들지만 학습자의 흥미와 호기심을 살릴 수 있는 방안을 근본적으로 고민해야 한다. 그 방법 중 하나는 프로그램의 구상단계에서 학습자의 요구를 충분히 반영하는 것이다. 프로그램 전반에 관해서는 담당 부서와 개발자가 책임을 맡더라도, 교육내용의 선정과 선정된 내용의 학습방법에 관해서는 학습자를 참여시켜 프로그램을 함께 만들어 나가는 노력이 필요하다. 그 방식이 현실적으로 어렵거나 너무 이상적이라면 전문가 중심의 선정위원회에서 서양, 중국, 우리나라의 고전들을 적절하게 선정한 후 그 범위 내에서 학습자의 흥미와 능력을 토대로 코스에서 읽을 고전을 선택하는 것도 좋다.

독서에서 얻은 최초의 흥미, 다시 말해서 학습자의 개인적인 경험에서 나오거나, 아니면 대학에서 제공하는 프로그램에 참여하여 발생한 흥미가 지속될 수 있도록 독려하는 일은 매우 중요하다. 그 지속성을 보장해 주는 방안이 바로 '계통적 독서'이다. 계통적 독서의 발단인 최초의 흥미는 매력적인 저자, 역사적 사건, 독특한 주제에서 생길 수 있다. 가령, 존 스튜어트 밀(J. S. Mill)의 『자유론』을 읽고 그의 자서전이나 공리주의 사상으로 관심을 넓혀간 후 동시대 인물인 벤담(Bentham)과 그의 아버지 제임스 밀(J. Mill)의 정치 및 윤리 사상으로 폭을 확대해 나간다면, 장차 영국의 지성사에 대한 관심과 이해의 폭이 현저하게 커질 것이다. 동양고전의 경우 고금을 막론하고 선조의 지혜가 고스란히 담겨 있는 사서(四書)로 시작하는 것이 무리가 없을 듯하다. 한글세대에 맞는 한글 역주가 도움이 될 것이고, 이때 행간의 의미를 짚어 줄 수 있는 전문강사 혹은 세미나 리더의 역할은 동양 인문고전교육의 성패를 좌우할 정도로 중요하다. 한국의 고전도 고전번역연구원의 도움으로 중요한 고전들이 상당수 번역된 상태이므로, 국가기관의 책임번역본을 널리 활용하는 방법도 좋을 것이다.

그렇다면 텍스트로서 고전을 어떻게 읽어야 하는가? 고전의 원천으로서 원전(original text)의 가치는 아무리 강조해도 지나침이 없다. 원전으로 고전을 대할 수 있으면 좋겠으나 현실적으로 어려움이 있다면, 원전을 충실하게 번역한 번역본을 잘 찾아 읽는 것이 중요하다. 독서의 준비단계에서 원전이든 번역본이든 텍스트 비평(text critics)을 통하여 읽으려는 저작이 언제, 어디서, 누구에 의하여 쓰여 졌는지를 정확하게 확인하는 작업이 필요하다. 번역본이라면 전문을 번역했는지, 누락된 부분은 없는지, 직역 위주인지, 아니면 번역자의 의지가 반영된 의역인지 등을 꼼꼼하게 따져 보아야 한다. 그 저서가 어떤 의도로 쓰여졌는지, 저술 당시 사회적 · 정치적 · 학문적 배경은 어떠한지 저서를 둘러싼 다양한 맥락(context)을 살펴보아야 한다. 독서의 본격적인 단계에서 저서의 제목과 목차를 훑어보는 일은 가장 중요하다. 저서의 제목을 가설로 삼아 그 책의 내용을 미리 생각해 보거나 목차의 도움을 받아 좀 더 구체적으로 저자의 생각을 추측해 본다면 독서의 과정이 마치 세워 둔 가설을 검증해 나가는 흥미진진한 탐구 작업이 될 것이다. 자신의 입장과 저자의 입장이 상충할 때 일단은 저자의 입장을 존중하여 최대한 이해하려는 노력을 게을리해서는 안 된다. 경우에 따라 그 저자의 다른 저술이나 견해를 찾아보고, 그 작품에 대한 해설이나 비평을 참조하는 일도 필요하다. 저자의 개인적 혹은 시대적 한계로 인해 발생한 오류는 현재의 관점에서 비판적으로 읽어 나가야 한다. 정치적으로 저자와 자신의 입장이 다를 경우 저자와 다른 자신의 관점을 분명히 세우려는 노력이 필요하다. 일련의 해석과 이해의 과업은 궁극적으로 지금-여기를 살아가는 독자 자신의 삶을 더 잘 이해하고자 하는 데 있다. 그런 점에서 독서도 결국 현대해석학의 거장인 가다머가 탁월하게 묘사한 바와 같이 '지평융합(horizontal confusion)'을 이룩하는 데 기여해야 한다.[16] 고대 그리스와 로마의 고전이 우리와 동떨어진 시간과 공간의 산물임에도 지속적으로 말을 거는 이유는 보이지 않는 대화 상대자가 정신의 보고(寶庫)를 통해 인간 실존의 원초적 모습(삶과 죽음)과 고민(고통과 행복)에 대한 지혜를 잔잔하게 들려주기 때문이다.

## 4. 나오는 말

20세기 초 격동의 사회에서 개인들은 자아의 건전한 성장과 전인적 완성을 위한 안정된 기반과 사상적 휴식처를 요구하여 '위대한 저서' 프로그램을 개발했다. 정신의 안정과 영혼의 치유는 21세기 급변하는 사회에서 최대의 화두로 떠오르면서 다시금 인문학과 고전 읽기를 대학 교양교육의 장으로 끌어 들이고 있다.

대학교육에서 지금 우리가 가장 고민해야 할 과제는 마치 공룡과도 같이 비대해진 세계에서 날로 왜소화되어 가는, 그리하여 자아정체성 위기[17]에 직면한 교육 주체의 역량을 어떻게 강화하느냐 하는 문제이다. 동시에 최고의 성과만을 요구하는 '피로사회'에서 과도한 자기긍정성의 결과로 지속적인 자기좌절감을 맛봐야 하는 암울한 구조에서 주체를 구제하는 일이다.[18] 이런 상황에서 인문고전교육은 자기 영혼을 돌보고, 자기 내면의 힘을 강화하는 데 든든한 버팀목이 될 것이다.

---

16) Gadamer, H. G. (1990). *Wahrheit und Methode*. Mohr, 311.

17) 자아정체성 위기는 가속화된 사회변화 속에서 자신이 누구인지, 어디로 가고 있는지에 대한 정향(orientation) 없이 방황하는 현대인의 처지를 생각해 보면 쉽게 이해할 수 있다. 가상세계와 현실세계의 구분이 점점 모호해지는 상황도 이런 경향을 더욱 부추긴다.

18) 한병철 저, 김태환 역(2012). **피로사회**. 문학과 지성사, 65-73.

인문고전교육

나 ⟷ 세계 = 非-自我

자아, 주체, 힘(Kraft) 피로사회 | 사회, 문화, 자연, 우주 위기사회

[그림 10-1] 현대사회와 인문고전교육의 방향

다른 한편, 우리는 '위험사회'로 치닫는 현대에서 그 위기를 직시하고, 그것에 대응할 수 있는 역량을 학습자에게 길러 주어야 한다.[19] 적어도 대학의 인문고전교육은 다가올 세대들이 과거의 고전에서 선조들의 지혜를 배워 이를 시대와 사회의 문제와 연결시킬 수 있는 창의적 역량과 나와 세계의 근본 문제에 대하여 자신의 관점에서 문제를 제기하고, 나름의 대안을 찾을 수 있는 주체적 역량을 길러 주는 데 일조해야 할 것이다.

19) Beck, U. (1986). *Risikogesellschaft, Auf dem Weg in eine andere Moderne*. Suhrkamp, 28.

## 참고문헌


노현균(2007). '위대한 저서 프로그램'에 대한 문화적 평가: 시카고 대학의 사회사상분과위원회와 컬럼비아 대학의 사례 연구. **영미문학교육**, 11(2), 45-63.

박승억(2011). 하이퍼텍스트 시대의 고전 읽기와 논리적 글쓰기. **철학과 현실**, 89, 245-255.

성프란시스 대학 인문학 과정 편(2012). **거리의 인문학**. 삼인.

손승남(2013). '위대한 저서(The Great Books)' 프로그램을 토대로 본 우리나라 대학 인문고전교육의 방향 탐색. **교양교육연구**, 7(4), 449-472.

안상원(1990). 항존주의 교육사상의 관견. **교육논총**, 건국대학교 교육대학원, 23-45.

이코노믹 리뷰(2013). "삼성, 인문학 소양 갖춘 IT인재 선발". **이코노믹 리뷰**, 2013. 3. 13.

이황직(2011). 고전 읽기를 통한 교양교육의 혁신: 숙명여대의 '인문학 독서토론' 강좌를 중심으로. **독서연구**, 26, 517-548.

정인모, 허남영(2013). 고전 읽기를 활용한 수업모형. **교양교육연구**, 7(1), 41-74.

한병철 저, 김태환 역(2012). **피로사회**. 문학과 지성사.

Adler, M. J., & Doren, C. V. (1972). *How to Read a Book*. *Touchstone Books*. (독고 앤 역. 2012. **생각을 넓혀주는 독서법**. 멘토)

Beam, A. (2008). *A great idea at the time: The rise, fall and curious afterlife of the Great Books*. Public Affairs.

Beck, U. (1986). *Risikogesellschaft. Auf dem Weg in eine andere Moderne*. Suhrkamp.

Casement, W. (1996). *The Great Canon Controversy. The Battle of the Books in Higher Education*. Transaction.

Cubbage, K. T. (2009). America's Great Books colleges and their curious histories of success, struggle, and failure. *Dissertation*. University of South Carolina.

Gadamer, H. G. (1990). *Wahrheit und Methode*. Mohr.

Hafner, A. W. (1992). In defense of the Great Books. *The Education Digest*, *57*, 7.

Hutchins, R. M.(1953). *The Conflict in Education in Democratic Society*. Harper and Brothers.

Klafki, W. (1995). *Neue Studien zur Bildungstheorie und Didaktik*. Beltz.

Rule, W. S. (2009). Seventy Years of changing Great Books at St. John's College. *Dissertation*. Georgia State University.

교양교육의 개혁과 전망

•

# 찾아보기

## 인명

## 내용

# 저자 소개

**손승남**(Son Seung Nam)

독일 Westfälisch-Wilhelms Universität zu Münster Ph.D.(교육철학)

전 한독교육학회 회장

현 잘삶교육연구소 소장

순천대학교 교직과 교수

〈저서〉

뉴노멀 시대의 마음공부(공저, 박영스토리, 2021)

교육철학 및 교육사(공저, 학지사, 2019)

교육학개론(공저, 학지사, 2018)

〈논문〉

고등교육에서의 역량기반 교육과 핵심역량(공동, 교양교육연구, 2021)

엔그램 뷰어를 활용한 교양교육 개념 분석(교양교육연구, 2020)

AI 시대 교양기초교육의 교수학적 재음미(교양교육연구, 2020)

# 교양교육의 개혁과 전망

Reform and Prospects of Liberal Education

2022년 9월 10일 1판 1쇄 인쇄
2022년 9월 15일 1판 1쇄 발행

지은이 • 손승남
펴낸이 • 김진환
펴낸곳 • ㈜학지사
04031 서울특별시 마포구 양화로 15길 20 마인드월드빌딩
대표전화 • 02-330-5114 팩스 • 02-324-2345
등록번호 • 제313-2006-000265호

홈페이지 • http://www.hakjisa.co.kr
페이스북 • https://www.facebook.com/hakjisabook

ISBN 978-89-997-2761-0 93370

정가 17,000원

저자와의 협약으로 인지는 생략합니다.
파본은 구입처에서 교환해 드립니다.

이 책을 무단으로 전재하거나 복제할 경우 저작권법에 따라 처벌을 받게 됩니다.

출판미디어기업 **학지사**

간호보건의학출판 **학지사메디컬** www.hakjisamd.co.kr
심리검사연구소 **인싸이트** www.inpsyt.co.kr
학술논문서비스 **뉴논문** www.newnonmun.com
교육연수원 **카운피아** www.counpia.com